像唐人一樣生活

Life
of
Tang
Dynasty

（插圖本）

徐儷成 著

繁體版序

錢鍾書先生認為"唐詩多以丰神情韻擅長,宋詩多以筋骨思理見勝"(《談藝錄·詩分唐宋》)。"丰神",即風度神態;"情韻",即精神韻致。這四字,既說明了唐詩"尚意興"之特點,同時也展現出唐文化對中國文化的傳承與突破。錢先生之說一針見血,富於哲理,然而卻不好理解。

要理解唐文化,必須從生活入手,要從具體的"器"(形而下),感悟其"道"(形而上)。

《像唐人一樣生活》(插圖本)就是一本由"器"入"道"的書。它一書四輯,分"節氣與慶典""生活與娛樂""法律與商業""性別與身份",而每輯各有五至六篇專題文章,從唐人日常生活切入,介紹地道的唐文化。

最為讓我有深刻印象的是《新開涼殿幸金輿:唐朝宮廷的消暑秘方》一文。作者徐儷成老師介紹了唐人多種消暑方法,包括"在樹蔭下騎馬兜風""赴行宮避暑""取冷蛇""辟暑犀""風松石""機械水幕"等。其中,"風松石"這種奇石最為神妙。徐老師引用了張讀的《宣室志》,指"唐文宗的弟弟唐武宗擁有一塊夏天能自動吹風的'風松石'。這種奇石是東北扶餘國進獻的貢品,體積有一丈見方,石頭中間呈現一棵小樹的形狀，‘形若古松偃蓋，颯颯焉而涼颼生於其間’，夏天放在大殿裏，只需片刻，就能使殿中‘秋氣颯颯’”。

這塊“風松石”是東北扶餘國的貢品，扶餘國就是位於朝鮮半島北部與今中國東北地區的第一個扶餘人政權國家。“扶餘”一地，早於《史記·貨殖列傳》已有記載，其時寫作“夫餘”，同音異字。後來，《三國志·文帝紀》亦記載，魏朝以“前將軍夏侯惇為大將軍”，“濊貊、扶餘單于、焉耆、于闐王”等國“皆各遣使奉獻”。因此，扶餘與中原王朝的交往，實由來已久。

從這一例，我們可以看到唐代文化的多樣性、包容性，無論漢、胡，其文化都可以得到充分的重視。而漢、胡文化的高度接觸，更帶動了這兩種原是殊途、最終同歸的文化走向融合。

欲了解唐文化，必先了解唐歷史

◇◇◇

與呂思勉、陳垣和錢穆並稱“前輩史學四大家”的陳寅恪曾謂：“唐代之史可分前後兩期，前期結束南北朝相承之舊局面，後期開啟趙宋以降之新局面，關於政治社會經濟者如此，關於文化學術者亦莫不如此”（《論韓愈》）。唐代處於中國歷史“結束”和“開啟”的“轉折點”上，承襲了隋代的遺產，帶領中華民族繼續走回大一統之路，也讓中華民族的內涵變得更為豐富。無論在社會經濟上，還是在文化學術上，唐代文化都表現出一種承先啟後的格局。

歷史視野下的唐朝

◇◇◇

西晉永嘉五年（311），劉聰率領匈奴軍隊攻陷西晉京師洛陽，俘擄晉懷帝等王公大臣。建興四年（316），劉曜攻入長安，俘繼承人晉愍帝，西晉宣告滅亡，史稱"永嘉之亂"。"永嘉之亂"結束了漢人的政權，開啟了胡人入主中原的歷史，而中國也由大一統淪於南北對峙的分裂局面。北周大定元年（581），靜帝宇文闡被迫禪位予楊堅，北周滅亡。隋文帝楊堅只用了八年時間，便南滅陳朝，統一中國，結束了近三百年的分裂局面。可惜，天不假年，隋只享祚三十七年。原為"唐國公"的李淵複製了楊堅的手法，從隋恭帝楊侑手上奪取這偌大的帝國，開啟了唐王朝近三百年風光。

根據《新唐書‧高祖本紀》，唐高祖李淵母親乃隋文帝后獨孤伽羅的姐姐，是鮮卑族人。陳寅恪先生指，胡化漢人所建立的政權，受漢族的正統儒家思想的束縛較少。因此，擁有鮮卑血統的唐王室，對少數民族的態度有別於傳統純漢裔政權。他們在心理上可以容納異族文化，展現出一種華夷如一、兼容並蓄之態度。事實上，這種"民族大融合"現象也是歷史發展的必然趨勢。在魏晉南北朝時期，少數民族向內地移遷，與內地的漢人雜居一處。而漢、胡文化各有利弊，兩者在長時間的接觸下，會產生碰撞、衝突與融合，然後形成一種兼容二者特色的文化。而李唐的出現，既是繼承了這發展趨勢，也加快了它發展的進程。

文化視野下的唐朝

◇◇◇

唐朝對周邊還沒有內附的少數民族，不再是單純的攻伐，而是輔以"撫育"和"柔服"的政策。像唐太宗李世民便說過"自古皆貴中華，賤夷狄，朕獨愛之如一"（《冊府元龜·帝王部·來遠》）。這種"方申輯睦，永敦聘好，各保疆埸"（《新唐書·東夷列傳》）的"柔懷"萬國的政策，始終貫穿於整個唐朝統治過程之中。唐朝派往國外的使臣、僧侶、商人不絕於途，據史書統計，當時與唐交好的主要國家達七十多個。

中原王朝積澱深厚的制度與文化本身具有極大的吸引力，而周邊的少數民族國家又有引進中國文化的需要，於是形成了國際文化交流的大勢。高麗、日本等國紛紛派出"遣唐使"來唐學習，而對四夷"獨愛如一"的唐王朝也為這類留學生、使節與商人提供了很多便利的條件。《資治通鑒·卷第一百九十五》記唐太宗"增築學舍千二百間，增學生滿二千二百六十員"，加大了國子監的規模，"高麗、百濟、新羅、高昌、吐蕃諸酋長亦遣子弟請入國學，升講筵者至八千餘人"。

大量少數民族內遷，帶來唐文化形態上的碰撞與交融。本來強人的唐文化汲取了外來文化的優秀成分，滋補、充實、發展，形成了自己獨特的文化風格。以唐婦女服飾習俗為例，就可以看到唐文化的包容性。

白居易有《上陽白髮人》一詩，裡面說："小頭鞋履窄衣裳，青黛點眉眉細長。外人不見見應笑，天寶末年時世妝"，一語點出天寶年間唐代仕女喜歡穿胡服的現象。"小頭鞋履窄衣裳"，就是胡服的流亞，其衣的領、袖、下襬處都有綿邊裝飾，而且對襟、摺領或圓領、窄袖，頭上還戴上高沿氈帽，束革帶，有小飾物，下穿豎條小口褲，腳穿尖頭繡花鞋、半勒軟靴。這種女著男裝的風尚正是唐代婦女服飾胡化的體現，也是唐文化包容並蓄的說明。

讓證據說話，而不尚空談

◇◇◇

論述唐文化的書頗多，所以不易把握。從古至今，唐代作為中國其中一個偉大的王朝，其相關之研究從不缺少。正史、筆記、小說、論文，擷拾皆是。要從芸芸眾書中，取其精華，去其糟粕並不容易。徐儷成老師是復旦大學中文系博士，任教於華東師範大學中文系，長於文獻資料整理，善以證據說話，而不尚空談。因此，《像唐人一樣生活》（插圖本）中大量引用不同朝代的文獻，如"廿四史"中《舊唐書》《新唐書》，"筆記小說"《開元天寶遺事》《廬陵官下記》等，有官方記錄，也有民間札記，正奇互考，豐富而有趣味。

"新視角"寫"舊歷史"

◇◇◇

事實上，同為古典文學研究者，我深深明白以"新視角"寫"舊歷史"的不容易。一則，如上說材料眾多，良莠不齊，篩選不易；二來，要推陳出新，從今人的視角，寫出的趣味，同時也要顧及其學術嚴謹性，這更是不易拿捏。徐儷成老師的專業方向是"魏晉南北朝隋唐文學"，所以能從其源流入手，論述彼等唐文化的源流正變。而且，作為中文系學者，徐老師能夠以秀麗的文字刻畫、描寫，深得唐人"尚意興而理在其中"（嚴羽《滄浪詩話》）之妙。

繼往開來的唐文化

◇◇◇

我的專業方向是"唐宋文學"，與作者徐儷成既有重疊之處，亦能從後來的角度看待這本書。書中多元化、嚴謹而不失趣味的內容，讓我可以更清楚地了解宋文化的發展根源。

從本質論，唐文化既是魏晉以後南北文化合流的頂峰，也是漢胡文化的交會處。初唐時期，唐文化繼承了南北朝文化傳統，奠定了文化"浮散"與"粗疏"的基調，為後來的發展提供了足夠的空間。至盛唐之世，隨着唐王朝國力攀至巔峰，原來"浮散"與"粗疏"的基調得到釋放，形成了氣象萬千的盛唐文化格局。安史之亂後，中央集權受到削弱並逐步解體，而唯一支撐文化發展的國家對文化失去了控制力，於是文化走向了瓦解和分裂。唐文化的衰弱，固然是國家之不幸，但也為後來的宋文化提供了空間，讓它可以在自己獨有的步調上行進。

總的來說，我認為這是一本值得香港老師、學生閱讀的書，它補充了教科書所未及之內容，也能提升學生對中國歷史的學習興趣。我們常說閱讀很重要，其實閱讀一本好書更加重要。本書絕對是一本好書，我誠意向各位推薦。

葉德平博士
香港歷史文化研究會會長
香港中文大學專業進修學院高級講師

代　序
漢唐故事與盛唐氣象

　　對於中國人來說，"漢唐"是一個讓人興奮的詞。翻檢史書，發現最早以漢唐連稱並將之作為政治理想的是宋真宗。《宋史》卷六："己酉，封乳母齊國夫人劉氏為秦國延壽保聖夫人。先是帝以漢唐封乳母為夫人、縣君故事，付中書已，乃有是命。"這是宋真宗咸平元年（998）十二月的事。宋真宗屬知識型的君王，好以漢唐正朔自居。面對西夏與契丹的威脅，這也是提升宋廷凝聚力的最有效的手段。其後則有了"漢唐故事"專書，《續資治通鑒》卷第八十一"哲宗元祐四年"："甲戌，蘇頌等奏撰進《漢唐故事分門增修》，詔以《邇英要覽》為名。"《宋史·藝文志》有"《漢唐事實》十五卷"，可能就是同一書。

　　其實，漢唐一系並不是一個種族概念，中國古代很少有族系意識，所謂華夷之辨，不是要與服飾語言"非我族類"者劃明族別界限，而是要強調文明與野蠻、先進與落後、人性與獸性的區別。古代中國的政治理想多以"盡復古制"為上，春秋戰國好言黃帝堯舜之治，兩漢儒家多言周公禮樂之制，魏晉之後，又以漢武之制為正宗，唐人即以盡復漢制為口號，唐之後，又以盛唐為標榜，"依漢、盛故事"是宋人政治選擇的基本理由。值得關注的是，這種復古化口號說到唐就為止了，宋元明清四朝都沒有成為政治理想而為後人所認定。雖然中國從近古到近代多承宋型文化，但是，後人仍多以大唐為理想世道，因此，長期以來在與外族交流時，多以"唐"為中國人的標識，在世界各地的華人區也都被稱為"唐人區"。

原因何在？唐人與漢人一代都是民族史上值得驕傲的年代：在政治上，有過被史家肯定的文景之治、漢武之治、貞觀之治、開元之治；在與周邊遊牧民族相爭中，總處於居高臨下的優勢地位；在思想史上，唐儒對漢儒之學進行集大成式的總結。漢唐經學與宋明理學是兩個明顯的階段，與此相應，唐與宋也有了古代與近世的分別，唐代也因此而成為後人復古化政治理念的一種表徵，因與今有了距離，就給了史家與文人關於唐朝與唐人的想像空間，使之成為令後人自信的文化資源。

唐詩的魅力就在於給後人提供了這樣的隔空想像的空間。魯迅說過：好詩都讓唐人寫盡了，後世若無如來佛本領，大可不必操筆。這並不是說後人無法逾越唐人的才華，而是產生唐詩的文化土壤不可複製了，帶著唐人氣息的詩自然也就消失了。回不到唐代，成為不了唐人，這才是唐音不再重現的主要原因。與《千字文》《百家姓》一樣，《唐詩絕句》《唐三體詩》《唐音》《唐詩選》《千家詩》《唐詩三百首》成為各時代最通行蒙學教材，現存的唐詩選本的宋元刊本卷首多有"唐高祖開基圖""唐太宗混一圖""唐地理圖""唐藩鎮圖"等，編者顯然考慮到讀者有認知大唐的知識需求，滿足這一知識需求，維持並傳承這種文化記憶，是這類唐詩選本的一大功能，也是這類選本流行的原因。一個民族共同體的形成固然需要共同的語言與習俗，同時也需要有一種共同的文化記憶，以及由此而形成的共同的文化傳統。所謂盛唐之音、大唐氣象，就是這樣一種文化記憶。人們喜歡唐詩，更喜歡產生唐詩的文化土壤與文化氣息，希望認識唐人的生活，了解唐人是在什麼樣的心態下營造出盛唐氣象。

徐君《像唐人一樣生活》一書就體現了這樣一種認知心理。本書似是一部通俗版唐人生活史，對唐人衣食居行以及習俗、法律等方方面面進行了具體的說明，又類似於唐人世界的百寶箱，材料充實，內容豐富。作者取材恰當，所述事例多突出了唐代社會的特色，既可讓人感受到唐人富足、精緻的貴族氣息，也可使人認識到唐人世界開放包容的風氣以及形形色色的世俗味與市井氣。作者是一個學者、古典博士，卻能採用網絡流行語與現代化的敘述方式講述千年之前的事，文筆流暢活潑，具有很強的可讀性，可讓讀者真切感受到我們與大唐的距離以及內在精神的聯繫，完成一次穿越時空的歷史旅行。

查屏球

復旦大學中文系教授

目次

輯四　性別與身份

後記

輯一

節氣與慶典

明珠步障幄黃金

會同萬國朝華夷

紅爐暖閣佳人睡

安得赤腳蹋層冰

新開涼殿幸金輿

01

新開涼殿幸金輿
唐朝宮廷的消暑秘方 *

　　五代筆記《開元天寶遺事》記載過這樣一則唐玄宗的逸事：一年夏天，玄宗臨幸東都洛陽，當時正值酷暑。玄宗覺得熱得受不了，忽然想起隨行而來的姚崇甚有智計，於是命令高力士去找姚崇，觀察一下他是怎麼避暑的。高力士出門以後很快就回來稟報，說姚崇正穿著葛衣，騎著小馬，在樹蔭下漫步。玄宗聽了以後，立刻如法炮製，自己也去樹蔭下騎馬，果然"頓忘繁溽"。

　　在樹蔭下騎馬兜風可以讓人感覺涼爽，並不算是多偉大的發現，與玄宗同時代的詩人高適就曾經寫過"炎炎伏熱時，草木無晶光。匹馬度睢水，清風何激揚"這樣的詩句。以玄宗的雄才偉略，居然將這種避暑方法當作高明妙策，確實可發人一笑。不過想來也可理解，玄宗早年生活雖然坎坷，但畢竟是以皇子的身份，自幼生長於深宮，自然對這些下士庶民的解暑小

---

* 　原題《唐朝皇帝的夏季日常：郊外行宮、辟暑法寶、機械水幕》，2017 年 8 月
8 日首發於澎湃新聞・私家歷史。

技巧知之甚少。

的確，在封建社會，皇帝能夠掌握絕大部分的社會資源，也擁有至高無上的權威。雖然他們和百姓一樣需要在夏天面對酷暑的侵襲，但在這些資源和權威的支持下，卻可以掌握比一般士民有效得多的避暑方式。

安體之佳所，養神之勝地：郊外行宮

◇◇◇

比如夏日出門避暑，一般百姓和士人都需要自行尋找植被繁茂的山林，如果路途遙遠，還需要考慮借用寺院僧房解決住宿問題，並趕在假期結束之前回去工作。與之相比，皇帝則可以組織人力在海拔較高處建立避暑行宮，長時間留在涼快的地方辦公。中國古代皇帝建立避暑行宮的傳統源遠流長，從秦漢時長安北面著名的甘泉宮，到清代皇帝避暑的承德避暑山莊，皆是此類。

在初唐時期，民生還未恢復，皇帝們覺得大興土木建立行宮太過勞民傷財，於是較多利用從隋朝繼承下來的九成宮作為避暑行宮。九成宮位於長安西北的渭北高原上，海拔比長安高出近五百米，四周山林茂密，涼爽宜人。唐太宗在位前期，隔幾年就要帶領皇親與高官臨幸九成宮，並在宮中處理政務，常常一住就是半年之久。貞觀六年，唐太宗在九成宮避暑之時發現了一處泉眼，隨行的秘書監魏徵以為祥瑞，寫下一篇《九成宮醴泉銘并序》，又由著名書法家歐陽詢親自書丹，銘於碑上，保留到了今天，成為歐楷的經典作品。在序文中，魏徵形

容夏天的九成宮"炎景流金，無鬱蒸之氣；微風徐動，有淒清之涼。信安體之佳所，誠養神之勝地"，認為論到避暑的功效，連漢代的甘泉宮也無法與之比擬。

在貞觀後期，唐朝國力逐漸強盛，唐太宗也有了大興土木的想法，他派人在陝西南部的終南山麓建造了一所翠微宮，成為唐朝自己建造的第一座避暑行宮。在生命的最後日子裏，唐太宗年年到此避暑，並最終在翠微宮的含風殿中病逝。唐太宗病逝後，翠微宮逐漸荒廢，後來被改建成翠微寺，成為著名的密宗寺廟。中唐詩人劉禹錫經過翠微寺時，想像當年太宗在此避暑的情景，寫下一首《翠微寺有感》，詩云："吾王昔遊幸，離宮雲際開。朱旗迎夏早，涼軒避暑來。湯餅賜都尉，寒冰頒上才。龍髯不可望，玉座生浮埃。"在感嘆翠微宮荒廢寥落處境的同時，也是站在中唐人的立場緬懷貞觀時代，感嘆盛世無法重來。

到了唐玄宗後期，皇帝又將目光轉向了長安城東，將驪山上從秦漢至唐初一直保存下來的溫泉宮進行了大規模擴建，築造了著名的華清宮。華清宮雖然以冬日的溫泉聞名，但是面朝渭河，"臘月近湯泉不凍，夏天臨渭屋多涼"，既宜度夏又宜過冬，因此玄宗有時會一年兩度臨幸。如《舊唐書·玄宗本紀》記載：天寶八載四月，玄宗赴華清宮避暑；同年十月，又赴華清宮避寒。這樣的頻繁往來中，皇帝對這座行宮的喜愛可見一斑。杜牧的名作《過華清宮》中有所謂"一騎紅塵妃子笑，無人知是荔枝來"之語，結合荔枝結果的時節判斷，這說的應該就是玄宗和楊貴妃夏季在華清宮避暑時品嘗南方鮮果的場景。

取冷蛇、辟暑犀、風松石：異域珍寶

◇◇◇

除了建立各種行宮之外，唐朝皇帝和皇室成員還能夠不惜成本，製作各種奢侈的消暑用品。比如唐玄宗的異母兄申王李撝，體形肥胖，據說小腹能下垂到小腿，十分怕熱，因此也很熱衷於收集各種防暑裝備。據《河東備錄》記載，這位申王曾經發明一種新型涼墊，先收集大量野豬毛，令工匠洗刷乾淨，再逐根編織，這樣做成的墊子"滑而且涼"。申王特地將這種發明取名"壬癸席"，因為在天干中壬癸兩干位處北方，有涼爽之義。

壬癸席雖工序複雜，成本昂貴，不過特別有錢的權勢人家也能置辦得起，但是皇室的另一些避暑法寶，一般百姓和官員就無緣染指了。比如同樣是申王，常常因為怕熱而無法入睡，一向愛護兄長的唐玄宗就賜給他兩條"取冷蛇"。這種蛇的特點是不咬人，而且"執之冷如握冰"。申王將兩條蛇分別放進自己肚子上肥肉的兩條褶皺裏，夏天就不再覺得煩熱了。蛇是冷血動物，蛇皮隔熱性能好，升溫較慢，再加上某些品種的無毒蛇的確攻擊性較低，在古人那裏甚至會被當作寵物飼養，利用它來降溫的確有一定的道理，不過被強行塞在肥肉間的褶皺裏吸熱，恐怕在蛇眼中並不是一種舒服的生活方式。

要說宮廷裏最典型、最有名的避暑法寶，還要數“辟暑犀”。在我國古代，犀牛主要產自雲南、貴州一帶的邊陲地區，平時難以見到，但是犀角作為南方進獻給中央王朝的主要貢品，卻一直出現在各種歷史記載和文藝作品中。這種存在於世間卻又難以見到的寶物，承載了古人的很多想像，他們認為佩戴犀角能夠“辟寒、辟暑、辟塵”，有著多方面的功效。唐玄宗就曾因害怕體胖的楊貴妃夏季受熱，將珍藏於宮廷中的辟暑犀如意賞賜給她使用。到了中唐，文宗於夏日邀請學士講授《易經》時，特地將防暑的水玉腰帶和辟暑犀如意賜給寵倖的侍講學士李訓。得到至寶的李訓感激莫名，從此為文宗鞠躬盡瘁，最終因為替文宗策劃誅殺宦官而在“甘露之變”中獻出生命。

　　還有一些民間傳說中的皇室避暑法寶更為神奇，比如據張讀的《宣室志》記載，唐文宗的弟弟唐武宗擁有一塊夏天能自動吹風的“風松石”。這種奇石是東北扶餘國進獻的貢品，體積有一丈見方，石頭中間呈現一棵小樹的形狀，“形若古松偃蓋，颯颯焉而涼飀生於其間”，夏天放在大殿裏，只需片刻，就能使殿中“秋氣颼颼”。晚唐蘇鶚的《杜陽雜編》記錄了唐懿宗最寵愛的女兒同昌公主家中的許多寶貝，其中在夏日最有用的是一條“澄水帛”。據記載，這件珍寶“長八九尺，似布而細，明薄可鑒”，夏天只要拿它蘸上一點水，掛在屋子南面順風的地方，經過布帛的暖風就會變成冷氣，令“滿座皆思挾纊”。據蘇鶚推測，澄水帛中應該是加入了龍涎，所以才能過濾暑毒。

　　當然，以上這些寶物中夾雜了許多民間想像，未必真有其物，不過單從這些誇張的想像中我們也可以看出，唐代皇室和一般士民在避暑手段的多樣性和有效性上都有著天壤之別。

水車踏水上宮城：機械水幕

◇◇◇

唐代的官員和民眾雖然也有許多消暑的工具，但這些工具大多都只能做到放慢升溫的腳步，本身並不能產生冷氣，對他們來說，最有效的降溫方式還是等待天氣自然涼爽。相比之下，皇帝和皇室卻已經有能力製造一些散發冷氣的工具，降低一定小環境內的溫度，達到類似今天空調的效果。

比如因為體胖而怕熱的唐玄宗曾在宮中專門為自己建造了一所含涼殿。據唐末學者段成式的《廬陵官下記》記載，這座含涼殿的四周“積冰成山”，皇帝御座之後放著一架水力驅動的巨大扇車，左右搖擺扇風，另有一架水車不斷從殿旁的水渠中將水運送到殿頂，再通過特殊的渠道從涼殿四周的房檐上飛灑下去，造成一片隔熱的瀑流。這樣一座建築，雖然沒有任何電力裝置，但幾乎已經具備了冰箱、風扇和水幕機的一切功能，比起當代的空調房來，當也不遑多讓。五代花蕊夫人的《宮詞》曰：“水車踏水上宮城，寢殿檐頭滴滴鳴。助得聖人高枕興，夜涼長作遠灘聲。”寫的就是夜晚含涼殿上水流傾灑，為玄宗皇帝消暑助眠的場景。據向達先生考證，這種通過水車送水至房頂，在房子四周形成水幕的建築，是模仿當時東羅馬帝國君士坦丁堡的宮殿所造，也算是中西文化交流的一個例證。

當時有一位叫作陳知節的左拾遺，認為皇帝建造含涼殿是勞民傷財，不斷上奏進諫，玄宗就命令他來到含涼殿裏奏事，還賜給他一碗"冰屑麻節飲"。陳知節在一片冷氣中喝下冰飲，不久之後就"體生寒慄，腹中雷鳴"，趕忙請辭告退，沒有離開殿門就已是腹瀉不止。而這時的皇帝，卻依然感覺到炎熱，"猶拭汗不已"。不過這樣的建築，只允許擺在宮殿中，如果一般官員和百姓使用，則會被認為超越了人臣之道。據中唐筆記《封氏聞見記》所載，玄宗朝一位很有權勢的御史中丞王鉷，就曾模仿含涼殿的原理，在自己家裏造了一座"自雨亭"，造好以後"檐上飛流四注，當夏處之，凜若高秋"，後來王鉷獲罪，朝廷追查其財產時，這座亭子又為他增加了一條"奢侈逾制"的罪狀。

　　住在堪比空調房的含涼殿中，坐擁眾多驅熱避暑的法寶，皇帝的夏天自然比平常百姓好過得多。據《舊唐書·柳公權傳》記載，一年夏天，唐文宗與群學士在宮中賦詩，文宗先寫了兩句："人皆苦炎熱，我愛夏日長。"柳公權隨後續道："薰風自南來，殿閣生微涼。"這兩句續詩極得皇帝喜愛，被讚為"辭清意足，不可多得"。但是北宋的蘇軾卻看出了這首詩的問題：皇帝養尊處優，宮中又多有避暑之方，當然無法感受到常人在炎熱中所受的煎熬，文宗身為皇帝，不知民間疾苦，反而為自己的特殊待遇而沾沾自喜；柳公權身為士大夫，不但沒有當即規勸，反而作詩迎合 —— 一君一臣都忘記了自己關懷天下百姓的本分。於是蘇軾又為這首詩添了四句，詩曰："人皆苦炎熱，我愛夏日長。薰風自南來，殿閣生微涼。一為居所移，苦樂永相忘。願言均此施，清陰分四方。"在末尾的兩句詩中，蘇軾表達了想讓普天之下所有百姓都能在夏季享受清涼的願望，也顯示了中國士大夫"己欲立而立人，己欲達而達人"的責任心。

如今，隨著經濟的發展和科技的進步，空調已經進入了千家萬戶，許多普通人也能感受到原先皇帝獨享的夏日清涼，蘇軾"清陰分四方"的願望正在逐步實現。如果蘇公泉下有知，看到了這一幕想必也會深感欣慰吧。

參考資料

孟輝：《水車・自雨亭・芳塵台》，《紫禁城》2005 年第 4 期。

02 安得赤腳蹋層冰
唐人的夏季日常 *

　　每年 7 月下旬，全國多地相繼進入火爐模式。面對高溫，人們只能開足空調，並感謝這一造福千家萬戶的防暑發明。

　　在沒有空調的古代，人們也必須面對炎熱的天氣。南北朝後期到唐朝前中期，我國正處於氣候上的溫暖期，氣溫普遍比較高，酷熱的夏天也格外難熬。在玄宗朝，身處夔州的杜甫曾在連續高溫的時節寫過三首詩，詩的題目都叫《熱》。按照詩中的說法，夏天的瞿塘峽附近，雖然面臨長江，但有大部分時間都是 "峽中都似火，江上只空雷"，江邊水汽瀰漫，氧氣不足，讓人覺得 "炎赫衣流汗，低垂氣不蘇"，只能靠 "想見陰宮雪" 這樣的精神勝利法來對抗暑氣。

　　在緯度偏低的地方，炎夏的威力更為猛烈。中唐詩人柳宗元被貶到湖南南部的永州之後，長期苦惱於當地的暑濕之氣，日益憔悴。在某個半夜被熱醒的時刻，他走出房間，登上高

* 　原題《唐人的夏季日常：居室防暑、山中避暑、採冰解暑》，2017 年 7 月 25 日首發於澎湃新聞・私家歷史。

樓，懷著滿腔憤怒寫下了一首《夏夜苦熱登西樓》，詩中形容自己所處的夏夜是"火晶燥露滋，野靜停風威。探湯汲陰井，煬灶開重扉"。這個夜晚，花葉上的露水都被烤乾，孤寂的曠野吹不來一絲微風，井裏盛放的都是開水，打開門就像進了火爐，無助的詩人只能站立在炎熱中，"憑闌久彷徨，流汗不可揮"，默默忍受揮之不盡的汗水。

即使逃離了南方，來到唐朝首都長安城中，也無法躲過夏季熱浪的侵襲。長安地處關中盆地，夏季空氣流通不暢，更容易形成悶熱的天氣。王維在一首寫給南方朋友的《贈吳官》中描述當時長安的夏天是"長安客舍熱如煮……空搖白團其諦苦"，即便拚命搖動團扇也難以驅走熱氣。晚唐人王轂寫過一首《苦熱行》，詩云："祝融南來鞭火龍，火旗焰焰燒天紅。日輪當午凝不去，萬國如在洪爐中。"其中"萬國如在洪爐中"一句，生動地寫出了唐朝全國上下普遍炎熱的狀況。

在高溫天氣面前，機智勤勞的古人也沒有束手待斃，他們在衣食住行上想出了各色各樣的避暑方式。

〔元〕劉貫道《消夏圖》（局部），美國堪薩斯納爾遜—阿特金斯藝術博物館藏

夏裝、北窗、涼席：居室防暑

◇◇◇

中國古人日常的服裝，一般由棉、麻或動物皮毛所製，到了夏天通常會換上葛布製成的夏裝，名為"絺綌"。這種絺綌纖維雖比棉布粗糙，但輕薄透氣，在夏天穿著出門，微風掠體而過，十分清涼。唐代的正式服裝以長袖為主，但是也有短袖甚至無袖裝，比較灑脫的人甚至只穿一件葛製的背心，在家中或山林裏袒懷乘涼。當然富有的人家可以穿更輕、更貼身的"輕綃"，這種絲織品穿在身上更為舒適，不過因為太過輕薄，不適合在戶外使用。

大熱天出門忍受太陽炙烤固然痛苦，但即使待在家中，如果沒有合適的防暑降溫設備，一樣會覺得悶熱，否則王維也不會有"客舍熱如煮"的感嘆了。為了夏天在家中過得舒適，古人也想了很多辦法。中國古代的建築為了照顧採光，常常是坐北朝南，但是在炎熱的夏季，毒辣的陽光從門窗照射進來，無疑讓人更添煩擾。為了避暑，許多人都會在房間的北面背陰處另開一面窗戶，既可以透風，又沒有陽光，如果再於窗外種上一叢翠竹，就成了乘涼的絕佳位置。陶淵明在給孩子們的家信中講到自己生平的樂事，其中有一條就是"五六月中，北窗下臥，遇涼風暫至，自謂是羲皇上人"。這句話後來被唐修《晉書·陶淵明傳》收入，"北窗"也成了膾炙人口的典故。白居易晚年拜秘書監，閒居長安新昌坊時，曾寫過一首《新昌閒居招楊郎中兄弟》，邀請自己的妻舅楊汝士兄弟來做客，詩的末尾說："暑月貧家何所有，客來唯贈北窗風。"即將自己家中北窗的涼風當作給客人的最佳饋贈。

除了利用自然之風以外，據說唐人還發明了利用地下水降溫的方法。據筆記《雲仙雜記》引《雲林異景志》載，中唐著名宦官霍仙鳴，在自己位於龍門的別墅地下開了七口涼水井，蓋上鏤花透氣的蓋子，到了夏天，冷氣從水井中湧出，房內"七井生涼，不知暑氣"。長安的富有人家除了住房之外大多還有自己的園子，只要種上一小片樹林，就可以借蔭乘涼。據《開元天寶遺事》記載，在盛唐時，長安城富家子弟"每至暑伏中，各於林亭內植畫柱，以錦綺結為涼棚。設坐具，召長安名妓間坐，遞相延請，為避暑之會"。這個"避暑之會"大概就是現在"夏日狂歡派對"的雛形了。

除了在房屋結構和園林佈置上下功夫以外，唐人也會在室內安置各種避暑用品。比如我們今天依然在使用的涼席，在唐代就已經非常受歡迎了。唐人將竹席稱為"簟"。因為竹子比熱大，升溫慢，竹簟表面的溫度通常都會比室溫低上不少，躺在上面，配上玉枕或者石枕，自然有涼爽之感。元和十一年夏天，被貶江州司馬的白居易買了一件當時有名的蘄春竹席，寄給身在炎熱通州的元稹，並附詩一首，云"通州炎瘴地，此物最關身"。元稹收到禮物以後非常開心，欣然回覆一首《酬樂天寄蘄州簟》，描寫了自己的用戶體驗："碾玉連心潤，編牙小片珍。霜凝青汗簡，冰透碧游鱗。水魄輕涵黛，琉璃薄帶塵。夢成傷冷滑，驚臥老龍身。"覺得睡在上面猶如睡在冰涼的龍鱗上，不但不再炎熱，甚至還有些寒冷。在唐人的想像中，"龍鱗"是世界上最為寒冷之物，用來製成扇子或者墊子，避暑效果絕佳，但是非常稀有，只有富貴人家才有資格享用。

《開元天寶遺事》記載盛唐長安富戶王元寶家有一把"龍皮"做的扇子，每到夏天，王元寶招待賓客之時，"以此扇子置於坐前，使新水灑之，則颯然風生，巡酒之間，客有寒色"。另一本筆記《劇談錄》則說唐後期名相李德裕在家中"以金盆貯水，浸白龍皮，置於座末"，夏日時常邀請同事到家裏避暑，來賓進屋之後只覺"煩暑都盡……清飆凜冽，如涉高秋"，簡直有空調的功效。當然世界上並不存在能夠散發冷氣的"龍皮"，上面兩則故事只是唐五代人對豪富人家的誇張想像。不過古代的"龍皮"本來就是按照蛇、鱷魚等動物的鱗甲想像而成的，如果拿蛇皮、鱷魚皮這類材料冒充"龍皮"製成墊子，想必降溫的功效也不會輸於竹席。

到了晚唐，避暑用具裏還出現了一種"竹夾膝"，用竹子製成圓筒，夏天夾在兩腿之間，可迅速降低體表溫度，配合竹簟使用效果尤佳。晚唐著名詩人陸龜蒙曾送給詩友皮日休一件竹夾膝，皮日休寫下一首酬謝詩，說此物"圓於玉柱滑於龍，來自衡陽彩翠中。拂潤恐飛清夏雨，叩虛疑貯碧湘風"，清涼爽滑之感躍然紙上。

忽入甘露門，宛然清涼樂：山中避暑

◇◇◇

如果在家中購置了涼席、扇子、竹夾膝，高臥在北窗之下還是覺得酷熱難耐，那就需要考慮逃離家中，去更涼快的地方避暑。一般官員和百姓會到海拔較高、植被茂密的山上躲避

　　　　　　　　像唐人一樣生活

高溫，這時候山中的各個寺廟就成了熱門的避暑景點。白居易晚年寓居洛陽時，在夏天就時常到洛陽附近的香山寺避暑。他為此寫過兩首絕句：前一首云"六月灘聲如猛雨，香山樓北暢師房。夜深起憑欄杆立，滿耳潺湲滿面涼"，是說夜晚住在香山寺小溪旁暢禪師的僧房裏，出門憑欄而立，覺得滿面清涼；後一首云"紗巾草履竹疏衣，晚下香山蹋翠微。一路涼風十八里，臥乘籃輿睡中歸"，則寫出了自己歸途中在涼風吹拂下安然入睡的場景。

　　長安周圍群山環繞，自然也有不少避暑勝地，比如城南終南山邊曾為唐太宗行宮的翠微寺，就是文人雅士常去避暑的場所。如果嫌郊外山中路途遙遠，也可以選擇長安城南的慈恩寺。慈恩寺雖然地勢不高，但是臨近曲江，寺裏遍植古松修竹，松風竹韻到處，正可蕩滌煩熱，再加上寺內高聳著慈恩寺

〔南宋〕《柳蔭高士圖》（局部），藏台北故宮博物院

塔，遊人既可以借塔陰乘涼，也可以登塔頂浴風，算是長安城裏除了皇宮外最適合避暑的地方了。也正因為此，每到夏日暑熱之時，慈恩寺裏都是遊人如織。晚唐詩人劉得仁曾經寫過一首《夏日遊慈恩寺》，詩說："何處消長日，慈恩精舍頻。僧高容野客，樹密絕囂塵。閒上凌虛塔，相逢避暑人。卻愁歸去路，馬跡並車輪。"可見在夏日慈恩寺避暑的遊人之多，回程時竟然能達到交通擁堵的程度。

　　唐人熱衷於去寺院避暑，除了看中山寺海拔高、寺中植被茂盛之外，還因為佛教講究四大皆空，鼓勵人將肉體的痛苦視作虛無，如果能夠按照佛教的理想修行，達致內心平和，自然就能不畏暑熱。王維曾寫過一首《苦熱》，前半首詩描寫了夏日酷暑之時"赤日滿天地，火雲成山嶽。草木盡焦卷，川澤皆竭涸"的地獄般景象，後半首則說他在佛教修行中領略到了"卻顧身為患，始知心未覺"的道理，知道身體上的痛苦，只是內心沒有覺悟的表現，於是"忽入甘露門，宛然清涼樂"，領略如來法門之後，在酷暑中也能感到清涼的快樂了。那些在佛寺避暑的人，雖然未必能像王維那樣做到完全覺悟，但在佛學的薰陶下，想來總能平復一些炎熱帶來的煩擾。

　　佛教通過內心修煉化解暑熱的痛苦，道教則有更直接的去暑之法。《抱朴子·內篇·雜應》記載了葛洪傳授的不熱之道："或以立夏日，服六壬六癸之符，或行六癸之炁，或服玄冰之丸，或服飛霜之散。"葛洪這一句話裏，概括了符籙、行氣、外丹、仙藥等道術中的避暑之法。在五行體系裏，壬癸屬水，主陰涼，故此葛洪所說的符籙稱為"六壬六癸之符"，行氣之法叫作"行六癸之炁"。道士只要使用丹藥、符籙就可免去熱氣侵擾，似乎比埋頭苦修的佛教徒要輕鬆不少，但這些仙藥和符籙都不是能輕易獲得的。比如煉製"飛霜之散"，需要"用蕭丘上木皮，及五月五日中時北行黑蛇血"作為關鍵成分，其中"蕭丘"是傳說中的海島，上面有一種神木，猛火烈焰也無法傷之分毫，而知道"蕭丘"地點的人少之又少，能得到島上木皮的人更是鳳毛麟角，因此據葛洪所知，古往今來，只有兩人曾煉製出這樣的仙藥。

不過道教發展到了唐朝，發明出了一般道士也能煉製成的避暑藥，比如唐代道士沈知言所輯《通玄秘術》中記載了一種"辟暑丹"，將雌黃、白石脂、丹砂研磨後包在曲灘黃泥裏燒製，再於磁石上搗碎，注入乳汁後再以融化的白松脂裹成丹藥，據說服用之後"夏月可以衣裘，並無炎氣相逼"。據沈知言的說法，唐懿宗也曾服用過此丸，而且甚有功效。這個單方敘述詳細，後來被收入北宋官修方書《太平聖惠方》乃至明人所輯《普濟方》中，在後世作為中藥流傳甚廣，但是單方中的雌黃含有三硫化二砷，是劇毒藥物，煉製不得當很可能變成催命的毒藥，唐懿宗才過四十就英年早逝，很可能與服用了這種含毒丹藥有關。

公子調冰水，佳人雪藕絲：採冰解暑

◇◇◇

說到夏季消暑，就不能不說從古至今一直流行的消暑神器 —— 冰。中國自古以來就有採冰、藏冰的傳統。《周禮》中記載了周代專門"掌冰"的公務員——凌人,他們在冬日鑿冰藏於專門的冰窖"凌陰"之中,到了仲春時節進行"啟冰"儀式,將所藏之冰用於宴會、祭祀等場合。這種傳統也延續到了唐代,藏冰則由上林署官員負責管理。

朝廷冬日所藏之冰,主要用於王朝祭祀和宮中日常生活,一般官員無法享用,但皇帝常常會將朝廷藏冰送給自己重視的大臣。白居易為翰林學士時,曾經寫過一篇《謝恩賜冰狀》,感謝憲宗皇帝賜冰給自己,文中說"頒冰之儀,朝廷盛典;以其非常之物,用表特異之恩",自己得到冰以後"煩暑迎消,涼颸隨至",清涼之餘又感受到了皇帝的莫大恩寵。

大臣得到皇帝賜冰之後,除了放在室內降溫,還可以用來冰鎮水果。如劉禹錫在《劉駙馬水亭避暑》一詩中講到唐順宗駙馬劉士涇夏日招待賓客的食物是"賜冰滿碗沈朱實,法饌盈盤覆碧籠",其中"賜冰滿碗沈朱實"指的就是將新鮮的李子放在盛滿冰塊的碗中。除此之外,也有直接用賜冰製成冰飲的,如杜甫在長安時曾列席權貴子弟召開的"夏日派對",並寫下兩首《陪諸貴公子丈八溝攜妓納涼晚際遇雨》,詩中有云"公子調冰水,佳人雪藕絲",可見這些藏冰也能直接用於製作飲品。

除了皇帝賜冰之外,唐代長安似乎也已經出現了賣冰的市場,不過由於冰塊的採集、貯藏非常困難,夏日市場上出售的冰往往"價等金璧",也有商家想要在長安市上靠賣冰賺取高額利潤,結果在和買家的討價還價的過程中冰塊融化,最後落得血本無歸。正因為夏日的冰塊有如此價值,它也成了高官權貴互相饋贈的珍寶。據《開元天寶遺事》所載，楊國忠的子弟為了巴結朝中高官，"每至伏日，取堅冰，令工人鏤為鳳獸之形，或飾以金環彩帶，置之雕盤中，送與王公大臣"，可知這冰獸的確與金玉珠寶同樣珍貴非凡。除此之外，楊氏子弟還會命令工匠將大冰塊鑿成冰山的形狀，在招待賓客時放在宴席間，據說能使在座的賓客在三伏天裏"各有寒色"，甚至穿上夾襖禦寒。

不過有資格在大熱天用冰塊降溫的，畢竟只有唐代首都長安城的達官豪富，地方上的官員和百姓，基本上就沒有這樣的條件了。在長安享受過"公子調冰水"的杜甫，後來到長安東面的華州做司功參軍，雖然離長安不遠，但是已經沒有了冰水的待遇。在那裏，杜甫寫過一首《早秋苦熱堆案相仍》，詩中說自己在官署中熱得"束帶發狂欲大叫"，直呼"南望青松架短壑，安得赤腳蹋層冰"。在寫這句詩的時候，杜甫想必也曾懷念自己在長安城中，可以在夏天接觸到冰塊的日子了吧。

參考資料

朱啟新：《古人藏冰與用冰》，載朱啟新《看得見的古人生活》，北京：中華書局 2011 年版。

紅爐暖閣佳人睡
唐人冬日取暖手冊 *

　　在古代，寒冷是人們每年都要面臨的巨大生存挑戰。古人沒有即開即用的空調，也沒有集中供應的暖氣，每當時節步入寒冬，就會有無數人為如何安然度過冬天而擔憂發愁。

　　唐宋時代本是中國氣候史上的溫暖期，冬季的氣溫已經不像魏晉南北朝時那樣寒冷，但是一般人家還是對冬天充滿了畏懼。杜甫在夔州之時，曾經遇到一次強烈的寒潮，在刺骨冷風中，絕望的詩人寫了一首歌行體詩《後苦寒行》描寫當時的感受：「晚來江門失大木，猛風中夜吹白屋。天兵斬斷青海戎，殺氣南行動地軸，不爾苦寒何太酷。」生動地寫出了自己的小屋在寒冷的西北風中搖搖欲墜的景象。夔州位於現在的重慶地區，尚屬比較溫暖的城市，在其他地方，嚴冬則更加冷酷。如常年生活在河南的孟郊，寫過一首《苦寒吟》，詩云：「天寒色青蒼，北風叫枯桑。厚冰無裂文，短日有冷光。敲石不得

---

* 　原題《唐朝人如何過冬：官宦暖爐皮裘，百姓地爐紙衣》，2017 年 1 月 25 日首發於澎湃新聞・私家歷史。

火，壯陰奪正陽。苦調竟何言，凍吟成此章。」杜甫在寒風中還有餘裕想像天兵斬戎、殺氣南行的景象，孟郊則是冷得連詩都幾乎吟不出了。

燒出爐中一片春：燃爐採暖

◇◇◇

面對冷酷的寒冬，古人並非束手待斃，他們想出了許多保暖防寒的方式，以求順利渡過這每年一次的難關。

冬天沒有農事，人們一天之中大部分時間都待在家裏，因此室內取暖是防寒工作的重中之重。中國位於北半球，陽光長期從南方射入，故此房屋多是坐北朝南的格局，以求在冬日最大限度地接收太陽送來的溫暖。當然，到了真正的數九寒天，單憑微弱的陽光遠遠不能達到取暖的效果，夜裏沒有陽光的時候，時間將更加難熬。因此，早在先秦時代，古人就想到了生火取暖之法，最早是在庭院四周設置巨大的火灶生火，《呂氏春秋》描寫春秋時衛靈公的冬季日常，就是「衣狐裘，坐熊席，陬隅有灶」的景象。再到後來，這種露天的火灶又被改進為室內的火爐。到了漢朝以後，考古文物中更是大量出現了各類小型暖爐、手爐等取暖設備。

在唐代，人們在室內取暖的主要方式仍然是生爐火。王公貴族和高級士大夫常常使用銅製的暖爐，在其中燃燒木炭取暖，或者乾脆直接利用熏爐燃香發熱。曾當過宰相的元稹寫過一組吟詠二十四節氣的詩，其中《大寒》一首寫道：「臘酒自盈樽，金爐獸炭溫。大寒宜近火，無事莫開門。」其中「金爐獸炭"說的就是銅暖爐和製成獸形的木炭。初唐詩人宋之問在宮城的秘書省值班時曾作《冬夜寓直麟閣》一詩，中有"直事披三省，重關閉七門。廣庭憐雪淨，深屋喜爐溫"之句，可見在宮廷裏值班是能享受暖氣待遇的。白居易晚年退休居洛陽家中，冬日裏最大的愛好就是靠在暖爐邊睡覺，久而久之，居然對暖爐產生了感情。到了春天天氣回暖，不得不將暖爐收藏起來時，他寫下一首《別春爐》與之告別，說自己和爐子"獨宿相依久，多情欲別難"，為了能和暖爐長相廝守，竟想讓天公"長遣四時寒"，讓寒冷的日子再久一些。

暖爐雖然小巧便攜，但是造價昂貴，只有官宦人家才有經濟實力購置。家境一般的人，買不起銅暖爐，又需要生火取暖，便在自己家的屋子裏挖一個深坑，在坑裏堆滿木柴，摻著松脂和杉子之類的易燃物點火取暖，稱為"地爐"。晚唐詩人皮日休在《奉和魯望樵人十詠》中描寫當時樵夫的冬日生活是："山客地爐裏，然薪如陽輝。松膏作滫瀡，杉子為珠璣。響誤擊刺鬧，焰疑彗孛飛。傍邊暖白酒，不覺瀑冰垂。"地爐雖然不如銅暖爐精緻，但在爐邊暖上一壺白酒，看著爐中火星迅速地躍起又彗星般飛濺的景象，也庶可暫時忘記屋外的寒冷。

不管是暖爐還是地爐，都需要添加燃料。在唐代的平民百姓家，最常見的燃料是木柴或柴草，而朝廷官員和比較富裕的人家，則大多會選擇使用燃燒更易、效率更高的木炭。在高官富戶集中的長安城，木炭的使用量相當驚人。唐玄宗天寶五載，朝廷特別增設了"木炭使"的職務，到了唐德宗貞元年間，又在戶部下設立"木炭採造使"，專門負責購買、燒製木炭，供給長安皇室和官員使用。長安城的木炭來源主要是城南終南山上的樹木，當時終南山上除了隱士之外，就數樵夫最多，故此王維的《終南山》詩中要強調"欲投人處宿，隔水問樵夫"，而白居易《賣炭翁》中那位"伐薪燒炭南山中"的老翁，便是在終南山中伐木製炭的眾多炭工之一。為了方便將木材和木炭及時運到長安城，唐朝皇室專門開闢了一條漕河，連通終南山和宮城，並在長安西市建造了專門的貯木場。除了政府置辦以外，唐代最繁榮的西市裡有專門製造、販賣木炭的商店，還有許多炭商將炭放在牛車或驢車裏，甚至直接背在背上走街串巷地叫賣。冬日木炭的價格隨著氣溫波動，天氣越冷，利潤便越高。木炭昂貴之時，並非人人有能力購置，一生窮困的孟郊之所以得到"郊寒"的稱號，除了詩風孤峭以外，也因為他無錢購買取暖物資，經常在冬日寫詩嘆寒。孟郊曾寫過一首《答友人贈炭》感謝朋友在冬日為自己送來木炭取暖，詩云："青山白屋有仁人，贈炭價重雙烏銀。驅卻坐上千重寒，燒出爐中一片春。吹霞弄日光不定，暖得曲身成直身。"雪中得炭的驚喜之情躍然紙上。除了木炭以外，西涼國還曾向唐朝進貢過一百條"瑞炭"，據《開元天寶遺事》說這種炭"長尺餘，青色，堅硬如鐵，燒之無焰有光，每條可燒十日，熱不可近"，從描述上看很可能就是煤炭了。

簾幕、地毯、氈帳：室內保暖

◇◇◇

除了藉助爐火升溫取暖之外，唐人到了冬天還會在房屋內裝置很多禦寒的設施，其中最常用的就是暖簾。一張氈布製成的厚重簾幕，可以有效遮住木結構房屋的縫隙，將寒風擋在屋外。因此唐人在佈置房屋時，總是"向暖窗戶開，迎寒簾幕合"，在房屋靠北的一面留下懸掛簾幕的位置。五代詞人歐陽炯的《菩薩蠻》詞中用"紅爐暖閣佳人睡，隔簾飛雪添寒氣"的句子，形象地寫出了簾幕內外冷暖迥異的狀況。同樣可以用來遮風的還有室內用的屏風，白居易在《卯飲》中說自己冬天早晨的狀態是："短屏風掩臥床頭，烏帽青氈白氎裘。卯飲一杯眠一覺，世間何事不悠悠。"能夠如此悠閒，床邊遮風的屏障功不可沒。此外，唐人通常還會在地上和坐臥的床榻上鋪上厚厚的毯子，抵禦下方透出的寒氣。白居易"新樂府"裏的名作《紅綫毯》，描寫了唐朝宮廷中一種用絲絨做成的地毯，詩中說：

> 披香殿廣十丈餘，紅綫織成可殿鋪。
> 彩絲茸茸香拂拂，綫軟花虛不勝物。
> 美人蹋上歌舞來，羅襪繡鞋隨步沒。
> 太原毯澀毳縷硬，蜀都褥薄錦花冷。
> 不如此毯溫且柔，年年十月來宣州。

這種紅綫毯之所以如此舒適，乃是因為地方上為了討好皇帝，製作時不惜工本，為織成一幅能鋪滿披香殿的紅毯，不知耗費了多少絲綿。因此白居易在詩末質問道："宣城太守知不知，一丈毯，千兩絲。地不知寒人要暖，少奪人衣作地衣。"

　　唐代的一般士人，無法做到這樣奢侈，他們通常會用動物皮毛做成的氈子當坐墊。白居易離開長安，回到老家渭南金氏村為母親守孝時，曾經寫詩給朋友張殷衡，描述自己的村居生活，其中有"藥銚夜傾殘酒暖，竹床寒取舊氈鋪"之句，可見他為了防止村舍竹床的寒冷，在回老家時特地帶上了保暖的氈墊。年輕時的杜甫並沒有白居易準備周全，他在東遊齊魯時因為沒有帶氈墊，到了秋天只能感嘆"晨朝降白露，遙憶舊青氈"。當然氈墊也不是人人都有能力置辦的，杜甫曾作詩嘲戲朋友鄭虔，說他"才名四十年，坐客寒無氈"——鄭虔曾長期

〔南宋〕陳居中《文姬歸漢圖》中所畫的地毯

在國子監擔任博士，卻沒有錢置辦氈墊，冬日家中來客必須坐在冰冷的椅子上，的確相當貧寒。晚唐詩人鄭谷曾作詩激勵自己努力進取，其中有"蘭為官須握，蒲因學更編。預愁搖落後，子美笑無氈"之句，就用了杜甫以無氈嘲笑鄭虔的典故，所謂"搖落後"，即秋冬草木凋謝的時節。鄭谷努力讀書做官，目的也不外乎讓自己能夠買一張冬日禦寒的氈墊。在北方邊塞，氣候更為寒冷，按照岑參《白雪歌送武判官歸京》中的說法，輪台八月的飛雪就已經"散入珠簾濕羅幕，狐裘不暖錦衾薄。將軍角弓不得控，都護鐵衣冷難著"了。因此，對駐守在西北邊疆的軍隊來說，室內保暖尤為重要。岑參在跟隨封長清出塞來到新疆輪台後，寫下《首秋輪台》一詩，詩中描寫輪台的軍帳是"雨拂氈牆濕，風搖毳幕膻"，其中"毳幕"即是動物皮毛製成的門簾。相對而言，將軍所住的主帳保暖措施更為完善，在岑參作於同一時期的《玉門關蓋將軍歌》中，我們可以看到蓋將軍的主帳裏"暖屋繡簾紅地爐，織成壁衣花氍毹"，不但有爐火和簾幕，連帳篷的四壁都掛上了毛毯。

與中原的木屋相比，西北邊塞的帳篷在抵禦風雪方面更勝一籌，因此有不少中原士人也開始借鑒遊牧民族的禦寒之法。注重生活品質的白居易就曾特意從西北邊關買了一頂青氈帳，放在洛陽家中的庭院裏，用以過冬。他曾寫過一首《青氈帳》專門稱讚這頂帳篷"汰風吹不動，禦雨濕彌堅……傍通門豁爾，內密氣溫然"。每到冬日，白居易就會將帳篷展開，在其中"側置低歌座，平鋪小舞筵"，和朋友飲酒作樂，只覺"獸炭休親近，狐裘可棄捐。硯溫融凍墨，瓶暖變春泉"。在白居

易的晚年，坐在這頂青氈帳中烤火飲酒成了冬天裏最快樂的事情，他在一首詩中自述"年老不禁寒，夜長安可徹。賴有青氈帳，風前自張設。復此紅火爐，雪中相暖熱。如魚入淵水，似兔藏深穴。婉軟蟄鱗蘇，溫燉凍肌活"，用青氈帳和紅火爐為自己營造了一個溫馨的小世界。

皮裘、袍襖、紙衣被：禦寒衣裝

◇◇◇

　　雖然古代的冬天講究以"藏"為主，但是總是會有出門的時候，因此除了室內保暖之外，衣裝保暖也一直受到重視。在中國古代，裘衣是王公貴族在冬日的標準裝束。早在《禮記・月令》中就規定"孟冬，天子始裘"，在《周禮》中，裘冕更是天子祭天時的禮服。在唐代，皇族與官宦到了冬天通常可以穿上動物皮毛製成的裘衣，比較華貴的有狐裘、貂裘、豹裘、兔裘等，一般士人和百姓中富有者則多穿羊裘、犬裘。同樣是裘，也會有高低之分。天寶十載，杜甫還未入朝做官之時，曾經寫詩送給自己在成都、華原縣已經做官的朋友，詩中說他們是"赤縣官曹擁材傑，軟裘快馬當冰雪"，自己則是"飢臥動即向一旬，敝裘何啻聯百結"。杜甫的朋友們能經常置換新的"軟裘"，而杜甫卻只能年復一年穿著一件"敝裘"，雖然同著裘衣，貧富差距卻是顯而易見。相比之下，李白則要闊綽得多：他在和岑夫子、丹丘生喝酒時曾經將價值千金的裘衣"呼兒將出換美酒"；遊覽金陵時遇到隱士相談甚歡，又決定"解我紫綺裘，且換金陵酒"；雖然賣掉了兩件裘衣，但他在廣陵會見追隨者魏萬時，卻又"身著日本裘，昂藏出風塵"了，可見李白在為自己購置衣物方面很捨得花錢。在動物皮毛製作的裘衣中，比較特殊的是鹿裘，由於《列子》中說孔子拜訪的高士榮啟期是身著鹿裘隱居山中的，所以後來隱士和道士都喜歡穿鹿裘，在上清派道經中，甚至將"鹿皮之帔"當作道士必備的法服。初唐詩人盧照鄰在描寫當時隱居修道之人的生活時，說他們"日暮餐龜殼，天寒禦鹿裘。不辨秦將漢，寧知春與秋"，這也成了古代隱士的典型形象。

除了動物皮毛製成的裘衣之外，用棉布製成的冬衣在百姓中更為普及。唐人冬日所穿的棉衣，主要是袍、襖兩種，兩類衣服都有夾層，可以在其中填充棉絮，不同的是袍一般能覆蓋到腳面，常用作外衣；而襖則主要是上身穿著，有時也會作為裏衣。宋代以前，棉花主要產於嶺南一帶，尚未在中原廣泛種植，因此衣中的填充物以絲綿為主。快到冬天的時候，人們會從箱篋中取出袍襖，將絲綿填入其中，稱為"裝綿"。孟浩然在《閨情》詩中說女子為征夫製作冬衣時"防寒更厚裝"，即是指此。袍、襖的好壞，在於是否輕軟保暖。白居易在《新製綾襖成感而有詠》中稱讚自己的新綿襖"水波文襖造新成，綾軟綿勻溫復輕。晨興好擁向陽坐，晚出宜披蹋雪行。鶴氅毳疏無實事，木棉花冷得虛名"，認為與絲織的綿袍相比，棉花填充的袍子只是浪得虛名而已。除了自己穿以外，白居易還會製作綿袍送給朋友，他在杭州刺史任上曾作《醉後狂言酬贈蕭殷二協律》，詩中說自己送給兩位朋友的布裘"吳綿細軟桂布密，柔如狐腋白似雲"，同樣是在強調裘衣的軟。除了衣服之外，帽子和靴子同樣是禦寒的必備衣裝。綿帽和綿袍一樣，都設有夾層，其中可以填充絲綿，稱為"夾帽"。白居易在《歲暮》詩中說自己年末的衣裝是"夾帽長覆耳，重裘寬裹身"，可見這種夾帽是可以覆蓋到耳朵的。至於靴子，則主要是由獸皮製成。白居易在《喜老自嘲》中自述"裘輕被白氎，靴暖蹋烏氈"，就是綿裘與皮靴的搭配。晚唐詩人李群玉在《薛侍御處乞靴》詩中說朋友的靴子是"越客南來誇桂靨，良工用意巧縫成"，可知是鹿皮製成。杜甫在送朋友去羌族人聚集地赴任的詩中曾提到"羌父豪豬靴"，說明少數民族也有用豪豬皮做靴子的。

在唐代初期主要實行府兵制，軍人衣物都須自己置辦，因此每到秋天，軍人的家屬就會在家中趕製冬衣，送給邊關的親人。到了唐代中期，職業軍人逐漸成為主流，朝廷在為他們提供兵器糧餉之外，也會發放過冬的衣裝。敦煌文獻中有數件記錄冬衣發放情況的文書，其中所載唐玄宗時代冬天

身著皮裘的三彩胡人俑，圖片出自陝西歷史博物館官方網站

發放給敦煌駐軍的衣物大致是襖子一件、棉褲一條、樸頭（頭巾）鞋襪各一副、被袋一隻。此外，據《唐六典》規定，為官府做事的奴婢每兩年可得到官方發放的冬衣，共計"襦（上衣）、複褲各一，牛皮靴一量，並氈"，待遇不如戍衛的軍人，但是比一般農民要好上許多。至於朝廷的高官，每年冬天都會收到皇帝頒賜的冬衣，陳子昂、獨孤及、權德輿、令狐楚、李商隱的文集中都收錄了接到御賜冬衣以後的謝表、謝狀。事實上，這些高官憑藉自己的俸祿完全可以購置很好的冬裝，皇帝賜衣的舉動更多只是表現恩寵罷了。

家境相對富裕的人可以用絲綿製作袍襖禦寒，邊關的軍將和官奴婢有朝廷發放的冬衣，而連綿袍都置辦不起的窮苦人家，也有自己的過冬之法。據游修齡先生《紙衣與紙被》的研究，唐代造紙技術發達，紙張的價格相對較低，經過書寫使用之後的紙張更加便宜，許多窮苦人家都會將廢紙收集起來，製成紙衣、紙被禦寒。除此之外，由於冬季主要禦寒用的絲綿是從蠶繭中抽取而來，使用絲織品是以殺害絲蠶為代價的，許多僧人因此不願沾染殺生的罪過，便也選擇穿著紙衣禦寒，中唐大歷年間就有一位僧人因終年穿著紙衣而被稱為"紙衣禪師"。紙衣紙被雖然看起來單薄，但是紙本身的導熱性比較差，厚厚穿上一層還是能起到保暖作用的。晚唐文人徐夤曾寫過一首《紙被》，詩中說上好的紙被"披對勁風溫勝酒，擁聽寒雨暖於綿"，足見紙被在防寒防風上的功效。

總的來說，除了沒有空調、暖氣之外，唐代士人的過冬方式和現代人已經非常接近了，但是在當時，擁有白居易、李白這樣的經濟實力的人畢竟是少數，大部分老百姓在冬天還是要在生死綫上掙扎。白居易在渭南老家所作《村居苦寒》詩說農村裏"北風利如劍，布絮不蔽身。唯燒蒿棘火，愁坐夜待晨"，這才是廣大農民的真實生活。而在杜甫的詩中我們可以看到，即使在長安這樣繁華的地方，到了冬天照樣也是"路有凍死骨"。今天的中國，雖然冬天還是很冷，但大多數人都能夠避免凍死的危險，與唐代平民相比還是非常幸福的。

參考資料

游修齡：《紙衣與紙被》，《古今農業》1996 年第 1 期。

黃正建：《敦煌文書與唐代軍隊衣裝》，《敦煌學輯刊》1993 年第 1 期。

陳詩宇、王非：《唐人的四時衣物》，《紫禁城》2013 年第 8 期。

會同萬國朝華夷

唐人是如何歡度國慶的？*

　　國慶是一個國家在"國"的層面上所舉辦的宏大盛典。在這一天，全民放假歡慶，為自己的國民身份而自豪。世界上大多數國家和中國一樣，將現代國家建立的日子設立為國慶日，但是這一設立標準並非放之四海皆準。對君主制國家來說，國王不但是國家的統治者，也是國家的象徵，因此對於這些國家，國慶通常就是國王的生日。即使在現代社會，一些君主制色彩比較濃重的國家，如英國、丹麥、荷蘭和日本，仍然會在國王的生日全國放假慶祝。

　　在君主制綿延了兩千年的中國，國慶自然也和君主的生日息息相關。從唐宋開始，一直到清末，皇帝生日一直是最重大的全國性節日之一，而以皇帝生日為國慶的做法，最早起源於唐玄宗統治時期。

---

* 　原題《唐朝人是如何歡度國慶的》，2016年10月1日首發於澎湃新聞·私家歷史。

生日慶典的起源

◇◇◇

古代中國是典型的農業國家，人們要掌握播種、收割的時間點，必須對四季的變化、氣候的寒溫非常敏感，因此，中國古代的節日大多與曆法上的節氣相關。也有一些日子，由於在曆法上月日排序相同，容易引起人們的注意，也被劃為節日，如三月三的上巳、五月五的端午、七月七的七夕、九月九的重陽等等，這些日子有時雖也與人物紀念有關，但日期卻與人物的生日沒有直接關係。

六朝以前的史料中，幾乎沒有慶祝生日的記載，因此清代學問家顧炎武在《日知錄》中考察了各方面資料後斷言：「生日之禮古人所無。」顧炎武認為，人們開始重視生日，大約要從南朝齊梁時代開始。據《顏氏家訓》記載，當時按南方風俗，小孩一歲之後要抓周，之後每一年的這一天都會「有酒食之事」，舉辦生日宴會，但這種宴會一般是在雙親在世的時候舉辦的。雙親去世之後，子女在生日之時懷念父母生養的辛勞，心懷感傷，也就不會再設宴歡慶了。

現代學者一般認為，中國人開始重視慶祝生日，是受佛誕日的影響。據佛教經典記載，釋迦牟尼誕生日為四月八日（一說為二月八日），在這一天南亞地區的人們都會鄭重清洗佛像，將之放入車中或轎中，四處遊行，接受信眾的禮拜和供養，稱為「浴佛」或「灌佛」。這種習俗也隨著佛教傳入了中國，在南北朝時期，無論南朝還是北朝都有在佛誕日浴佛的習俗。《魏書·釋老志》載，在北魏，每到四月八日，太武帝拓跋扈都會親自登上城樓，觀看浴佛遊行的盛典。在這一天，各佛寺還會設齋飯、佈酒席，招待窮苦百姓，並在寺廟內召集高僧大德講論佛法。佛誕紀念的流行，直接影響到六朝人對生日的觀念。據《顏氏家訓》記載，南朝梁元帝在每年的生日那天，都會"設齋講"，直到母親去世之後才停止。這種慶生形式，很明顯取材於浴佛節設齋飯及講論佛法的活動。到了隋朝，隋文帝楊堅曾頒佈法令，在自己生日當天全國不得屠宰，這也明顯是受了佛教"禁殺生"思想的影響。

生日地位的提高，讓大臣們找到了新的溜鬚拍馬之法。隋文帝時期一位精研數術的大臣袁充就曾上表皇帝，說經過他的推算，隋文帝的出生日期"並與天地日月、陰陽律呂運轉相符，表裏合會"，這預示著文帝的出生日具有"合天地之心，得仁壽之理"的重要意義，因而可以"洪基長算，永永無窮"。雖然隋文帝在三年之後就駕鶴西去，並沒有實現"洪基長算，永永無窮"的預言，但是這份文書向我們表明，在隋朝人眼裏，帝王的生日已經從一個普通的日期，演變為具有神聖意義的特殊時間點了。

獻壽成新俗：如何設計首個國慶

◇◇◇

到了唐朝，為皇帝慶祝生日已經成為宮廷中的一項經常性活動。在這一天，皇帝會在皇宮內殿舉辦宴會宴請皇親國戚和朝中重臣，京城內外的大臣也會通過各種渠道為皇帝送去禮物。然而這樣的慶祝，影響的範圍還只限於宮廷內部，與普通老百姓並沒有太直接的關係。初唐的帝王們雖然各有豐功偉績，但從未有人想到將自己的生日宴會發展為全國慶賀的節日。

將皇帝的生日從宮廷宴會發展到全民節日的，是"開天之治"的締造者 —— 唐玄宗李隆基。玄宗即位以後，顯示了出色的領導手段。在平息了宮廷鬥爭的隱患之後，他對內輕徭薄賦，鼓勵農桑，保證了國家的穩定；對外採用軍事與和親並行的政策，在與各周邊政權的關係中都處於優勢地位。杜甫在《憶昔》中寫道：

> 憶昔開元全盛日，小邑猶藏萬家室。
> 稻米流脂粟米白，公私倉廩俱豐實。
> 九州道路無豺虎，遠行不勞吉日出。
> 齊紈魯縞車班班，男耕女桑不相失。
> 宮中聖人奏雲門，天下朋友皆膠漆。
> 百餘年間未災變，叔孫禮樂蕭何律。

這正是當時社會的寫照。治國方面的成功，讓玄宗越來越相信自己是不世出的聖人。開元十三年，在幾經推辭之後，他在泰山完成了封禪大典，向當今和後世的人們宣告自己是受天地眷顧的優秀君主。

封禪過後第四年，玄宗按照慣例為自己的生日舉辦慶祝活動，宴請百官。在宴席結束後，當年帶頭建議玄宗封禪的兩位丞相張說和源乾曜率領文武百官上了一通奏表，奏表中認為，自古以來，聖人的生日就是值得紀念的日子，"少昊著流虹之感，商湯本玄鳥之命，孟夏有佛生之供，仲春修道祖之籙，追始尋源，其義一也"，因此像唐玄宗生日這樣"二氣含神，九龍浴聖，清明總於玉露，爽朗冠於金天。月惟仲秋，日在端五，恆星不見之夜，祥光照室之期"的美好時刻，自然也應該被訂立為每年固定的節日，好讓天下人慶祝自己得逢盛世。因此，群臣建議將八月五日設為"千秋節"，並將此節"著之甲令，佈於天下"，將這個節日寫進國家法令當中，使之獲得官方的認可。唐代是律令制國家，法令在整個政治社會運作中影響巨大，一旦頒佈了法令，理論上就必須嚴格執行。由於節假日的法令涉及工作時間的調整，頒佈之時都會非常謹慎。在設立千秋節之前，朝廷已經將釋迦牟尼誕生的四月八日定為法定假日，有了這個先例，再將玄宗誕日加入節日名單，就顯得不那麼突兀了，這也是奏表中強調"孟夏有佛生之供"的原因。

至於休假的時間，奏表中的建議是"咸令宴樂休假三日"。當時唐代的節日休假，主要是針對朝廷官吏。從持續時間上來看，除了元旦、冬至休假七日，寒食、清明連休四日，夏至和臘日休假三日之外，其他如上巳、端午、七夕、重陽等節日都只能休息一天，千秋節的三天假日，對當時公務員來說可以說是很大的驚喜。從百官的角度來說，如果皇帝同意了這個提

像唐人一樣生活

議，剛好給大家一個名正言順的休息放鬆、吃喝聚會的機會；如果皇帝不同意這個提議，倡言者也算是找機會讚頌了皇帝一番，不至於遭到怪罪。因此文武百官對上表建言之事都很積極，紛紛應和兩位宰相的建議。

皇帝生辰這樣的節日在歷史上還是首次創立，既然是節日，就需要有標誌性的慶賀方式，這慶賀方式該如何設計呢？張說和源乾曜等人的奏表中貼心地提出了慶祝方案："群臣以是日獻甘露醇酊，上萬歲壽酒，王公戚里，進金鏡綬帶，士庶以絲結承露囊，更相遺問，村社作壽酒宴樂，名為賽白帝、報田神。"張說和源乾曜雖然都是一流的名臣，但也不可能憑空造出這麼多慶祝活動來。據張澤咸、朱紅等學者的研究，奏表中列舉的活動，大多是從其他節日慶賀活動中移植而來的。比如每年元旦朝廷會宴請百官，在宴會上大臣們要向皇帝獻壽酒，這一活動被移植到千秋節，就成了"上萬歲壽酒"；又比如每年秋天的社日（立秋後第五個戊日），百姓都會祭祀土地神，感謝神明賜予美好收成，由於秋社的日期和玄宗生日相近，乾脆就把祭土地神的時間挪到千秋節，變成了"報田神"。

此外，所謂"以絲結承露囊"源於民間在白露時收集花露水製成"眼明囊"的習俗，"進金鏡"則取自道教佩戴鏡子以求辟邪、鑒物的傳統，均是淵源有自。就這樣，張說和源乾曜等人將官方、民間、宗教的各種慶典活動東鱗西爪地組合起來，制定了中國歷史上第一個國慶節的慶祝方案。在此後的日子裏，這套慶祝方案還不斷從其他祭祀活動中吸取營養，如開元二十四年將祭祀老人星的儀式移到千秋節，後世皇帝又在其中加入了佛誕節慶祝活動中的設齋、禁屠、講論等元素，逐漸將千秋節慶典發展為一個繁複龐雜的慶典體系。

當源乾曜等人提出的這套東拼西湊方案擺在玄宗面前時，自我感覺甚好的唐玄宗並沒有覺得不妥，反而龍心大悅，立即同意了百官的請求，下令從第二年（開元十八年）開始設立千秋節，又制定了百官朝賀的步驟細則，於開元二十年將千秋節慶典的流程寫進了新修成的《大唐開元禮》。中國歷史上第一個國慶節，就這樣轟轟烈烈地誕生了。

同朝百郡杯：士庶同樂的盛典

◇◇◇

張說和源乾曜等人為千秋節設計的慶賀活動雖然很隆重，但畢竟都是從別的節日借鑒而來，缺少唐玄宗個人的色彩，不能讓節日中的群臣和百姓充分體會到皇帝的恩澤。為此，唐玄宗在千秋節例行設宴招待群臣的基礎上，又命令樂工專為這個節日譜寫《千秋樂》《傾杯樂》等樂曲，在興慶宮花萼樓前的廣場上，推出大型文藝演出。觀看演出的，除了文武百官和宮城、皇城衛士之外，還有玄宗特別邀請而來的“京兆父老”，這些父老的出現，代表了千秋節從朝廷、宮廷的節日，正式成為官民同樂的節日。

千秋節的文藝表演非常精彩，除了公孫大娘舞劍器、宮妓跳《霓裳羽衣曲》之類的歌舞表演之外，還有“角觝（摔跤）萬夫，跳劍（拋接利劍）尋橦（爬長杆），蹴球（踢球）踏繩（走鋼索），舞於竿顛（高蹺）”等一系列雜技活動，其中最讓人嘆為觀止的是舞馬和繩妓表演。舞馬表演中，一百匹表演用的良馬分為兩隊，披上雕縠珠寶，隨著《傾杯樂》的節拍"驤首奮鬣，舉趾翹尾"，翩翩起舞，之後再讓幾百名壯士舉著厚重的木板來到場地中央，將木板連成一排，馬匹隨節奏躍上木板，舞蹈不輟。繩妓表演中，藝人先將繩子兩頭固定在地面，再在繩子中間豎起高竿，將繩子的中部繫緊在高竿上，兩位表演者從繩子的兩端各自踩著繩子向高處走去，在途中做出翻身、跳躍、頂竿等高難度動作，觀眾在地面上抬頭觀看，"往來倏忽之間，望之如仙"。晚唐詩人鄭嵎曾作《津陽門詩》懷念開元盛世，其中描寫千秋節的一段說："千秋御節在八月，會同萬國朝華夷。花萼樓南大合樂，八音九奏鸞來儀。都盧尋橦誠齷齪，公孫劍伎方神奇。馬知舞徹下床榻，人惜曲終更羽衣。"生動詳盡地為我們描繪了當時的壯觀場面。

鄭嵎詩中提到的花萼樓，是千秋節慶典的固定場所。唐代長安有三處宮殿區，分別是城中正北的太極宮、城東北角的大明宮和城東的興慶宮。在太極宮和大明宮裏，皇帝活動的宮殿都位於宮牆深處，一般百姓很難得見大殿真容。而玄宗即位後新造的興慶宮則不同，除了宮城深處的興

《信西古樂圖》中的登繩表演，圖片來自南京圖書館「中國傳統體育圖片資料庫」

慶殿、大同殿之外，他還在宮城的西南隅建造了兩座高大的連體樓閣，分別題名為"花萼相輝之樓"和"勤政務本之樓"。從建築佈局來看，在宮城的一角安排這樣兩座高樓，又沒有其他建築與之相襯，顯得十分突兀，但唐玄宗卻非常喜歡這兩座樓閣，在興慶宮建成之後，他將大部分宴會和重要活動都安排在這兩座樓和樓前的廣場上。

　　玄宗之所以偏愛花萼樓和勤政樓，一是因為這兩座樓的西面就是他的兄弟們居住的勝業坊，二是因為這兩座樓閣位於宮城邊緣，可以直接和長安市民建立起聯繫。興慶宮位於長安城中心偏東的位置，在開元十四年進行過一次西擴，擴建之後，花萼樓、勤政樓的位置恰好正對著長安城的東市。作為長安城內的兩個商業中心之一，東市內聚集了數萬家商舖，每日在其中來往的官員和百姓更是不計其數。據考古專家的復原，花萼樓和勤政樓的高度約分別為三十三米和二十五米，高度遠遠超出七米左右的宮牆，因此雖然二樓建造在宮城內，卻可以暢通無阻地與外界連通。在千秋節宴會樂舞進行之時，皇帝登上城樓觀看表演，長安東市的百姓們只要抬頭仰望，就可以看到這位為自己帶來平安和節慶的聖人。在三十多米高的樓閣上，玄宗身著亮眼的黃袍憑欄而立，身邊簇擁著文武高官和皇親國戚，皇帝的身影高大而英武，面貌卻不甚清晰，帶給百姓一種若即若離的崇高感，將自己的個人魅力發揮得淋漓盡致。多年之後，曾經在長安親身參與千秋節慶典的杜甫回憶起當年"御氣雲樓敞，含風彩仗高。仙人張內樂，王母獻宮桃"的似仙似幻之景，仍然是激動不已。

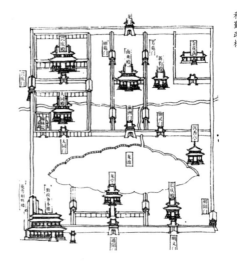

長安之外的百姓無法身臨其境感受都城的盛典，但也不會一無所得。由於千秋節訂立之初要求全國士庶"宴樂休假三日"，為了保證"宴"的進行，玄宗通常會向全國到了一定年紀的老人贈送牛、酒、米之類的福利品，讓他們也能間接感受皇恩的溫暖。到了天寶七載，唐玄宗聽從當時京兆尹蕭照等人的建議，將"千秋節"改名為更為吉利的"天長節"，將自己的預期壽命從"千秋萬代"延長到"天長地久"。在更改節名的同時，皇帝賜下的福利也越來越豐厚。到了天寶十四載，正好是唐玄宗做皇帝的第四十四個年頭，這一年的天長節，他頒佈了一條"推恩制"，決定釋放天下死罪以下的囚徒，減少天下百姓一半的租庸，給天下年長者普賜米麥，又為長安、洛陽兩地的九品以上官員增加了百分之二十的工資，其他官員和京城戍衛的部隊也得到了相當數量布匹衣物的賞賜。這道推恩制頒佈以後，普天同慶，人人歡喜，大家無不希望這位英武愛民的聖人皇帝真的能夠統治到天長地久。然而就在三個月之後，安史之亂爆發，次年六月，長安被叛軍佔領，沒來得及慶祝下一個天長節的玄宗匆匆逃出京城，遠赴四川。

宋人繪製的興慶宮圖，西南角是舉辦千秋節慶典的花萼樓和勤政樓在此之後，大唐帝國再也沒有回復過以前的強盛。

承露絲囊世已無：盛世殘影

◇◇◇

安史之亂時，身在四川的唐玄宗被迫將皇位傳給了兒子肅宗。長安收復之後，玄宗作為太上皇回到興慶宮，每日登上宮內城樓，悵惘遠眺。長安東市的百姓看見玄宗登樓，想到了開元天寶年間皇帝登樓慶賀的場景，便像往常那樣向他跪拜行禮，但這樣的行為卻讓唐肅宗對父親的威望產生了戒心，不久之後就逼迫父親搬到了長安正北、遠離街市的太極宮。安史之亂爆發七年之後的寶應元年四月，唐玄宗在太極宮孤單病逝。當年八月，他的孫子唐代宗將天長節的三日假期縮短為一日。又過了四十餘年，唐憲宗接受大臣的建議，認為玄宗等人的神靈"在天已久"，不應再接受人間的生日慶賀，取消了實行近八十年的千秋節慶典。此後中晚唐和宋朝的帝王，有不少都曾將自己的生日設為節日，也取了很多吉利喜慶的名字，但是沒有一個節日像千秋節一樣被後世人永遠銘記。

雖然千秋節在元和二年就被取消了，但節日慶典的轟動氣氛和盛大場景卻永遠成為人們回憶和想像的素材。中晚唐詩人在談及開天盛世之時，總會提起千秋節"神仙高縹緲，環佩碎丁當"的動人景象。在感慨繁華易逝時，也會悲嘆"千秋令節名空在，承露絲囊世已無。唯有紫苔偏稱意，年年因雨上金鋪"——千秋節精緻的禮品承露囊，此時化身為盛世的最後一道殘影，給後人留下無限哀傷的回憶。

參考資料

池田溫：《天長節管見》，載《日本古代の政治と文化》，吉川弘文館
　　1987 年版。

張澤咸：《唐代的誕節》，《魏晉南北朝隋唐史資料》第 11 輯。

朱紅：《自我作古 ── 唐代的誕節》，《史林》2010 年第 6 期。

龔培德、羅宏才：《唐興慶宮勤政務本樓花萼相輝樓復原初步研究》，
　　《文博》2006 年第 5、6 期。

楊為剛：《建築・空間・書寫：唐興慶宮花萼相輝勤政務本樓研究》，
　　《中華文史論叢》2015 年第 3 期。

05 明珠步障幄黄金
古典婚禮備忘錄

無處不在的 "禮"

◇◇◇

古代中國，有 "禮儀之邦" 的美稱。所謂的 "禮"，大致包含內外兩個部分，內部肌理是 "君君臣臣父父子子" 的社會秩序，外部表現是平時的行為規則與重大場合的正式儀式。人們聚集起來，採取相同的行為，執行相同的儀式，在儀式中認識社會的結構和人與人之間的關係，建構文化習俗的認同，這樣才能維持家國的穩定，體現出文明的尊嚴。當人們在面對重大場合不再按照 "禮" 的規定行事時，就會被視為 "禮崩樂壞"，不但預示著 "國將不國"，連文明的存續也似乎岌岌可危。

中國的禮儀場合，主要分為吉（祭祀）、凶（喪葬）、軍（征伐）、賓（待客）、嘉（婚禮）五類，稱為 "五禮"，其中又以 "凶禮" 和 "嘉禮" 最為重要。一方面，古人階層差異很大，大多數人不一定有條件建造宗廟，不一定會遇到軍事征伐，但不論是皇帝士大夫還是普通百姓，總要面對婚喪嫁娶，因此這兩種禮儀的應用最為廣泛；另一方面，婚禮代表一段新家族關係的締結，喪禮代表一段舊家族關係的結束，與中國人重視的宗法秩序關涉最深，自然也最受關注。

對古人來說，婚禮是人生大事，至關重要，這種重要性也體現在儀式的複雜程度上。在漢代以前，中國就已經有了非常繁複的婚禮流程。儒家經典《儀禮》中有《士昏禮》的部分，將整個婚禮分為納采（下聘禮）、問名（詢問女方姓名）、納吉（占卜兩人結合是否吉利）、納徵（定親）、請期（擇定良辰吉日）、親迎（舉行迎親儀式）六個環節，每一個環節都包含了一套非常刻板冗長的流程。

就拿第一項納采來說，據《儀禮》規定，男方首先要與女方約好納采的時間，在當天與使者一同帶著大雁作為彩禮上門。女方家長作為主人，要在父親的靈堂（禰廟）門的西面佈置好筵席，筵席的西邊設置上座，案几要放在筵席的右方。這個時候男方的使者穿著黑色禮服（玄端）進門，女方的儐相出門詢問賓客前來的用意，男方的使者說：“吾子有惠，貺室某也。某有先人之禮，使某也請納采。”（承蒙您恩允，將女兒嫁給某某，某家按照先人的禮法，派我拿禮物過來，請您笑納。）儐相回答說：“某之子惷愚，又弗能教。吾子命之，某不敢辭。”（某某的女兒很笨，家裏又沒能教好，只是您特地下令來聘，某某也不敢推辭。）男方的使者便順勢遞過禮物說：“敢納采。”（那我就冒昧奉上彩禮了。）經過雙方這一番謙讓，女方儐相接受了禮物，再回去告訴主人。主人聽到之後，也穿上黑色禮服，到大門外迎接。賓主見面後，主人向賓客拜兩次，賓客不答拜，兩人互相作揖後進入大門，進門以後再互相作揖三次，才繼續一起前進。到了廟堂台階前，主賓又要互相謙讓三次，再一同登上台階。賓客從西面的台階登堂，一直走到屋頂橫樑的位置，面朝東方致辭；主人從東面的台階登堂，面朝家廟方向拜兩次。使者在堂上兩根主楹之間，將大雁交給主人，主人得到大雁之後，將身體轉向大門的方向。這個時候賓客出門，主人也走下大堂將大雁交給年長的家臣。到這裏納采的儀式基本結束，但主賓二人並不能就此休息，因為此後還有五段比納采更複雜的儀式等著他們。

前面說的納采儀式，是中國古代婚姻儀式的一個縮影，這種細化到身體方向、揖讓次數的規則，反映了婚禮儀式的莊重、嚴肅，也體現了它的僵化、煩冗。在《儀禮》經文的基礎上，歷朝歷代又根據當時的社會狀況進行了更詳細的補充規定，體現出當時社會政治中不同身份等級的區別，比如記載唐代各項禮儀流程的《大唐開元禮》，就將嘉禮分為"三品以上婚""四品五品婚"和"六品以下婚"三種，根據婚姻雙方官品地位的不同，指定不

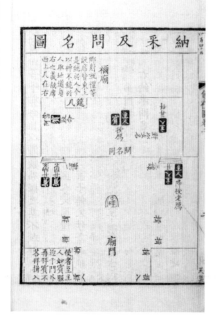

《儀禮圖》中的納采示意圖

像唐人一樣生活

同的儀仗規格。在家族秩序之中，又加入了政治秩序的內容。

戀愛、占卜與通書：婚前三部曲

◇◇◇

關於唐代婚禮細節的權威規定，載於《大唐開元禮》和《通典》之中，但這些只是官方的禮儀，規定基本依據《儀禮·士昏禮》，顯得比較死板。在具體的婚禮中，人們並不會真的亦步亦趨地執行，比如晚唐名士段成式在《酉陽雜俎》中就抱怨說當時有很多人無法得到大雁做聘禮，就用鵝來代替，實在太過隨便，違反了禮儀。

那麼唐代的婚姻流程，實際上是怎樣操作的呢？這個問題並不好回答。因為不同社會階層，由於政治地位、文化水平、經濟實力和社會風俗的不同，都會衍生出不同的婚姻禮俗。但是有一些程序，確實是大多數人都遵守的。比如《儀禮》中記載的“六禮”，起於男方到女方家提親時的納采，就是婚禮中的必備環節。然而男方既然能走到女方家門口，就證明兩家此前已經互相認識，而且已經到了願意互相通婚的程度。那麼這個默契是怎麼形成的呢？

說到中國的婚姻，我們常常會想起一句話，叫作“父母之命，媒妁之言”。父母之命，指男女婚配必須遵從父母的意見，不能私訂終身，用儒家經典《白虎通》中的話說，就是“男不自專娶，女不自專嫁，必由父母”。這是因為古代的婚姻並不只是兩個人的結合，還涉及兩個家族的結合，而古代男女的婚年，大約是十二到十五歲之間，年紀還相當幼小，許多思慮並不成熟，所以結婚對象通常由父母決定。決定的因素，有雙方門第、雙方家族關係、對象發展前景等。高門豪族之間常常累世通婚，而一般士人的家庭，也喜歡挑選門第高、權勢大的家族婚配。不過這並不代表子女們沒有選擇自由戀愛的機會，他們雖然不能剝奪父母的婚姻決定權，卻可以影響父母的決定。比如中唐文士盧儲入長安趕考時，曾將自己的作品投獻給當時的文壇領袖李翱，李翱的女兒看了盧儲的詩文，十分喜歡，對侍女說：「這個人一定會當狀元的！」這句話被李翱聽見了，知道女兒有了心上人，就成全美事，將女兒許配給盧儲。除此之外，如果子女出門在外，就有機會不通過父母的指定，自行戀愛成婚，《唐律疏議·戶婚律》規定：「諸卑幼在外，尊長後為定婚，而卑幼自娶妻已成者，婚如法。未成者，從尊長。」如果子女已經在外成婚，父母在家中為他定下的親事就不作數了，這也是為什麼唐代的才子佳人故事，常常是在才子離鄉趕考途中發生的。

在父母或子女自己定下結親的意向之後，男方不能直接和女方商議婚事，而是必須聘請媒人向女方說明，通過媒人在兩方之間斡旋談判，這就是《禮記·曲禮》所說「男女非有行媒不相知名」，其實也是「男女授受不親」的一種延伸。漢代大儒鄭玄在注釋《儀禮》中納采時說：「欲與彼合婚姻，必先使媒氏下通其言，女氏許之，乃後使人納其采擇之禮。」通媒是納采之前的必要步驟。在為兩家做媒時，媒人必須仔細考察雙方的情況，確定雙方的說辭沒有虛誇，結親的流程沒有違法。如果結婚以後發現婚姻前有互相欺瞞或者違法的情況，那麼媒人也會受到處罰。可以說在婚娶雙方互不了解之時，媒人起到了溝通和擔保的作用，這也就是所謂"媒妁之言"。

在男女雙方家族都確定結親意向之後，就進入了納采的環節。在唐人那裏，納采時男方除了向女方贈送大雁做彩禮之外，還要送上一件通婚書。按照敦煌文書 P.2646 所錄張敖編定的《新集吉凶書儀》，通婚書要放在一個上好木料製造的小匣中，匣子的規格有精細的要求，象徵兩儀、三才、十二時辰等數字，用彩綫包裝好以後鄭重遞交給女方父母。婚書中需要介紹自己家的情況，誇讚對方的女兒，並且申明真誠通婚的意願。女方收到通婚書之後，還要按照禮節寫一封作答。這件通婚書，事實上起到了婚姻契約的作用。唐律規定，在男方遞交通婚書、女方還贈答書之後，如果男方悔婚，則女方無須退回彩禮；如果女方悔婚，則要處以"杖六十"的責罰。這實際上是在婚禮程序之初就約束了雙方的行為，免得費盡心力準備的婚禮，最後因對方悔婚而變成了無用功。

在"六禮"之中，還有一個重要環節叫作納吉，就是通過占卜，看看男女之間的結合是否合適。在《儀禮》中，這個環節本來是放在納采之後，但由於具有法律效力的通婚書在納采之時就已經遞交出去，相應地，占卜環節便也提到了納采之前。由於婚姻是決定此後人生的大事，人們對訂婚前的占卜通常特別重視，市面上也出現了很多關於婚姻占卜的書籍，具體的占卜方法也多種多樣。

如果只是圖個方便，可以使用敦煌文獻中發現的"孔子馬頭卜法"。這種卜法聽起來很高端，其實就是抽籤，將記有數序的九根籤放入籤筒，搖出一支，再根據上面的序號，在占書中尋找自己要占卜的內容。比如占書裏關於"婚姻後夫妻相宜否"的占文是："一前合後離；二不宜，有死；三大吉；四合和；五相宜，大吉；六相宜，少子；七相宜，在；八相宜，少子；九大吉，相宜，少子。"也就是搖出標號為"一"的籤，代表夫妻兩人一開始感情很好，之後卻漸行漸遠；搖出標號為"九"的籤，代表夫妻的結合非常順利，只是不能生出太多子女。

比較高端的卜法，是從雙方的出生年月日判斷是否適合結婚。抄寫於唐德宗時的《太史雜占曆》中記載了一種"夫妻相法"，從夫妻所屬的五行屬性配合出發，斷定兩人結合的吉凶。比如丈夫五行屬木，妻子五行屬火，由於木火相生，因此丈夫很可能得到高官厚祿；但如果丈夫五行屬木，妻子五行屬金，由於金剋木的緣故，丈夫就可能遭到"病凶"。確定男女五行屬性有兩種方法：一是日干為主法，就是以出生那一天天干的五行屬性決定一個人的五行屬性；另一種是比較複雜的六十甲子納音法，如甲子日、乙丑日出生屬"海中金"，丙寅日、丁卯日出生屬"爐中火"，等等。這些占卜方法在今天仍然有人使用。

除此之外，還有通過屬相判斷夫妻是否合適的，如一份敦煌曆日中附有"十二相屬"表，其中說到"子生人不宜與午生人同財及為夫妻，丑生人不宜與未生人同財及為夫妻"，這其實和我們現在說的"六沖"是同樣的意思。

起早貪黑，作詩散財：漫漫迎親路

◇◇◇

在定親、納聘禮、選定結婚日期之後，就進入了婚禮的最高潮——親迎。親迎相當於我們現在說的"迎親"，從《儀禮·士昏禮》的記載來看，這是婚禮"六禮"中用時最長、程序最複雜的一個步驟，其中大致行為模式和納采類似，要求每個人嚴格遵守方位、路綫、語言、動作的規定，按部就班地走，但是由於中間要輾轉於男方女方兩家，涉及的人比較多，流程也更為漫長，端著做完一天，兩家都會相當疲憊。

婚禮本來是一個快樂的儀式，但如果人人在結婚時都要戰戰兢兢地反覆回憶行為規範，生怕行差踏錯，那麼必然會將氣氛搞得很僵，無法盡情享受這一"嘉禮"帶來的快樂。因此除了皇親國戚和高等級的士大夫須恪守《儀禮》之外，一般唐人在實際執行婚禮之時，通常也不會完全照搬這些古老規條，而是在恪守某些關鍵步驟的基礎上，加入許多活躍氣氛的環節，力圖使賓主盡歡。

整個親迎禮的預備階段，從清晨就開始了，這時新郎和新娘還未正式結合，因此都還住在各自的本家。由於婚禮意味著在家族間建立關係，理論上來說先要請示自己的先人，求得他們的同意，所以準新郎和準新娘起床之後第一件事，是各自祭祀祖先。敦煌文書 P.3637《新定書儀》記載了新娘父親祭祀祖先時的告文："第某女年及初笄，禮適某氏，五禮已過，剋今日吉辰，不敢自專，謹以啟告，伏願聽許。"雖然婚禮已經進展到了最後一步，但文中還是謙卑地表示要讓祖先最終決定親事是否成行，而天上慈祥的先祖們，通常都會以無言默許這一門喜事。

按照《說文解字》的說法，"婚姻"的"婚"同"晨昏"的"昏"，因為女子屬陰，婚禮要在黃昏舉行，故而得名。東漢初年編定的《白虎通·嫁娶》中進一步明確說："婚者，昏時行禮，故曰婚。"所謂黃昏時行禮，主要指最後的親迎之禮，因此在唐代官方編定的《大唐開元禮》中，也規定親迎必須在"昏初"舉行。在拜祭完各自祖先之後，等到快要黃昏之時，新郎才可以出發去迎接新娘。新郎出發之前，首先要準備一隻大雁，送到新娘家祭奠新娘的先祖，而新娘的父親，則要準備好盛大的筵席，迎接新郎，並和未來的女婿一起完成一套繁複的禮節。

按照《儀禮》的規定，在禮節結束之後，新娘的父母對女兒進行最後的告誡，整理女兒衣冠之後，新郎就可以接走新娘了。但唐代人覺得這樣一來新娘的親友太過無聊，於是加入了一些更刺激的環節。比如現代人結婚時，新郎去新娘家中迎親，要通過新娘親友組成的"親友團"的考驗才能見到新娘，這個風俗在唐朝就已出現，稱為"弄新郎"。比較文明的"弄新郎"，常常是言語問答的形式。敦煌發現的《下女夫詞》，記載了當時女方"親友團"和新郎對答的內容。新郎進門之前，首先要叫門說："賊來須打，客來須看，報道姑嫂，出來相看。"女方姑嫂開門，裝作不認識新郎，詢問他的來意："門門相對，戶戶相當，通問刺史，是何祗當？"新郎應回答："心遊方外，意逐嫦娥，日為西至，更闌至此。"此後女方姑嫂開始盤問新郎的出身、家世、才華、能力等，而新郎則要用押韻的語言一一回答，具體答語由新郎自行發揮，但無非是自誇出身豪門，下筆成章，前途無量。這一番對答之後，女方的姑嫂滿意了，新郎才能進門。進門之後，男方經過女方家的院子，一路走到閨房前，途中看見屋宇陳設，都要作詩吟詠，以展示自己的才華。

終於到了新娘閨房門口，新娘卻推脫妝容沒有完成，遲遲不肯出來相會，這時候新郎需要當場寫一首 "催妝詩"，新娘接受了，才能進入下一個步驟。催妝詩一方面要說服新娘出門，一方面又不能流露出太強烈的催促之意，非常難寫。許多新郎就是卡在這首詩上，直到半夜也無法接到新娘，白居易《和春深詩》寫到 "催妝詩未了，星斗漸傾斜" 說的就是這種緊張的狀況。當然也有寫得很好的，如《全唐詩》中署名徐安期的一首催妝詩，末尾說道 "不須面上渾妝卻，留著雙眉待畫人"，意思是妝不用全部化完，可以留著洞房之夜讓丈夫幫你畫眉。其中用到了漢代張敞為妻子畫眉的典故，既切合場景，又莊重典雅，是催妝詩中的名作。

作完催妝詩之後，新郎終於迎接到了新娘，趕緊請她進入婚車，踏上回家的道路。這時候已經是晚上，但路上卻佈滿了艱險。因為好事少年們早就打聽好婚禮的時間和新郎回歸的路綫，在路上用樹枝、荊棘等設置路障攔阻，稱為 "障車"。迎親隊伍遇見障車團體時，新郎須下馬與之對答，敦煌有一類障車文，詳細記載了對答的過程和內容。與 "弄新郎" 不同，大多障車行為的主要目的，不是考驗新郎的才學，而是借機索取錢財。唐睿宗太極元年，尚書左司郎中唐紹上書，要求禁止障車習俗，其中說障車之人"廣奏音樂，多集徒侶，遮擁道路，留滯淹時，邀致財物，動逾萬計，遂使障車禮貺，過於聘財"，可見障車習俗已經成為一種社會危害。然而有唐一代，障車的習俗從來沒有消失過，反而愈演愈烈，有些地痞無賴還會借著障車的名義搶劫婚禮隊伍，甚至將新娘搶走，造成很惡劣的社會影響，而大多數新郎不願自己的喜事被延誤，也只能破財消災。

在擺脫了障車的考驗之後，新郎終於將新娘接到了自己家門口。這時候女方安排人員整理新娘衣冠，並點燃蠟燭照亮道路，而男方也派出儐相秉燭上前。在男方點燃蠟燭的同時，女方熄滅蠟燭，象徵新娘從自己的本家進入丈夫的家族。在換好蠟燭之後，新娘開始下車。這個時候車前早已鋪好了紅毯，使新娘可以足不履地來到婚禮的筵席上，這又和我們現在的"婚禮紅毯"同工異曲。白居易《和春深詩》中"青衣傳氈褥，錦繡一條斜"說的就是這種情景。按照道理來說，新娘是不能隨意拋頭露面的，所以從下車後一直到筵席上，新娘的臉始終被娘家隨行人員用障扇遮住，但是此時男方邀請的賓客通常等待已久，都想看一看新娘的面容，因此就衍生出了"卻扇"的環節：新娘入座之後，婚禮的儐相要唸好幾首"卻扇詩"和"去花詩"，催促新娘去除遮蓋自己的障扇與頭飾，於是新娘撤去障扇，摘下不利於行動的花釵，換上宴會禮服，而賓客也得以親睹新娘真容。這也許可算是後世"掀蓋頭"風俗的起源之一。

按照《儀禮》的規定，婚禮的筵席設在新郎家的廳堂上，新婚夫婦需要在其中行"同牢""合巹"之禮。古人稱牲畜為"牢"，所謂"同牢"，就是在同一個盤子中吃肉，代表夫妻從此開始同甘共苦。而"合巹"則指夫妻共同使用酒瓢飲酒，後世不習慣用酒瓢，也可用杯子代替，飲用之前用彩綫將兩個杯子聯結，象徵夫妻之間的羈絆。我們現在婚禮上的"交杯酒"，大概就是從"合巹"的傳統演變而來的。在新人履行禮儀的過程中，前來祝賀的賓客逐個唱起賀詞。敦煌寫本 S.5546 記載了當時"咒願"新人的文本，對新郎的賀詞是"盛財如五嶽，五嶽似恆沙，千年壽富貴，萬代足繁華"，對新娘的賀詞是"願入宅已後，大富吉昌，夫妻相對，如若鴛鴦，孝養父母，宜姑宜嬸"，體現了當時人眼中幸福家庭的理想圖景。

　　在筵席結束後，就到了洞房環節。女方家庭往往會在男方家庭屋外西南角支起一頂帳篷，稱為"青廬"，供新人在新婚之夜入住。漢末樂府《孔雀東南飛》中說劉氏看到焦仲卿"新婦入青廬"，氣得自尋短見，說的就是這種帳篷。唐代以後，人們吸納了北朝遊牧民族的帳篷製法，將柳枝繞成環狀，勾連在一起成為可伸縮的骨架，再在頂上鋪上氈毯，稱為"百子帳"，期望以之保佑夫妻婚後多子多福。青廬中的家具通常由男方提供，但是鋪蓋裝飾則由女方負責。在放置好鋪蓋之後，還有一個"撒帳"的程序，就是將糖果、金錢等撒在氈帳中，一邊撒，一邊唸著"伏願成納之後，千秋萬歲，保守吉昌。五男二女，奴婢成行。男願總為卿相，女即盡聘公王。從茲咒願已後，夫妻壽命延長"的咒語，在帳中施上了保佑夫妻幸福的"法術"。撒帳所用金錢的多少，顯示了女方家庭的經濟實力，因此富貴人家嫁女，常在這個環節上極花心思。最奢靡的要數唐中宗，他在弟弟唐睿宗李旦的女兒郿國公主出嫁時，特意命人鑄造了許多刻有"長命富貴"的銅錢用以撒帳，顯示了皇家與眾不同的財力和氣魄。在婚禮進行當晚，前來祝賀的賓客，可以盡情拾取撒帳的金錢和糖果，我們今天婚禮時喜歡給賓客分發紅包、喜糖，正是這一風俗的延續。

經過了這一系列程序，夫妻二人行交拜禮，終於可以進入洞房休息。不過這並不代表新娘的任務已經全部完成。第二天天亮，新娘就得到夫家堂上拜見男方父母，行"拜舅姑"的儀式，接著連續三天主持接待賀客的工作。三天後，新娘還須親

敦煌莫高窟第454窟中的婚禮場面

自下一次廚，表示自己熟悉了公婆的飲食愛好。這些瑣碎的適應工作要持續幾十天，直到三個月以後，新娘可以開始參與夫家的祭祀，這才算是完全融入了新的家庭。

看到這裏，我們也許會覺得唐人的婚禮儀式太過煩瑣，讓人頭疼，慶幸自己生活在一個結婚不那麼麻煩的時代。但是，煩瑣並不意味著無用，只有經過了這麼一整套莊重的"繁文縟節"，新郎和新娘才能充分體會到婚姻的神聖性，充分意識到夫妻關係的締結原來關係到如此多的天地神明、親朋好友，從而充分理解維持婚姻是多麼重要。這一道道煩瑣的程序，就好像一層層堅固的防禦罩，保護著無數婚姻的完整，也保護著無數家庭和家族的和諧穩定。

參考資料

趙守儼：《唐代婚姻禮俗考略》，《文史》第 3 輯。

吳麗娛：《敦煌書儀與禮法》，甘肅教育出版社 2013 年版。

張國剛：《唐代婚姻禮俗與禮法文化》，《唐研究》第 10 期。

黃正建：《敦煌占卜文書與唐五代占卜研究》，學苑出版社 2001 年版。

鍾書林、魏耕原：《從敦煌寫本〈障車文〉看唐代的婚姻禮俗》，《求索》2009 年 8 月。

生活與娛樂

酒醒春晚一甌茶

向鏡輕勻襯臉霞

五嶽尋仙不辭遠

朝避猛虎夕長蛇

霹靂應手神珠馳

黑白誰能用入玄

酒醒春晚一甌茶
回到唐朝吃茶去

從中藥到飲料

◇◇◇

時至今日，茶已經是全世界無人不曉的重要飲料，而飲茶風俗的起源，就在中國。根據現存資料，最晚在漢代，中國人就已經有了飲茶的習慣。西漢中期文學家王褒寫過一篇《僮約》，記載了他為家中侍僮規定的每日任務，其中就有"烹茶"和"買茶"。不過漢朝時，茶在很多情況下並非供平時飲用，而是被當作草藥服用。司馬相如編纂的字書《凡將篇》中有一段文字，列舉了二十幾味草藥，其中有一味叫"荈"，就是茶的異稱。完成於東漢的藥典《神農本草經》載"茗味苦……專治五臟邪氣，益意思，令人少臥、輕身、明目"，也將茶當作一味藥材。

茶在漢朝之所以沒有被當作常規飲料，根本原因在於茶葉的主要產區都在南方，而當時朝廷的控制力和運輸能力，都沒有辦法支持大量茶葉由南向北運輸。漢末三國時期，地處江南的吳國控制了許多茶葉產地，飲茶風俗因而盛行。《三國志·

吳志・韋曜傳》載，吳末帝孫皓沉溺酒色，每次宴請大臣，赴宴者必須喝完七升美酒才被允許離席，老臣韋曜的酒量只有兩升，每次赴宴都苦不堪言，孫皓為了照顧他，特地將韋曜面前的酒換成"茶荈"，以免他喝醉。從這個故事來看，東吳人已經將茶和酒一樣當成筵席飲料了。到了西晉後期，茶的美好之處已經得到了北方士人的注意，西晉末年文人杜育寫過一篇《荈賦》，其中涉及採茶、烹茶、茶葉、茶器等多個方面，並且提到飲茶可以"調神和內，倦解慵除"，體現出比較完備的製茶、飲茶程序，也體現了對飲茶功效的清晰認識。

　　東晉開始，中國南北分裂，東晉南朝人士因為地域的改變也注意到了茶這種南方特產，飲茶風俗開始大為盛行。王羲之《雜帖》中有一封寫給親人的信件，其中說到"節日縈牽少

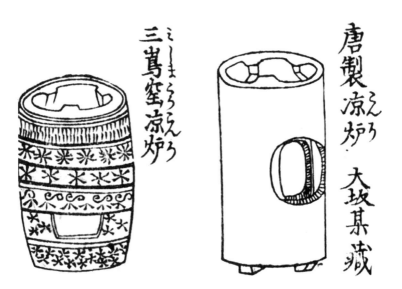

〔日〕酒井忠恆編，松谷山人吉村畫《煎茶圖式》中的茶具

睡，鄲茶微炙，善佳"，不但開始關注茶葉的不同產地，而且提到了"炙茶"之法，已經將飲茶當成了一門學問。還有不少人，愛茶之心甚至到了"生死以之"的地步。南齊武帝臨死之前曾下詔令，告誡子孫祭祀自己不要太過奢靡，供奉的祭品只需"餅、茶飲、乾飯、酒脯"四樣，茶飲位列其中。南朝劉敬叔的《異苑》記載了一個故事，說剡縣有一位寡婦，家旁邊有座古墳，寡婦喜愛飲茶，每次飲茶之前，都要先用茶湯祭祀一遍古墳。古墳中的魂靈每日都能享用到佳茗的澆灌，非常開心，於是運用神力，在寡婦的庭院中埋藏了十萬錢，以為報答。雖然這則故事純屬虛構，但是從中可以看出，在南朝人眼中，不論活人還是鬼魂，對茶葉的喜愛都是相同的。

不過在北方人眼裏，飲茶此時仍是一種略顯奇怪的習慣。《世說新語》記載，兩晉之交，許多北方士大夫隨朝廷來到南方，有人適應了南方生活，有人卻始終水土不服。有一位叫作王濛的北方士人，到了南方之後愛上飲茶，每次有客人來訪，都要用茶招待。他的北方朋友們不適應這種飲料，每次要去拜訪時都會說"今日有水厄"。在南北朝分立的時期，北方人將飲茶看作南方人的惡習。北魏時有位南朝來的士大夫叫作王肅，為鮮卑王廷帶來了許多南朝風俗。王肅酷愛品茗，有許多北方大臣也學著他開始喝起茶來，北魏宗室重臣元勰卻並不理解這種習俗，批評那些學習喝茶的士人是"不慕王侯八珍，好蒼頭水厄"，將他的行為比作東施效顰。這也說明飲茶雖然在南朝特別流行，但在北方人眼裏卻完全不可理解。

累日不食猶得，不得一日無茶

◇◇◇

　　到了唐朝，茶才真正成為風靡全國的飲料。據中唐文人封演的觀察，在初唐時，茶葉仍然是"南人好飲之，北人初不多飲"，到了玄宗朝，隨著全國統一之後水路、陸路運輸的發達，"其茶自江淮而來，舟車相繼，所在山積，色額甚多"，茶葉被大量運輸到北方，北方城市中開始出現各色茶舖，最終"茶道大行，王公朝士無不飲者"。除了口感的清香與潤澤以外，飲茶還有許多實用價值。中唐文人顧況寫過一篇《茶賦》，認為飲茶可以"滋飯蔬之精素，攻肉食之膻膩。發當暑之清吟，滌通宵之昏寐"。美味之餘，又有如此功效，飲茶在唐代如此風靡，也就不奇怪了。

　　在全民飲茶需求的驅使下，茶葉貿易開始流行起來，茶商成為全國最富有的一批人。杜牧曾經寫過一篇《論江賊書》，說長江上的強盜奪得了奇珍異寶，都喜歡到茶市裏去銷贓，因為"茶熟之際，四遠商人，皆將錦繡繒纈、金釵銀釧，入山交易"，即當茶葉成熟之時，全國商人都拿著金銀財寶前去買茶，強盜混跡其中，將珍寶換得了茶葉之後，再私自銷售，又可大賺一筆。白居易的《琵琶行》中講到，琵琶女的丈夫之所以拋棄她遠行，是因為"商人重利輕別離，前月浮梁買茶去"。按照唐人楊華《膳夫經手錄》的記載，當時從關西一直到山東，所有城市和鄉村的百姓都喜愛江西上饒浮梁的茶葉，甚至到了"累日不食猶得，不得一日無茶也"的地步。《琵琶行》中的商人不惜冷落了自己才色雙全的妻子，只因販茶的生意實在是銷路太好，利潤太高。

到了中唐以後，朝廷開始於鹽鐵稅之外在全國範圍內徵收茶稅，並且發展出一套官方的茶葉生產、銷售系統。唐代的茶稅稅率在百分之十到百分之二十之間，每年能為國家增加至少四十萬錢的財政收入，成為唐代中後期的重要經濟支柱。有時朝廷沒有錢獎賞功臣將士，直接用茶來抵補獎金，而由於朝廷貢茶價格昂貴，將士們不覺得自己的獎賞被剋扣，反而覺得自己佔了便宜。

唐代最著名的茶葉是產於四川重慶一帶的"蜀茶"，它在魏晉時就已聲名遠播，號稱"芳茶冠六清，溢味播九區"。蜀中的蒙頂茶，也是唐代最高檔的茶品。隨著茶業的發展，南方許多地方的茶種也打出了自己的名聲。據《唐國史補》載，唐代的疆域中，西起劍南，東到浙江，都有名茶：

> 劍南有蒙頂石花⋯⋯湖州有顧渚之紫筍，東川有神泉、昌明，峽州有碧澗、明月、芳蕊、茱萸簝，福州有方山之生芽，夔州有香山，江陵有楠木，湖南有衡山，岳州有邕湖之含膏，常州有義興紫筍，婺州有東白，睦州有鳩坑，洪州有西山白露，壽州有霍山黃芽，蘄州有蘄門團黃。

每一種茶都有自己的愛好者。比如唐代御史台的官員，就偏愛四川出產的蜀茶。據《因話錄》記載，御史台中的兵察院是專門儲存茶葉的地方，裏面的辦事人員常常採購蜀茶中最優質的品種，用密封的罐子儲存以防潮濕，每次取用時都需要御史親自開封，因此兵察院又被稱為"茶瓶廳"。

唐代的文人，多有嗜好飲茶者。中唐文人韋應物曾特意在自己官府中開闢園圃種植茶樹，看見嫩葉生長，十分歡喜，寫下一首《喜園中茶生》，認為茶生性高潔，有如隱居的"幽人"，飲之可以"滌塵煩"，沖淡公務帶來的煩擾。白居易愛好飲茶，能夠通過觀色嚐味辨別不同的茶葉產地，自稱"別茶人"，他認為人生中最快意的事，就是早晨睡飽了起床"融雪煎香茗"，享受茶香帶來的歡樂。孟郊在貧病交加之際曾經寫詩向進士先輩求取茶葉，"幸為乞寄來，救此病劣軀"。晚唐詩人姚合也曾寫詩向人討要茶，不過態度更為得意，自誇"不將錢買將詩乞，借問山翁有幾人"。覺得自己用詩換茶，比以錢買茶的俗人高雅得多。中唐以後，朝廷高官中也有不少飲茶愛好者。唐憲宗朝兵部員外郎李約天性愛茶，常常親自生炭火煎茶，且"竟日執茶器不倦"。晚唐名相李德裕，平時沒有其他愛好，只是熱衷飲茶，他在長安為官時，為了煮茶，特意命人從常州惠山泉運水到京城，當時人稱為"水遞"。

唐代朝野上下競趨飲茶的風氣，甚至傳到了遠在西域的回鶻與吐蕃。回鶻在中唐時與唐關係密切，經常用名馬換取茶葉。吐蕃人生活在高海拔地區，飲食脂肪含量高，需要茶葉幫助消化，因此對茶葉更為熱情。《唐國史補》記載，有一位唐朝大臣出使吐蕃，因為害怕沒有茶葉喝，就隨身攜帶了許多，在使節營地中煮飲。吐蕃贊普看到了，告訴他說"我們也有這些"，於是命令手下將珍藏的茶葉取出來，陳列在使者面前一個個指著說"這是壽州茶，這是舒州茶，這是顧渚茶，這是蘄門茶，這是昌明茶，這是灉湖茶"，對中原的名茶如數家珍。吐蕃人對茶葉的熱愛，也直接促成了中國西南"茶馬古道"的形成。

茶聖陸羽和佛寺的飲茶傳統

◇◇◇

唐代飲茶風氣流行的過程中，有一個人物起到了關鍵作用，這個人就是被後世稱為"茶聖"的陸羽。陸羽字鴻漸，生於玄宗朝，活躍於唐代中期，從小酷愛飲茶。許多士大夫最多只關注煎茶、煮茶的環節，陸羽卻不願止步於此，他經常走出門外，親自參與到茶葉的採摘、焙製中去，細心考察茶葉從種植、儲藏到烹製、飲用的每一個環節，試圖找到一套完美的飲茶流程。陸羽的朋友皎然曾經寫過一首《尋陸鴻漸不遇》，說他某天去拜訪陸羽，卻發現家裏沒人，鄰居"報道山中去，歸時每日斜"，說陸羽每天都會到山裏去，到午後才會回家。陸羽去山中所為何事？皎然心中自然清楚得很。他在另一次拜訪落空之後寫下一首《訪陸羽處士不遇》，其中遐想陸羽"何山賞春茗，何處弄春泉"的身影，知道他一定是考察茶樹和泉水去了。陸羽的另一位朋友皇甫曾寫過一首《送陸鴻漸山人採茶回》，其中說"千峰待逋客，香茗復叢生。採摘知深處，煙霞羨獨行"，主人公陸羽獨自入山採茶，與煙霞融為一體，全然是得道高人的形象。

經過了多年的親身考察和不斷實驗，陸羽將自己對茶的認識歸納起來，寫成了著名的《茶經》，從產地、品種、工具、器皿、採摘、製造、烹製、飲用等多個方面對茶文化進行了全面的介紹，不但記載詳細，而且文采斐然，問世之後立刻在士大夫間廣為流傳。人們競相學習《茶經》中烹茶、飲茶的方法，以履行其中的複雜工序為雅事。《茶經》中介紹茶具的部

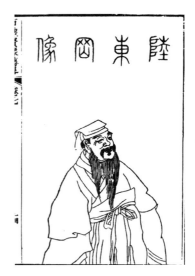

分中列述了二十四種茶具，並且設計了一種可以盛放所有茶具的"都籃"。士人們在讀了《茶經》之後，對這套專業工具都非常羨慕，最後"好事者家藏一副"。如果當時陸羽想過賣茶具賺錢的話，恐怕早已賺得盆滿缽滿了吧。

其實中唐時湧現了不少茶學專家，比如當時有一位叫常伯熊的，據說造詣不在陸羽之下。但陸羽的《茶經》實在太過有名，以至於他不久之後就成了"茶神"一般的人物。《唐國史補》說當時陶工賣茶具的時候，會附贈一種叫"陸鴻漸"的小瓷人，茶商賣茶不利時，將茶水澆到"陸鴻漸"身上，陸羽就會保佑茶葉大賣。時至今日，這一風俗仍然在很多產茶地區流行著。

為何陸羽對茶文化有這麼大的興趣？這與他的身世有關。陸羽本是一名被拋棄在水邊的嬰兒，由湖北竟陵一位僧人拾

得，帶入寺院之中，親自撫養長大。在唐代，寺院恰恰是茶文化最為盛行的地方。

按照佛教戒律規定，不論僧人還是居士，都是絕對禁止飲酒的。茶出現以後，這種並不觸犯戒律的草本飲品很快成了僧人生活中酒的替代品。在唐代修訂、元代重修的禪宗戒律《百丈清規》中，記載了大量關於飲茶的禮儀：僧人拜入山門需要飲茶，寺院更換住持需要飲茶，慶祝佛教節日需要飲茶，開展重大法會需要飲茶，供奉高僧大德時茶是重要祭品，招待居士遊客時茶又成了待客之物……可以說，在世俗場合要用到酒的地方，在佛教場合都能用茶來替換。

除此之外，僧人們自己也須大量飲茶。按照《百丈清規》，僧人做功課一炷香後，可以進入一段短暫休息時間，由寺院統一提供茶水。佛教本有"過午不食"的規定，因此僧人在做晚課之時，往往又累又困，此時飲茶不僅是為了補充水分，還有提神的作用。《封氏聞見記》記載，唐玄宗開元中，太山靈岩寺有一位降魔師，常常修禪直到深夜不睡，晚上又不吃任何東西，大家都佩服他修行的虔誠和艱苦。後來人們發現，他之所以可以抵擋困意，秘訣就是經常飲茶，於是僧人們紛紛仿效，藉助茶水增加自己修行的時間，飲茶之風因此在寺院間廣泛流行。唐代許多寺院都有專門的茶園，供寺內僧人使用，喝茶甚至代替了喝水，成了僧人日常生活的一部分。中唐名僧保唐無住禪師曾經寫過一首《茶偈》，說茶是"幽谷生靈草，堪為入道媒"，飲用之後可以"不勞人氣力，直聳法門開"，盛讚了飲茶在輔助禪修方面的作用。

像唐人一樣生活

唐代中期以後流行的南宗禪，講究破除對修行的執念，在日常生活中體會佛理。僧人日常生活中最常見的飲茶行為，也被用來代表"平常心"，正如《景德傳燈錄》載魏府華嚴長老那句有名的話："佛法事在日用處，在爾行住坐臥處，吃茶吃飯處，言語相問處。"而在各類禪宗語錄中，"吃茶"是最好的打機鋒素材。如果有人問"達摩祖師為什麼來中國"，可以答"吃茶去"；問"佛在何處"，可以答"吃茶去"；問"大師宗風如何"，也可以答"吃茶去"。《祖堂集》中記載了一個關於中唐名僧趙州從諗禪師的故事，說有一次寺院裏來了三位僧人，趙州禪師問第一位僧人："你來過嗎？"僧人答："來過。"趙州禪師說："吃茶去。" 接著問第二位僧人："你來過嗎？"僧人答："沒來過。" 趙州禪師說："吃茶去。" 接著又問第三位僧人："你來過嗎？" 僧人覺得這樣的問答實在奇怪，便反問："禪師問這個做什麼？" 趙州禪師的回答仍然是 "吃茶去"。不論面對什麼問題，趙州的答案都是 "吃茶去"，看似敷衍，實際上卻有深意：作為一個僧人，最終目的是參禪以致開悟，不論以前是否來過這間寺院，不論趙州問了什麼問題，最終還是要在行住坐臥、吃飯吃茶的過程中體會禪理。從這個角度來說，豈不是所有僧人都應該 "吃茶去" 嗎？趙州禪師這起關於 "吃茶去" 的公案在後世非常有名，被稱為 "趙州茶"。

　　陸羽之所以對茶產生如此大的興趣，生活在寺院中，天天飲茶，處處遇到茶的話題，耳濡目染中產生的親切和了解，恐怕是很重要的緣由。

茶的烹製和飲用程序

◇◇◇

在今天的中國，我們喝茶時常常是沖泡後直接飲用，但如果回到唐朝，採用這樣的飲茶方式很可能會被人嘲笑浪費了好茶葉。因為在唐朝，茶葉從採摘、炮製到儲存、飲用，都有一套完整複雜的程序。"烹茶"是一門非常稀缺的手藝，如果一個人對烹茶獨有心得，就有機會得到豪門權貴的爭相禮聘；如果富貴人家中缺少一個懂得煮茶的人，他們就會覺得自己斥巨資買下的蒙頂茶沒有完全體現出價值。

在上文中我們講到，中國民眾最初接觸茶葉，是將之當作一種藥材飲用的，因此，製作茶湯的主要方式和炮製藥材類似，都是直接將茶葉放在瓦罐中烹煮。但是這樣的炮製方法有兩個致命的弱點：一是無法去除新鮮茶葉的草腥和澀味；二是茶葉容易腐爛變質，不易存放和運輸。這兩個弱點都大大阻礙了飲茶風俗的流行。

最晚在三國時代，中國出現了採摘後經過初步加工的餅茶。《廣雅》記載："荊巴間採葉作餅，葉老者，餅成以米膏出之。欲煮茗飲，先炙令赤色，搗末置瓷器中，以湯澆覆之，用蔥、薑、橘子芼之。其飲醒酒，令人不眠。"茶餅的做法，是在採摘後除去水分，聚攏成餅狀，而在飲用之時，需要在茶餅上掰下一塊，搗碎後沖泡。這時候茶葉已成為碎末，香味更容易散出，因此直接沖飲即可。宋代以後大量使用的"點茶法"，包括現在在日本仍然流行的"抹茶法"，淵源都在於此。

但是在唐代，最常用的茶葉烹製方式依然是煮茶法，這是因為唐人在飲茶時，通常還要加入許多配料，以增加其口味的刺激性。《廣雅》中"用葱、薑、橘子芼之"說的就是這種飲用方法。單憑開水沖泡，無法將各種香料的味道全部浸出，因此要喝到融合無間的厚味，還是需要煮製。唐代飲茶所用的配料主要是鹽和薑：鹽可以減少茶葉的苦味，薑可以增加茶的刺激性，都和茶葉的性質非常相配。晚唐薛能在收到四川朋友寄來的鳥嘴茶後回信感謝，自述烹製方式是"鹽損添常誡，薑宜著更誇"，就體現了這種茶與鹽、薑同煮的風氣。除此之外，唐人還喜歡將茶和糧食同煮，製成一種"茗粥"，由於茶味清新，在炎夏食欲消退之時堪稱解暑佳品。儲光羲寫過一首《吃茗粥作》，說在"當晝暑氣盛，鳥雀靜不飛"之時，在高山密林中避暑，配著野菜吃上一碗茗粥，到了傍晚再"日暮徐徐歸"，可算人生至美的享受。王維的表達更為直接，他在長安城中居住，燥熱難忍，寫信給自己南方來的朋友說："長安客舍熱如煮，無個茗糜難禦暑。""茗糜"也就是茗粥，在這句詩中，王維想用茶粥解暑的心情躍然紙上。

到了唐代後期，也有不少人覺得煮茶時加入調料損害了茶的本味，是一種愚蠢的做法。比如陸羽在《茶經》中，就對那種"用葱、薑、棗、橘皮、茱萸、薄荷之等，煮之百沸"的飲茶方式非常鄙夷，認為這種方式煮出來的不是茶，而是"溝渠間棄水"。在陸羽看來，要真正體現出茶之本味，不應引入其他原料，而應在茶、水、器具、火候方面下功夫。採茶要在三四月間，找一個晴朗的早晨，於郊野向陽的山坡上尋找生長在爛石上的茶樹，從樹上挑選色澤偏紫、形如筍尖、光澤燦爛的葉片，採摘後慢火蒸出水分，製成茶餅，盛放到紙囊中以保留香氣。煮茶時，要將茶餅仔細碾碎，放在生鐵鍋中，加入水勢平緩的山泉，使用沒有"勞薪之味"的新炭，文火均勻加熱，等到泉水開始沸騰，"緣邊如湧泉連珠"時，先盛出一瓢水，再使用竹筴入水攪拌，待水溫進一步升高，開始從鍋邊濺出時，再舀入先前盛出的水以"救沸"，最後將茶水舀出，盛放在越州出產的瓷碗中以顯示其色澤，並趁熱飲用。一次煮出的茶湯最多只能喝五碗，五碗以上味道就不夠濃厚了。

　　發明這樣一套複雜的工序，不僅僅是為了讓茶味的精華發揮出來，更重要的是讓煮茶者充分觀察茶葉在各個步驟中的形態變化，尋找其中的美感，在自己和茶之間建立親切的情感聯繫。在唐代文人作品中我們可以經常看到這一點，比如晚唐詩

人皮日休《煮茶》詩說"香泉一合乳,煎作連珠沸。時看蟹目濺,乍見魚鱗起",將茶水沸騰時浮沫如"蟹目""魚鱗"般此起彼伏的狀態形象地描寫了出來。另一位晚唐詩人李群玉在《龍山人惠石廩方及團茶》中記述自己煮茶的過程:"碾成黃金粉,輕嫩如松花。紅爐爨霜枝,越兒斟井華。灘聲起魚眼,滿鼎漂清霞。"在煮茶過程中觀察茶葉、茶湯的形態,看著工序一步步推進,由衷升起喜悅之情,帶著這樣的心情開始飲茶,不但能體會到迷人的茶香,也能感受到煮茶過程中蘊含的豐富的人情況味。

當人們帶著宗教的哲思,帶著藝術的慧眼,參與到茶葉的製作和品嚐中去的時候,飲茶就不再僅僅是解決飢渴的生物本能,更成為一種根植於社會歷史之中的文化觀照。我們經常說中國的茶文化起源於唐朝,就是因為這一點。

參考資料

陳衍德:《唐代茶法略考》,《中國經濟史研究》1987 年第 2 期。

王洪軍:《唐代的茶葉產量、貿易、稅茶與榷茶 —— 唐代茶業史研究之二》,《齊魯學刊》1989 年第 2 期。

王洪軍:《唐代的飲茶風習 —— 唐代茶業史研究之三》,《中國農史》1989 年第 4 期。

向鏡輕勻襯臉霞

紅顏觀察科

愛美之心人皆有之

◇◇◇

《詩經·衛風》中，有一首著名的詩篇叫作《伯兮》。詩中的主人公是一位妻子，因為丈夫（伯）為國出征，離開家庭日久，因而心生哀怨。這首詩裏最膾炙人口的一句是"自伯之東，首如飛蓬。豈無膏沐，誰適為容"，說自從丈夫出征後，妻子的頭髮便整天亂蓬蓬的，這並不是由於沒有梳妝的工具和材料，而是因為打扮了也不知道給誰看。這句詩中有一個關鍵詞"膏沐"：所謂"沐"，就是洗頭髮的意思；而所謂"膏"，則指洗頭髮時塗抹的膏狀物，可以讓髮色變得光澤油亮。用今天的話講，膏就是洗髮水。

從這個例子來看，早在先秦時代，中國的普通家庭就已經開始使用專門的洗髮護髮工具和材料了。在《伯兮》中，洗髮的最終目的是"為容"——整理自己的儀表容貌。要達到這個目的，單單頭髮好看並不足夠，還需美麗的容顏作為配合。我們現在誇獎女子美麗，總喜歡說她們的"素顏"很美，或者有

"天然美"，實際上古人早就認識到，只有西施這樣的絕世美女，才能做到"不待脂粉芳澤"（《淮南子‧修務訓》）而美，而一般的女子想要完全體現美貌，化妝是必經的程序。《韓非子‧顯學》中說"故善毛嬙、西施之美，無益吾面；用脂澤粉黛，則倍其初"，意思是每天仰慕美女明星並不能提高自己的容貌，只有用上各種美容品，才能讓自己加倍美麗。

《韓非子》中提到的"脂澤粉黛"是四種不同的美容品，用今天的話說，大概"脂"指的是使皮膚柔滑的面霜，"澤"指的是潤澤頭髮的護髮素，"粉"指的是美白臉部的粉底，"黛"指的是描畫眉毛的眉膏。人們發現，在使用這一套美容產品精心修飾容貌之後，可以明顯提升自己的魅力。楚辭《大招》中召喚神明時特別提到女巫的打扮，是"粉白黛黑，施芳澤只。長袂拂面，善留客只"，這句話的意思是告訴神明，我們這兒的女巫都已仔細用粉、黛和澤畫好了美麗的妝容，請您趕快下凡觀看。

看來連神明也更喜歡化過妝的女子。

《詩經》說"窈窕淑女，君子好逑"，美麗而招人喜愛的女子，能夠在生活甚至政治上得到諸多優待，再加上人類愛美的天性，化妝術會在中國流行，實在不足為怪。到了西漢中期，認為"冶容誨盜"的儒家文化漸漸成為主流，新的倫理不太提倡女子化妝後外出，但是在家中之時，修飾自己的容貌仍然是必要的，這就是班昭《女誡》所說的"出無冶容，入無廢飾"。究其原因，儒家規定的女子"四德"之中，"容"本來就佔據一席，更何況精心化妝的過程也是不斷尋找自己缺點並改正的過程，而這一過程，則象徵著女子正在不斷提高自身的修養，不斷自我完善。正如東漢蔡邕在《女訓》中所說："覽照拭面則思其心之潔也；傅脂則思其心之和也；加粉則思其心之鮮也；澤髮則思其心之順也；用櫛則思其心之理也；立髻則思其心之正也；攝鬢則思其心之整也。"修飾容貌，就等於修飾心靈，因此儒家文化中，始終沒有禁止女子化妝的行為。

不但女子需要化妝，即使身為男性，也有經常修飾儀容的必要。春秋時宋昭公的弟弟公子鮑，因為"美而艷"受到爺爺宋襄公的妃子王姬的喜愛，王姬為了討好公子鮑，設計殺死了宋昭公，扶植公子鮑即位，令其成為宋文公，這是通過美貌當上一國之主的故事。漢初幫助劉邦整齊度量、制定律令的功臣張蒼，年輕時曾經犯了軍法，即將處斬，當他脫下衣服準備接受死刑的時候，劉邦的親信王陵發現這個人"身長大，肥白如瓠"，是個"美士"，於是勸說劉邦赦免了張蒼，最後張蒼活了一百多歲，在漢文帝時當上了宰相，這是憑藉美貌大難不死盡享後福的故事。

《國語·晉語》中記載，晉國大臣智宣子選定智瑤做繼承人，他的族人智果列舉智瑤的優勢，其中一條就是"美鬢長大"，可見頭髮與容貌的美麗確乎可以影響一個人的政治前途，難怪《戰國策·齊策》那段著名的"鄒忌諷齊王納諫"的故事中，鄒忌作為一個大男人，總是心心念念惦記著和城北徐公比美了。男人重視儀容也有理論依據，《尚書·洪範》說君主要"敬用五事""威用六極"，意思是說要認真做好五件事，而對六件事心懷畏懼，其中"五事"的第一條就是"貌"，而

"六極"的第五條是醜惡。按照《尚書》的說法,君主應該時刻注重自己的儀容,對自己變得醜惡這件事感到畏懼。這裏的"儀容"既包括表情意態,也有容貌的意思。天生的容貌不可改變,卻可以在後天調整,因此男性儀容修飾,也變得十分重要。《大戴禮記·勸學》中引用孔子教育兒子孔鯉的話說:"君子……見人不可以不飾。不飾無貌,無貌不敬,不敬無禮,無禮不立。"君子與他人相見,必須仔細修整儀容儀表,因為以醜惡的形象示人意味著對他人不重視,是對他人的一種變相侮辱,而隨意侮辱別人正是"無禮"的表現。我們現在常常將"禮貌"連用,"貌"正是"禮"的重要表現之一。

正因為如此,男性化妝護膚並不是多麼難以接受的現象。《魏略》中說曹操的養子何晏出門時"粉帛不去手",隨時準備補妝。《世說新語·容止》說魏明帝見何晏長得太白,懷疑他在臉上敷粉,就特地請他吃熱湯麵,想讓汗水將白粉沖刷掉,結果何晏"大汗出,以朱衣自拭,色轉皎然",反而變得更白了。結合《魏略》的記載,這大約不僅因為何晏本身長得白,也因為他補妝手段高超的緣故。

以貌取人的唐朝社會

◇◇◇

先秦和漢代人們對外貌的追求,還只停留在道德與自我修養層面,在口頭上,大家總是號稱自己重視的是"內美",並不歧視那些天生醜陋的人。但到了魏晉以後,人們漸漸將容貌氣質與品德才性聯繫在了一起。阮逸序曹魏《人物志》,提到鑒別人物的方法時說："人性為之原，而情者性之流也。性發於內，情導於外，而形色隨之。"人的"性"決定了"情"，而"情"則影響了"形色"，因此善於觀察的人，可以從形色判斷一個人的素質，所謂"清雅之美，著乎形質，察之寡失"。在這樣的理論下，士大夫在選拔、鑒定人才時，逐漸也將容貌放在了常規的判斷標準中。比如歷經宋、齊兩朝的重臣褚淵，就因為"美儀貌，善容止"得到宋明帝的青睞，宋明帝曾經感嘆說"褚彥回能遲行緩步，便得宰相矣"。褚淵本人也特別喜歡通過外貌判斷人的能力，當他第一次見到後來的齊高帝蕭道成時，就覺得"此人才貌非常，將來不可測也"，褚淵因此拋棄了劉宋王朝，一心幫助蕭道成奪權，最終促成了南齊的建立。

到了唐朝，以貌取人之風有增無減，甚至成為官員的重要選拔標準，被寫入了銓選制度之中。《新唐書·選舉志》載，唐代選舉實行四條"擇人之法"，分別是身、言、書、判，其中，"身"指"體貌豐偉"，"言"指"言辭辯正"，而"書"和"判"主要指書法和公文寫作的能力。在吏部選官時，先通過筆試考察官員"書"和"判"的能力，然後通過面試觀察官員的"身"和"言"，最終決定其擔任的職務。前去參加銓選的官員，就算在"書"和"判"兩個方面都無可挑剔，只要容貌上有嚴重缺陷，就很可能被黜落。就連相對公平的科舉考試也是如此。晚唐時有位著名詩人叫作方干，他的才學都冠絕時人，唯一的缺陷就是"缺唇"，結果這個容貌上的問題導致他連續十多次科舉失敗，主考們看到他的時候，都以"不可與缺唇人科名"為由將之黜落，最後方干只好去做隱士。

就算當上了大官，有了相貌醜陋的缺陷，也會時時受到侮辱。比如唐初著名書法家歐陽詢，他才學出眾，功勞卓著，但是身材比較矮小。後來唐太宗將二十四位功臣的圖像畫在凌煙閣上，歐陽詢就在其中，結果同僚長孫無忌寫詩嘲笑他說"聳膊成山字，埋肩畏出頭。誰言麟閣上，畫此一獼猴"，把他形容成一隻縮頭縮腦的猴子。後來有好事者聽了這個故事，特意寫了一篇叫《補江總白猿傳》的小說，把歐陽詢描寫成猿猴的私生子，實在非常過分。又比如唐代中期著名的權相盧杞，長相也十分醜陋，《舊唐書》說他"貌甚醜，面藍色，人皆鬼視之"。本來如此醜陋的盧杞是沒有資格做朝官的，但因為他的父親在安史之亂時當了烈士，皇帝特別恩許他入朝，後來還讓他做到了宰相。盧杞當了宰相之後，經常在早晨入宮與皇帝議事。按照宮中的規定，參與議事的大臣，到了中午要在宮中一起吃飯，稱為"會食"。當時與盧杞一起擔任宰相的楊炎，嫌棄盧杞的容貌影響自己的食欲，每次看到盧杞來宮中，就推託生病，不參加會食。還有一次，盧杞去拜訪功臣郭子儀，郭子儀接待他的時候特意屏退自己的家眷，隻身與盧杞會飲，後來家人問其原因，郭子儀的回答是："因為盧杞太醜了，怕你們見了他會忍不住發笑。"

　　從皇帝個人的感受來說，不讓面貌醜惡的人做官，大概是害怕萬一這個人做到了朝官，天天與自己見面，影響自己處理朝政的心情。相反，如果上朝之後與自己議政的都是容儀豐偉的美丈夫，皇帝的心情也會愉悅許多。比如玄宗朝名相張九齡，史稱其"風儀秀整"，是典型的美男子。《唐語林》引

張九齡立像，出自清代上官周繪製的《晚笑堂畫傳》

張文獻

帝令蜀思公言為泣下乃遣蔡郜州
當走時天下稱為曲江公而不名

述唐玄宗的話，說"朕每見張九齡，精神頓生"，處理政務也有了力氣。因此，美貌的男子，更加容易得到別人的照顧，在官場上獲取更多機會。比如武后、中宗時的名臣張知謇，年輕時文采斐然，作風清正，而且在長相上"儀質瑰偉，眉目疏朗"，結果"公卿爭進之"，得到了許多權勢之人的推薦，很容易就做上了刺史。後來張知謇入朝面見武后，武后"奇其貌"，稱讚他才貌雙絕，命令畫工將他的面容畫下來，收藏在宮中，之後還多次對其進行"寵賜"，將他加官至兵部侍郎。

張知謇雖然憑藉美貌得到了不少好處，但畢竟為人清正有才學，得處高位也並不算忝竊。但另外一些人，則看準了武后喜愛男色的特點，希望憑藉男色相獲得權位。比如《舊唐書·張易之傳》中的著名面首張易之、張昌宗兄弟，本來就"白晰美姿容"，在宮中之時又"皆傅粉施朱，衣錦繡服"，為了維持武后的寵愛，持續塗脂抹粉，終於得到武后的信任，"政事多委易之兄弟"。其他人看到張氏兄弟受寵，便也紛紛效法，有的人向武后推薦自己"潔白美鬚眉"的兒子，有的人則說自己的朋友足夠"壯偉"，堪為侍奉，也掀起了一股男士爭相美容學做美少年的風潮。

臘月裏的護膚禮包

◇◇◇

按照中國的《化妝品標識管理規定》，"化妝品"指的是"以塗抹、噴、灑或者其他類似方法，施於人體（皮膚、毛髮、指趾甲、口唇齒等），以達到清潔、保養、美化、修飾和改變外觀，或者修正人體氣味，保持良好狀態為目的的產品"。從方式上說，所謂"化妝"又可分為兩類：一類是在皮膚上覆蓋各種外來物質，用於遮蓋瑕疵，提升容貌，此為"美化、修飾"；一類是使用藥品或其他手段保養和清潔皮膚，減少皮膚上的污點與弊病，展現自然健康之美，此為"清潔、保養"。兩者相較，"美化"的效果雖然立竿見影，但畢竟只是表面功夫，難免給人虛偽之感；"保養"則能夠真正改善人的身體狀況，更有利於體現一個人的本真之美。今天的人提倡"素顏"，唐代的人崇尚"卻嫌脂粉污顏色，淡掃蛾眉朝至尊"，都是同樣的道理。除此之外，在研發保養類化妝品時，為了切實解決人體的各種問題，需要經過許多實驗，將各類珍稀材料進行排列組合，技術含量更高。因此在唐人的觀念之中，保養類的護膚品比美化類的化妝品更為珍貴。

唐代皇帝常常通過賜物來表示自己對臣下的寵倖，其中就有成分比較珍貴的化妝品。比如玄宗對能使自己"精神頓生"的張九齡特別照顧，因其年事已高，特別吩咐高力士賜下"鹿角膠"與"駐年面脂"：前者是藥材，主要治療老人的腰肌勞損、四肢酸痛；後者則是護膚品，幫助張九齡的容顏永遠"風儀秀整"。張九齡收到禮物後連忙上表狀感謝，說自己"微軀賤，因殊造而載延"，當然這份容顏，主要也是用來"捧日承天"，繼續讓皇帝高興的。

關心護膚的朋友都知道，冬天是最需要注意皮膚保養的季節，此時氣溫降低，天氣乾燥，血液循環減慢，出汗量變少，皮膚容易缺水起皺，如果不及時補水防凍，輕則使皮膚粗糙皴裂，重則引發更可怕的併發症，對人的容貌產生嚴重損傷。在唐代，每年臘月，大寒過後的第一個辰日稱為"臘日"，朝廷要舉行盛大的臘祭活動，拜祭先祖，祈求下一年的風調雨順。臘日前後三天，百官都可以放假休息，皇帝則藉此機會，發出許多賞賜，獎勵那些一年間為自己付出辛勞的大臣。在諸多臘日賞賜品中，護膚品是非常重要的組成部分。據唐代筆記《景龍文館記》載，唐中宗景龍三年臘日，皇帝召集近臣舉行了一次"賜臘"活動，所賜之物除了食品以外，還有兩種護膚品——"口脂""蠟脂"。所謂"口脂"，指的是塗在嘴唇上防止乾裂的膏油，相當於今天的潤唇膏；而"蠟脂"又分"面脂"（面藥）和"手脂"（手藥）兩種，主要是塗在臉上和手上，起防止皴裂之用，相當於現在的面霜、護手霜。

到了後來，在臘日賞賜大臣護膚品，成了唐代的一個通例。由於是皇帝的賞賜，這些護膚品通常會被裝在金銀或象牙製造、精心雕琢的管子或者罐子中，看上去非常華麗。杜甫在朝中做拾遺時，第一次在臘日收到朝廷賞賜的護膚品，專門寫了一首《臘日》詩，其中特別說到"口脂面藥隨恩澤，翠管銀罌下九霄"，興奮之情溢於言表。在《全唐文》中，我們可以找到不少感謝皇帝在臘日賜物的謝表，從中可以看出，臘日賜予的護膚品，除了口脂面藥之外，還有洗澡用的"澡豆"和增加身體香氣的"香膏"——我們現在用到的基本護膚品，在那時已經一應俱全了。而獲得賞賜的大臣在每次使用這些護膚品時，"龜手既沐其芳馨，香膏又霑於唇吻"，自然會時時感受到皇帝的恩澤，只覺得"澤浹肌膚，恩深骸骨"了。

到了中唐以後，藩鎮割據之勢逐漸形成，皇帝沒有辦法直接控制軍閥手下的職業軍人，只好通過賞賜的方式間接增加自己在藩鎮將士心中的地位，而賞賜之物中，除了衣服糧食之外，這些冬季護膚品也是重要組成部分。軍閥割據現象最嚴重的河北，也是冬季最寒冷、皮膚病高發的地帶，皇帝為將士們送去防皸的手藥，正可謂雪中送炭，能夠大大提升將士們的好感度。過了一段時間後皇帝發現，這些護膚品的製作成本不算高，但是送到各處藩鎮的過程中運輸花銷卻不少，而且送到之後藩鎮還要特意安排迎接儀式，所謂"既非厚賜，未足伸恩"，卻"方鎮勞煩，道路為敝"，實在有點勞民傷財，所以曾一度終止。然而從根本上說，皇帝送護膚品的目的還是想讓將士們多念想自己的好處，為朝廷中央恢復一點權威，為此花費一些運輸成本，也是值得的。因此不久之後，唐朝皇帝又重新恢復了這一傳統，繼續每年向將士們送上護膚品大禮包。

藥王教你自製化妝品

◇◇◇

皇帝賞賜給大臣的口脂面藥之類，大約都是皇宮中自製的。《新唐書·百官志》載殿中省尚藥局有"合口脂匠二人"，一年四季幫助皇帝生產唇膏，生產出來以後，儲存在皇帝的私人倉庫“少府”中，等到臘日的時候，再由掌管御用器物的中尚方署頒上，算是皇帝私人之物，因此十分珍貴。不過，並不是說沒有接收到皇帝贈送的口脂，就只能等著唇角乾裂。這些口脂面藥之類的護膚品，功效雖然神奇，但製作方法並非不傳之秘，而是記載於各類醫書之中。比如被稱為中國最早藥典的《神農本草經》，就記載了不少能夠“長肌膚”“潤澤”“令人好顏色”的藥材。署名東晉葛洪的方書《肘後備急方》中，專門劃分出一類叫“治面皰髮禿身臭心惛鄙醜方”，將“醜”也當成一種病，並找到了許多專門治療“醜”的藥方。比如其中提到一種出自“西王母枕中”的膏方，用雞蛋和丹砂研磨而成，敷在臉上可以“面白如玉，光潤照人”，與今天的“雞蛋面膜”十分類似。

唐代最早集中記錄護膚品藥方的，是被後世稱為“藥王”的傳奇人物孫思邈。孫思邈生於隋朝，卒於唐高宗年間，據說活了一百多歲。唐朝建立之後，太宗李世民接見了年近知天命的孫思邈，發現他“容色甚少”，看上去還是個少年，可見除了治病養生之外，這位藥王在美容抗衰老方面也有獨到的研究。孫思邈為人類留下的最重要財富是中醫方書《千金要方》與《千金翼方》，這兩部書中收錄了七千多條藥方、醫論，在沒有現代醫學的時代挽救了無數人的性命。這兩部書也記載了數百種美容美白的方劑，其中既有從前代醫書中過錄的，也有孫思邈自己發明的，從數量和種類上看，都可以說是中國化妝品研發史上的里程碑之作。

在隋唐之前，雖然護膚品已經非常普及，但是關於護膚品配方的記錄卻非常少。不少醫者在發明出自己的獨家配方之後，立刻將方子掩藏起來，"極為祕惜，不許子弟洩漏一法，至於父子之間亦不傳示"，其目的當然是利用對配方的壟斷，獲取更多經濟利益。孫思邈在《千金翼方·面藥論》中強烈批評了這種做法，他認為"聖人立法，欲使家家悉解，人人自知"，將好東西藏著掖著，是"擁蔽聖人之意"，違反聖人用意的。而孫思邈自己將所知的化妝品配方和盤托出，正符合了將聖人大道頒行天下之意。

當今的護膚品種類繁多，從效果上來說，有保濕、美白、祛皺、祛斑、控油、補水等多個分類。如果我們打開《千金要

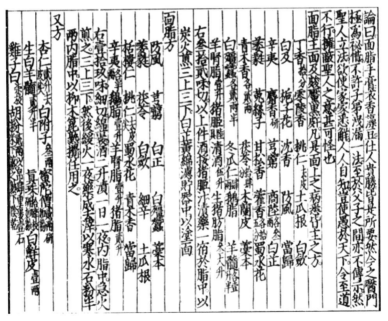

元刻本《千金翼方》中關於面藥的論述

方》和《千金翼方》就會發現，唐代護膚品的豐富程度，也是不遑多讓。

粉刺、雀斑、疤痕等影響面相的臉部瑕疵，從古至今一直是愛美人士的天敵。孫思邈的書中，對這些問題都有解決方案：如果臉上有粉刺（唐代稱為"粉滓"或"皰"），可配製一種"白膏"，找來附子、蜀椒、野葛三味藥，醋中泡一晚，再用豬油煎熟，去渣後每天塗臉三次即可消除；如果長了雀斑（唐代叫"面皯"），則可用礬石、硫黃、白附子各一兩，醋中泡一晚，洗面後使用；如果不小心在身上添了疤痕，也不用擔心，用鷹屎白和白僵蠶各二兩，搗成粉末，用白蜜調和，敷在傷處，一日三次，不久就可修復如初。如果以上問題都有，則可以煉製一種三十二味藥材合成的"五香散"，用它洗臉，不但能去除粉刺、雀斑、黑痣，還能起到美白效果，據說使用十四天有明顯改善，一年後就可以比一般人明顯白出幾個色號了。

在去掉瑕疵以後，如果還想讓肌膚更加美麗，也有許多化妝品可以選擇。如果想讓肌膚緊緻光潤，可以將大豬蹄子煮成膏狀，配合澡豆洗手洗臉，補充膠原蛋白，稱為"豬蹄漿"。如果想讓皮膚白晰，可服用鉛丹和真女菀製成的"鉛丹散"，可使"面白如雪"，男子十日見效，女子二十日見效。如果覺得皮膚太白不健康，想要白裏透紅的健康膚色，可以用白楊皮、桃花和白瓜子仁調配一種"白楊皮散"，想要紅一點就多加點桃花，想要白一點就多加點白瓜子仁。如果害怕皮膚乾燥，可以用豬胰和白茯苓、白芷、蒴藋灰等九味中藥調和成一種特製澡豆，蒴藋灰中的碳酸鉀入水後產生氫氧化鉀，可從豬胰含有的甘油三酯中分解出甘油，在皮膚形成隔絕空氣的甘油薄膜，起到保濕鎖水的作用。如果覺得皮膚蒼老，則可以配一個"悅澤面方"，用雄黃、朱砂、白僵蠶各一兩，再加十枚珍珠，搗成粉末，配上面脂和鉛粉，每天早上用醋漿水洗臉後塗上，只要三十天，就可以做到"膚如凝脂"，而且能使"五十歲人塗之，面如弱冠"。孫思邈面見唐太宗的時候，想必就是塗了這種"悅澤面方"，才會讓李世民感到"容色甚少"，驚為天人。

化妝品和中醫有這樣的交集，看似頗為奇怪，其實也不難理解。醫學中最關鍵的一個分支就是對藥材與方劑的研究，醫生們在草穀金石、蟲魚禽獸之中採集藥品，嘗試不同的組合與炮製方法，最終得出可用於人體的"驗方"。在這一過程中，不但會發現藥品對病症的治療作用，也能發現藥品在人體產生的其他反應。這些藥品之中，有些能夠讓肌膚白晰緊實，有些能讓頭髮烏黑油亮，有些能延緩人的衰老，雖然不一定能治病，但卻能使人愉悅——對於大眾來說，這些也是非常重要的，更何況在很多醫生眼中"醜"也算作一種病呢。故此，直至今日，化妝品和藥品依舊有很深的糾葛：日本的藥店兼賣化妝品，中文稱為"藥妝店"；中國的國家藥品監督管理局，同時也負責化妝品的監管，同樣體現了這種淵源。

歸根結底，不論是祛病延年的藥品，還是美容護膚的化妝品，都是為了滿足人們對美好生活的嚮往和需要。面對這樣強烈的需求，遠在唐代的孫思邈，明明可以利用化妝品獲利，卻反而將獨門美容秘方和盤托出，“欲使家家悉解，人人自知”，實在令人肅然起敬。反觀如今的化妝品廠和製藥公司，為了牟取暴利，刻意隱藏產品的配方和製造工序，將它們以高出成本幾十倍的價格賣出，並以此為傲，這雖然不違反法律，但卻與傳統的醫者精神相差甚遠。

參考資料

孫機：《唐代婦女的服裝與化妝》，《文物》1984 年第 4 期。

孟輝：《香皂記與蘭澤記》，南京大學出版社 2016 年版。

韓百歡：《關於〈千金方〉外用“面藥”用藥特點與規律的分析研究》，北京中醫藥大學 2007 年碩士論文。

五嶽尋仙不辭遠
大唐旅行攻略 *

不但放假，而且公費：公務員之旅
◇◇◇

　　開元十八年，唐代正處開元盛世之中。當時郡縣物產豐盈，百姓安居樂業，政府修建的官道累積里程已達六萬里以上。在帝國的中心地區，東至河南、山東，西至四川、甘肅，南至湖南、湖北，北至河北、山西，官道兩邊都設有大量旅店酒肆，招待四方旅客，路上盜匪絕跡，即使遠行數千里之外，也無須攜帶任何防身兵器。本年二月，唐玄宗下達了一項詔令，於文武百官春季旬休時，鼓勵大家去周邊旅遊，員外郎以上的官員，每人"賜錢五千緡"作為旅遊經費。

　　半個世紀以後的貞元四年，唐朝漸漸從安史之亂帶來的一系列災難中恢復了穩定。平定了建中之亂的唐德宗認為當

---

* 原題《唐朝人如何旅遊：官員有公費，僧侶靠化緣，詩人都是資深驢友》，2015年 10 月 4 日首發於澎湃新聞．私家歷史。

時"方隅無事，烝庶小康"，便頒佈詔書，鼓勵官員在正月晦日（一月最後一天）、三月三日和九月九日出門旅遊，並且在節日的前五天，給京城大小官員、皇宮和皇城的衛士們每人發放一百貫至五百貫旅遊費用，最終這個政策得到了長期執行。

不但帶薪休假，還能獲得旅遊補助，這樣的事即使在現代人看來也是可遇不可求的美事。唐代能夠實行這項政策，展現了其強盛的國力，也顯示了舉國上下對節假日旅遊的熱衷。不過，交通速度是當時長途旅遊的主要障礙。如今從西安到洛陽坐高鐵大約兩小時不到，但按照唐代的速度，坐一天車大約可以前行三十公里，從長安到洛陽單程就需要十二三天，假期根本不夠往返，更別說長途旅遊了。

因此，唐代官員的旅遊常以住所附近的郊遊為主。長安城內官員眾多，城市南邊的樂遊原、曲江，周圍的渭水、藍田、終南山等都是首都人士節假日旅遊的熱門場所。杜甫名作《麗人行》中"三月三日天氣新，長安水邊多麗人。態濃意遠淑且真，肌理細膩骨肉勻。繡羅衣裳照暮春，蹙金孔雀銀麒麟"的句子，描寫的就是當時長安城官員家眷和貴族婦女於上巳日在曲江邊遊玩的盛況。

張萱《虢國夫人遊春圖》宋摹本（遼寧省博物館藏），該圖描繪的是唐玄宗寵妃楊玉環的二姊虢國夫人及其春從盛裝出遊的景象

像唐人一樣生活

儘管公務員的假期規定讓唐代士人在旅遊的時間和地點上都受到了嚴格限制，但他們還是會尋找各種機會去遊賞美景。出差和赴任之路，就是絕佳的遠行時機。

　　現存唐詩中有大量描寫山川河流景色的行旅詩，其中大部分都是官員赴任或出差時所作。當然，他們肩負著朝廷派發的任務，在路上也不能太過悠閒。一般來說，出使需要日行百里，任務緊急甚至會日行三百里，稽緩者便會受到處罰。而赴任時的要求則較為寬鬆，唐穆宗長慶二年，白居易自請做杭州刺史，從皇帝下令到抵達杭州，白居易在路上竟然花了七個月時間，其間遊山玩水，探親訪友，創作了大量詩歌。

以科舉之名壯遊：讀書人的特權

◇◇◇

　　趁出差或赴任之便旅遊畢竟無法十分盡興，唐代士人想要輕鬆愉快地長途旅行，最好的機會還是在參加科舉考試之前。

　　唐代戶籍管理嚴格，長期離開戶口所在地被稱為"逃亡""浮浪"，是違法行為，但是出門求學、求官卻是例外。以求學、求官為名進行一場長途旅行，不但可以結識沿途的名流，提高自己的聲譽，還可以在山水中獲得創作靈感，培養自己的文學能力，是一舉兩得的美事。士子的家族為了能夠培養一位官員，也會竭盡財力支持這種旅行，因此這時的旅遊通常是比較愉快的。

　　唐代科舉制度規定，除了國子學的學生，一般士子在參加進士、明經等科目的考試之前，必須通過所在州縣的考試，由當地政府推舉，稱為"鄉貢"。到唐代中期之後，鄉貢資格的取得不再局限於士子戶籍所在地，在別的鄉里得到推薦也可以到長安參加考試。這樣一來，在本鄉得不到重視的士子往往會去別的地方試一試運氣，此時便可順理成章地去外地旅遊。另外，唐朝的官員選拔，除了進士、明經等常規科目之外，還有皇帝不時舉辦的"制舉"。制舉所招募的往往是皇帝在某個時期急需的特殊人才，因此進入官員序列比較快，有不少文人為了早點做官，在參加了明經、進士考試後便又去參加制舉的考試。要考制舉，必須得到朝廷官員的推薦，這樣一來，就需要士子四處交遊，不斷發表作品，提高自己的聲望。

杜甫在中年以後曾寫作長詩《壯遊》，追憶自己年輕時四處遊歷的年華。從詩中看來，他先是"東下姑蘇台，已具浮海航。到今有遺恨，不得窮扶桑"，享受了一番乘船出海的樂趣，然後南下浙江，欣賞"越女天下白，鏡湖五月涼"的美景，回家途中還專程遊覽了李白想去而不得的天姥山。在第一次參加科舉失敗之後，他又來到父親做官的山東、河北一帶，"放蕩齊趙間，裘馬頗清狂。春歌叢台上，冬獵青丘旁"，後來又在山東遇見李白、高適兩位"驢友"，三人先結伴在山東"晚登單父台"，又到河南汴州附近"氣酣登吹台，懷古視平蕪"，玩得不亦樂乎。據杜甫自己的敘述，這樣快意的壯遊生活，持續了八九年之久。

科舉落第之後，考生為了排遣鬱悶之情，也會選擇四處旅遊一番，再回家備考。中唐還有位叫作崔護的考生，在科舉落第以後到長安城南旅遊，在某處莊園遇見了一位桃花般美麗的女子，寫下了著名的"人面桃花相映紅"之句，並最終與女子得成眷侶，可見唐代人對旅遊中的艷遇也是非常期待的。

但是，未出仕的舉人畢竟沒有收入，旅程中的巨額的花費很有可能令他們陷入困頓。李白年輕時曾由四川出發，沿長江一路東行，直到浙東，按他自己的話說，"此行不為鱸魚膾，自愛名山入剡中"，主要目的是為了旅遊。李白性格豪爽，本就沒有量入為出的習慣，特別是到了江浙一帶，見識了揚州、南京的繁華之後，更是日日飲酒狎妓，"不逾一年，散金三十餘萬，有落魄公子，悉皆濟之"，出手之闊綽，敗家之迅疾，令人嘆為觀止。不久之後，李白就嚐到了衝動消費的惡果，淪落到"歸來無產業，生事如轉蓬。一朝狐裘敝，百鎰黃金空。彈劍徒激昂，出門悲路窮"的悲慘境地。為了生活，他最後只能去一位失勢宰相家做了上門女婿。

可以說，這次出仕前的壯遊，改變了李白一生的軌跡。

"守選"順便旅遊，沒準還有艷遇
◇◇◇

唐代士人長途旅遊的另一個好時機，是進入仕途之後等待做官的時期。唐代科舉盛行之時，從各種渠道獲得做官資格的人每年都有萬人之多，但是九品以上的職位總共也只有兩萬不到，官多職少。到了玄宗朝，已經出現了"八九人爭官一員"的局面。因此，唐代中期以後銓選官員時，進士或明經及第後要等候三年左右才有官做，六品以下官員，一任官做完以後也要等上三五年才有下一任官做，這叫作"守選"。

士人在等官做的“守選”期間，也會選擇長途旅遊來結交朋友，消磨時間。據王勳成先生研究，元稹就是在考取明經守選期間遊覽山西，在普救寺遇見了化名崔鶯鶯的女子，發生了一段待月西廂、始亂終棄的愛情故事，成為《西廂記》故事的原型。

　　除了守選之外，也有士人會主動辭官，去尋求理想的仕進機會。辭去舊官，等待新職務的時候，也是旅遊的最佳時機。寶曆二年，白居易辭去蘇州刺史，返回洛陽等官做。在路上，他特意繞道遊覽江蘇、安徽等地的名勝，與劉禹錫等友人一同在山水間流連忘返。到了最後，白居易自己也意識到這趟旅程玩得太過放肆，寫了一首《自問行何遲》自嘲說：

前月發京口，今辰次淮涯。

二旬四百里，自問行何遲。

還鄉無他計，罷郡有餘資。

進不慕富貴，退未憂寒飢。

以此易過日，騰騰何所為。

逢山輒倚棹，遇寺多題詩。

酒醒夜深後，睡足日高時。

眼底一無事，心中百不知。

想到京國日，懶放亦如斯。

何必冒風水，促促赴程歸。

　　由此可見，這些等官做的士人，手裏有了一定積蓄，心中

又暫時不用為工作和前途發愁，遊玩起來最為盡興。

僧侶乃"窮遊"鼻祖

◇◇◇

在大部分情況下，旅遊還是一件耗時耗錢的活動。在農業社會，一般百姓在農忙時須每日在田間勞作，農閒時還要完成造房修路等各種勞役，手上也少有積蓄，從時間到金錢上都沒有長途出遊的條件。同時，鄉里嚴格的戶籍管理制度也不允許他們隨意長期外出。

但在那個時代，也有一類人雖然身無分文，卻可以窮遊天下，這就是僧侶。唐朝僧侶不用交稅服役，戶籍控制也較為寬鬆，他們可以輕鬆離開家鄉，周遊全國。

僧侶不能有私人財產，常以"貧僧"自居，卻掌握著化緣這項令人艷羨的技能。唐代佛教興盛，信眾遍及全國，這些信眾相信，施捨僧尼便是積累功德，在死後投胎時可以為自己加分。因此，僧侶雲遊四方時，只要找到一戶崇信佛法的家庭，便能得到對方傾盡全力的招待，如果對招待有所不滿，還可以斥責對方"無道心"。如果運氣好，遇到崇信佛教的高官富商，甚至可以獲贈盤纏和坐騎，待遇更為優厚。

　　僧侶出遊通常有兩個名目，一為傳道，一為遊方。前者是按照大乘佛教的精神，四處傳播佛法，培養信眾；後者則是為了提高自己的佛法修養，周遊天下，尋訪高僧古剎。由於高僧古剎多在景色優美的山林裏，求道的遊方就很容易變成賞景的旅行。中唐詩僧靈澈曾作《送道虔上人遊方》一首，送別一位法名道虔的僧人。詩中說道虔此去"煙景隨緣到，風姿與道閒。貫花留淨室，咒水度空山"，這裏的"貫花"取佛祖說法、天神散花的典故，喻指傳播佛法，看來這位道虔上人為了遊賞"煙景"，似乎把傳播佛法的正事也放到了一邊。

　　另一位中唐著名詩僧皎然，也是深度旅遊愛好者，他在詩中說自己"少時不見山，便覺無奇趣"，經常呼朋引伴，去遊賞名山大川，即使找不到遊伴，他也能夠"臨水興不盡，虛舟可同嬉。還雲與歸鳥，若共山僧期"，和虛舟、歸鳥玩在一起。這種自娛自樂的精神，至今值得學習。

參考資料

王勳成：《唐代銓選與文學》，北京：中華書局 2001 年版。

李德輝：《唐朝交通與文學》，湖南人民出版社 2003 年版。

朝避猛虎夕長蛇
在唐朝出趟遠門 *

猛虎、賊盜與瘴癘：危機四伏的旅程

◇◇◇

單看唐人在旅遊途中描寫風景的詩句，會讓人產生旅途十分愜意的錯覺，但事實上，唐人出遠門是要面對許多危險的。

除了跋山涉水的艱辛，單人旅途中最可怕的就是突然患病。旅人遠赴他鄉，不識當地水土，一不小心就會食物中毒，在人跡罕至的山川峽谷間，如果忽發疾病，又得不到適當的救治和休憩，很可能就此魂斷他鄉。北方人初到南方之時，尤其容易水土不服，或因蚊蟲叮咬罹患瘧疾，輕則大病，重則死亡。

在北方人的觀念裏，南方充溢著稱為"瘴氣"的毒氣，一旦吸入，就會凶多吉少，因此對他們來說，遠遊南方就像去刑場一樣可怕。李白晚年因為牽涉永王李璘的叛亂，被流放到如

---

* 原題《唐朝人的出行儀式：占卜、祭祀，召喚大禹和蚩尤開道》，2015 年 10 月 8 日首發於澎湃新聞‧私家歷史。

今貴州附近的夜郎縣，杜甫聽說了這個消息後，在晚上夢見了李白，醒來時覺得自己的朋友八成已經死在路上，才會有魂魄託夢，於是寫了《夢李白》二首作為悼念，其中說"江南瘴癘地，逐客無消息。故人入我夢，明我長相憶。恐非平生魂，路遠不可測"，認為李白一定是中了南方的"瘴癘"而死。韓愈因為諫迎佛骨被貶潮州，覺得自己不免會在"瘴氣"中病死，於是在走到陝西南部的藍關時，寫了一首詩給前來送別的姪孫韓湘，沉痛地說"知汝遠來應有意，好收吾骨瘴江邊"，做好了大義赴死的準備。

除了食物中毒、風寒腹瀉等疾病，旅人還要面對毒蟲猛獸的侵擾。在唐代，猛虎是旅人最為害怕的野獸，它們廣泛分佈於陝西、河南、四川等地，在山路中擇人而噬。李白在《蜀道難》中說入蜀之路須"朝避猛虎，夕避長蛇"，絕非聳人聽聞。杜甫在行旅詩中多次寫到自己遇到老虎，有時"猛虎立我前，蒼崖吼時裂"，有時"月明遊子靜，畏虎不得語"，總之是時時處於緊張之中。

另外，途中的盜賊也是旅人生命安全的一大威脅。隋末天下混亂之時，"大賊連州郡，小盜阻山澤"，百姓根本無法出門。在唐代皇權昌盛之時，"大賊"能夠得到有效的控制，但是"小盜"依然無法完全禁止，他們中的膽大者，連皇帝的東西也照搶不誤。唐太宗時，文成公主入藏後送回長安的貢品就曾在陝西鳳翔被盜賊劫掠一空。

翻開《太平廣記》，我們能看見許多被盜賊所害的血淚控訴。李公佐的《謝小娥傳》中，主人公謝小娥的父親和丈夫兩家十幾人均被水盜害死，僅謝小娥一人因墜落江中而奇跡生還，可見當時盜匪的殘忍。除了明火執仗搶奪財物的山賊路匪外，撐船的舟子、茶館的掌櫃、偶遇的旅伴乃至隨行的僕夫，都可能在轉眼之間兇相畢露，成為謀財害命的殺手。

旅店本是旅人安心休憩之所，但即使到了旅店中，也不能放鬆警惕。唐朝著名恐怖小說《板橋三娘子》中描寫了一家黑店，店主板橋三娘子喜歡製作燒餅請遠來的旅客食用，燒餅異常美味，可是旅客吃了之後就會變成驢子，被三娘子低價租借給過路人當作代步工具。這雖然不是真事，但從中可以看出在唐人的意識中，遠行充滿了危險，誰也不能相信。

敦煌莫高窟 45 窟《胡商遇盜圖》

乾糧、武器、丹藥、護身符：遠遊的行囊

◇◇◇

為了避免上述危險，唐朝旅人在出門遠行之前要有一套嚴格的程序。

首先是準備應付各種狀況的行李。民以食為天，為了順利解決每日兩餐，他們在出門時總要帶上許多脫去水分、不易腐壞的麵食，稱為“乾糧”。其次要帶夠換洗衣物，如須跋山涉水，還要準備登山杖、綁腿、釘鞋等特殊裝備。唐代登山運動愛好者李白在《夢遊天姥吟留別》中講到他在夢中登天姥山時“腳著謝公屐，身登青雲梯”，這裏所說的“謝公屐”便是一種登山鞋，相傳為東晉時登山界的前輩謝靈運所發明。這種鞋的屐齒可以拆卸，上山時拆去前齒，下山時拆去後齒，登山便如履平地。為了防備盜匪，旅人最好三五成群出門，各自帶上武器以壯聲勢，如果能夠事先練上幾招劍法或彈弓之類的絕技，就更好了。

出門在外，難免有夜行獨宿的時候。在唐人的意識裏，夜晚除了蛇蟲猛獸之外，更可怕的是四處遊蕩的鬼魅精怪。唐代醫學家孫思邈在專著《千金方》裏為遠行之人準備了“殺鬼燒藥方”“辟溫殺鬼丸”“仙人玉壺丸”“太一神明陷冰丸”等靈丹妙藥，前三種需要在住宿地點處焚燒，後一種則可直接吞服，其原理類似於今天的驅蚊液，能夠發出令鬼怪厭惡或畏懼的氣味，只須隨身攜帶幾丸，便可有效遠離山精鬼魅，深受廣大旅行愛好者的喜愛。

不過，在人跡罕至之處旅行時，配置丹藥畢竟不便。為

此，《千金方》中還記載了能夠迅速緩解心腹急病的"三物備急丸"和能夠迅速排出毒素的"太一備急散"等，這也許就是我們現在常用的"藿香正氣丸"一類藥物的前身。針對南北旅人對異鄉的恐懼，各種醫書裏也準備了避瘴對策。《千金方》中記載的兩個"治瘴氣方"，其中之一是將蒜和豉心放在三歲童子尿中煮沸飲用，其思路大概是利用蒜和童子尿的純潔特性辟毒，不過口感可能不會太好。唐代所編《外台秘要方》中更特別記載了"山瘴瘧方一十九首"，遠行者根據藥方，可以在旅行之前預先製作能躲避南方之"瘴"與北方之"瘧"的各種方劑，旅途中中毒時可先服用藥物，再依法針灸，加快痊癒速度。

除丹藥外，符咒也是旅行時用於避免風險的常用道具。敦煌出土文獻裏有所謂"管公明符""舒神符"等符咒，將之用紅筆抄下來，放在帽子裏即可避災。還有一種更屬害的"七千佛神符"，隨身攜帶不但能遠離弓箭刀槍、虎豹毒蛇的侵害，還有能讓"五絲依我，五香熏我，金床臥我，錦被覆我，仙人扶我，玉女侍我"的神奇功效。東晉道士葛洪的名著《抱朴子》中有一篇叫作"登涉"，專門傳授跋山涉水時避險的法門，其中有"老君入山符""馮夷水仙丸"等霸氣的符咒藥方，還記載了能夠幫助遊山者辟除一切阻礙的"六甲秘祝"，祝文便是大家非常熟悉的九字真言："臨兵鬥者皆陣列前行。"這一秘祝後來被佛教真言宗吸收，又隨東密傳到日本，被日本忍者奉為自我修煉的標準，至今仍甚為流行。

擇吉、卜筮與祖道：出行前的儀式

◇◇◇

個人的力量畢竟有限，在唐代，要想放心出門，除了備齊行李之外，還得通過各種方法得到神靈的護佑。

首先是挑選黃道吉日。唐人要在標注每日吉凶的"曆日"上尋找一個適合出行的日子，這類似於我們現在的黃曆。從敦煌出土的各種曆日來看，一個月裏最多有一半左右的時間不適合出行，包括窮日（癸亥日）、墓日（土旺之日）、太歲日（春季每月最後一個庚、辛日）等諸事不吉的凶日，以及特別不利於出行的往亡日等。由於凶日太多，出行必須提前一個月以上做好計劃。不過，杜甫曾作《憶昔》懷念玄宗朝的"開元全盛日"，說"九州道路無豺虎，遠行不勞吉日出"，意思是在世道太平時，人們不需要提前查閱曆日，可以來一場說走就走的旅行。可見出行擇日主要起心理安慰的作用，世道越混亂，人們便越容易從這些信仰中尋求安全感。

選定吉日後，還要占上一卦，看看這次出行是否順利。據說《周易》中記載的占筮方法需要五十根蓍草，經過"分而為二，以象兩，掛一以象三，揲之以四，以象四時，歸奇於扐，以象閏……故再扐而後掛"等等複雜的工序，才能夠得到一爻，如此反覆六次，才能得到一卦，然後還要去翻閱《易經》，從周公所記載的各種隱晦語句中揣摩吉凶。到了後世，人們發明出更為簡易的卜筮方法，直接將"平安""遇賊""多財"等情形寫在竹籤上，放入留有小口的籤筒，誠心咒願，晃動籤筒，根據第一根落下的竹籤，判斷此行吉凶。這種抽籤手法方便快捷，人人適用，一直到今天，還出現在各類佛道寺觀中。

確定了合適的日期和時間，準備好乾糧、盤纏、衣物、藥品、武器、護身符等必備品後，終於到了出行的日子。與親友道別，瀟灑踏上征程之前，旅人還要經歷一項重要的程序——祭祀道路之神。

在古代，掌管出門遠行的神叫"行神"或"祖神"，相傳為上古帝王共工（一說黃帝）的兒子。這位公子一生喜愛旅遊，最終死在了旅遊的途中，死後陰魂不散，遊蕩在山川道路間，保護著之後一代又一代喜愛旅遊的同好。比起那些意外喪命後不自我反思，反而到處作祟，引誘別人重蹈覆轍的邪神伥鬼來說，這位行神的高風亮節是十分讓人感動的。

出門祭祀行神的習俗起源很早，在先秦的文獻中就有記載。在漢初整理的《禮記》裏，冬季祭祀行神被歸入天子每年進行的"五祀"中。隨著儒家禮樂文化被統治階級接受和推行，祭祀行神漸漸成了歷代皇帝祭祀的常規項目，直到唐朝仍是如此。除每年的例行祭祀外，重要官員出行或者軍隊出征時，通常也會由朝廷出面，舉行盛大的祖道儀式。在祭祀完行神之後，還會有酒宴和詩歌唱和活動，這套出行儀式可以一直持續到傍晚，稱為"祖餞"。在祭神後飲酒，本來是祭祀禮儀的一部分，但隨著時間的推移，大夥兒漸漸顯露出"吃貨"的本性——到了唐朝，宴飲成了送別的主題，祭神反而變成了一項例行的公事。

除了皇帝和高官，民間人士出行之前也大多要安排祭祀活動，他們祭祀的對象並不只限於祖神，而是從各自的信仰中挖掘資源。其中，佛教徒通過寫願文，呼喚“伐折羅大將開道，毗沙門天王密扶”。更多的民間人士，則喜歡召喚大禹和蚩尤來幫助自己：前者曾經疏通洪水，劃定九州，地理學知識豐富，因此可以用來開道；後者稱為“戰神”，可保佑行人不受盜賊的侵擾。

　　了解了以上一整套繁雜的出行準備過程，我們也許會暗自嘲笑古人迷信迂腐，但要知道，他們絕大多數人一生只在家鄉的一小塊土地間活動，了解外界消息的渠道少之又少。古人出

大英博物館藏敦煌繪畫《行道天王圖》，引自余欣：《神道人心：唐宋之際敦煌宗教民生社會史研究》

門長途旅行，面對的是完全未知的土地、千奇百怪的猛獸和語言不通的生人，這些都隨時可能給他們帶來生命危險，如果沒有擇日、占卜、祖道等一系列安慰心靈的程序，恐怕沒有幾個人能夠鼓起勇氣，踏上一條漫長而充滿未知的旅程。

　　或許，我們應該對那些敢於去遠方旅行的古人多一些敬意。

參考資料

王子今：《中國古代行旅生活》，北京：商務印書館 1996 年版。

余欣：《神道人心 —— 唐宋之際敦煌民生宗教社會史研究》，北京：中華書局 2006 年版。

霹靂應手神珠馳
馬球與軍中政治 *

馬球的起源與規則

◇◇◇

　　1971 年夏天，在陝西省乾縣城北韓家堡，陝西省考古所開始了對唐章懷太子墓的發掘整理工作。在墓道西壁，考古人員發現了一幅長達六米的大型壁畫。圖中有二十多名騎馬人物，其中五人手持球杆，正追逐一隻皮球，當先一人已策馬奔至皮球之前，雙腿緊緊夾住駿馬，反身面向皮球，高舉球杆，將動作定格在揮擊的一剎那，為我們展現了唐代馬球運動的激烈場景。

　　馬球並非中原王朝本有的運動。據向達、羅香林等學者考證，這項運動起源於波斯，向西傳至歐洲，向東經由中亞傳入中國（也有學者認為這項運動發源於中國西藏）。在歐洲，這種球類運動通常使用藏語中的稱呼，名為 "polo"，並逐漸

---

* 　原題《唐代的體育政治：皇帝、軍人、宦官為何都愛馬球？》，2016 年 7 月 5 日首發於澎湃新聞·私家歷史。

成為一項貴族運動。20 世紀 60 年代，美國設計師拉爾夫·勞倫（Ralph Lauren）受到 polo 球衣的啟發，設計了著名的POLO 衫，更是引領一代風潮。

中國的馬球，並未使用 polo 的名字。在馬球傳入之前，中國最為流行的球類活動是蹴鞠 ——"蹴"指用腳踢，"鞠"指球。現在通常認為蹴鞠是足球最早的起源之一。馬球傳入後，人們發現馬球和蹴鞠玩法非常相似，只是擊球方式由腳踢變成了球杆擊打，於是沿用了"蹴鞠"的構詞方法，將馬球稱為"擊鞠"或"打球"。

在中國唐宋時代，馬球曾風靡一時。《宋史·禮志》和

《金史‧禮志》中，都鄭重其事地記錄了皇帝參與擊球遊戲時的禮儀。從各類史料的記載中，我們已經能夠清楚歸納出唐宋馬球運動形式和基本規則。

馬球用到的主要工具是馬、球和球杆。比賽用球主要為木製或革製，呈圓形，以擊打輕便、滾動迅速為佳；球杆長 15 釐米左右，杆身筆直，杆頭彎曲如月，稱為“月杖”，形制類似現在的曲棍球杆。

在比賽之前，首先要找到一塊足夠廣闊的球場，在場地兩邊各立兩根直杆，兩杆中間安置一塊木板，在木板上開一個口，口上安裝一個網兜，作為球門。在較為簡易的比賽中，也有兩隊共用一個球門的情況。

參賽人員分為兩隊，每隊一至二十人不等，穿著不同顏色的隊服，稱為“分曹”或“分都”，再由每隊派出一名裁判負責記分。

開球後，兩隊人馬爭搶一球，誰能爭到球並將之打入球門網兜，其所在的隊伍就得到一分，稱為“得一籌”。每得一籌，裁判都會大聲宣告，並為得分的球隊插上一面紅旗，稱為“唱籌”。比賽中的第一次得分稱作“頭籌”或“先籌”，如果有皇帝參加比賽，那麼這個“頭籌”就一定要讓給皇帝獲得。中唐文人王建為當時歸朝的軍閥田弘正撰寫的《朝天詞》中，即有“無人敢奪在先籌，天子門邊送與球”的說法。在一般的比賽中，先得到三面紅旗的一隊為優勝；也有人覺得只爭三分不夠過癮，一直打到太陽西下，人困馬乏，才鳴金收兵，點檢紅旗，以紅旗多的一方為優勝。敦煌歌詞中《杖前飛‧馬球》

一首，寫到兩隊人馬在激烈對抗後"人衣濕，馬汗流，傳聲相問且須休。或為馬乏人力盡，還須連夜結殘籌"，生動描繪了當時馬球愛好者廢寢忘食，從下午直打到日落的場景。

唐朝皇室的馬球愛好者

◇◇◇

在唐朝以前，馬球主要流行在西北邊疆的突厥、吐蕃等民族中，中原王朝很少有對這種運動的記載。唐朝皇帝開始關注馬球，大約始於高宗朝。據《資治通鑒》的記載，唐高宗執政時，聽說吐蕃人喜歡馬球比賽，心中好奇，便命令部下表演給自己看。一批在長安做生意的胡人聽說了這件事，便天天去宮城門樓下表演馬球，希望得到高宗的青睞。高宗見到後，不想讓自己的愛好影響民間風氣，便將宮中的馬球焚毀，作為警示。然而，這一舉動似乎並沒有阻止馬球在唐皇室的迅速風靡。高宗的兒子——後來的唐中宗李顯，就曾多次親自組織、觀賞馬球比賽，讓這一風氣傳遍了整個長安城。《資治通鑒》在說到中宗時，曾特別提出"上好擊球，由是風俗相尚"，將馬球風潮的產生緣由完全歸結在了皇帝身上。

當時唐朝實行開放政策，長安城內聚集了從西域到中原的各族人士，馬球也成了不同民族溝通的橋樑。唐中宗執政期間，曾經派自己的養女金城公主與吐蕃贊普和親，吐蕃迎親使者到達長安後，中宗聽說使者隊伍中有馬球高手，特地組織了一場唐朝和吐蕃的馬球比賽。在數次交手失敗之後，中宗派出了自己的姪子李隆基，帶領親王李邕和兩個女婿楊慎交、武延

秀出場，以四人之力對抗吐蕃十人。李隆基等四人在球場上
"東西驅突，風回電激，所向無前"，阻擋住了吐蕃隊的所有
進攻，令吐蕃使團嘖嘖稱讚。2004 年，當年球賽的參賽者之
一虢王李邕的陵墓於陝西出土，墓道中繪製的大幅馬球壁畫，
向我們展示了墓主在這項運動中取得的榮耀。參加比賽的另外
兩位選手對馬球更是癡迷，據唐代筆記《隋唐嘉話》記載，楊
慎交和武延秀的堂兄武崇訓都曾在長安城的宅邸中建造過私人
馬球場。為了保持地面平整，避免揚塵，他們還為整個球場澆
上油膏，不說平整土地的花費，單是在寸土寸金的長安城中開
闢兩塊巨大的空地，已是十分奢侈的事了。擁有這樣的訓練條
件，楊慎交等人的球技能勝過吐蕃使臣，也很自然。

　　唐玄宗李隆基登位後繼續保持了對馬球的愛好，經常找機
會和自己的兄弟一起在宮廷中打球，也不時在軍隊中組織馬球

唐嗣虢王李邕墓出土打馬球圖（局部）

比賽來觀賞娛樂。到了晚年，玄宗每隔一段時間就要攜楊貴妃一起離開長安去驪山溫泉度假，為了能在度假時也玩到馬球，他在天寶六載特地頒佈了一道詔書，命人在驪山修建一座馬球場。當時文人閻寬撰寫了一篇《溫湯御球賦》，稱讚球場的壯觀，文中描寫了球場健兒在皇帝面前"珠球忽擲，月仗爭擊，並驅分鑣，交臂疊跡。或目留而形往，或出群而受敵"的激烈場景。

在唐玄宗之後，德宗、穆宗、敬宗、文宗、武宗、宣宗、僖宗和昭宗等帝王都有親自上場打馬球的記錄，其中宣宗能夠"持鞠仗乘勢奔躍，運鞠於空中，連擊至數百而馬馳不止，迅若流電"，當時擅長馬球的左右神策軍"兩軍老手"都紛紛表示佩服。晚唐的僖宗同樣具有很高的馬球天賦，他曾經對身邊的伶人吹噓，認為如果把馬球也列入進士考試的一項，自己一定能當上狀元。上文說過，有皇帝參與的球賽，第一球必須由皇帝本人打進，因此僖宗的自我評價可能並不客觀，但是從這種沾沾自喜的語氣中，我們已經能夠看出他對馬球的強烈熱愛之情。

馬球、禁軍與宦官專權

◇◇◇

雖然史書上說馬球在唐代"風俗相尚"，但實際上對參與者卻有很高的要求，單是擁有馬匹這一項，就超出了很多人的經濟實力範圍。因此，能參與馬球運動的人大多非富即貴，少有一般平民。然而有一個群體，雖然未必富貴，卻天生與馬球運動關係密切，這就是軍人。

在我國古代，體育運動常常是與軍事訓練相結合的。在馬球流行中國之前，人們常常利用蹴鞠做軍事訓練，以達到培養體力、訓練身體靈活度的作用。北朝以後，隨著騎兵作戰的日益普及，蹴鞠已經不能滿足訓練的需要，而馬球的傳入正好填補了這一空白。在馬球比賽中，球手需要根據目標球的落點和對手的佈陣，隨時調整馬匹運動的方向，正能考驗選手對馬匹的控制能力；接觸到球後，球手要熟練操縱球杆，將球擊打到它應該去的位置，這又正和騎兵作戰中運用長兵器的狀態相似，實在非常適合用作軍事訓練。唐玄宗為興建驪山溫泉球場而下達的詔書中，解釋自己建造球場的原因說"伊蹴鞠之戲者，蓋用兵之技也。武由是存，義不可捨。頃徒習於禁中，今將示於天下"，便是用軍事訓練作為自己大興土木的藉口。

在唐代的軍隊中，最早流行馬球的是長期駐紮在長安城的內府禁軍，玄宗詔書中"頃徒習於禁中，今將示於天下"的敘述就清楚地表明了這一點。唐代內府禁軍是經過精心挑選的職業士兵，長期駐紮在長安皇宮周圍，擔任防衛工作，屬皇帝的私人衛隊。禁軍成員大多是開國功臣的子弟，本身就比較富有，很多人從小就開始練習騎射，馬術嫻熟，朝廷還會精挑細選特供良馬給他們使用。馬匹、場地、球友一應俱全，再加上中宗以後各位皇帝的大力支持，這批禁軍士兵理所當然成了最早的馬球愛好者。由於禁軍離皇帝居住的宮城最近，因此他們也常常充當皇帝打球的玩伴。

安史之亂後，鑒於部隊將領的屢屢反叛，皇帝不再信任武將，而開始將內府禁軍交給身邊親近的宦官來統領。當時內府禁軍中最有勢力的一支，是神策軍。神策軍分左右兩部，平時駐紮在大明宮的東西兩側，軍中實際的最高長官為左右神策中尉，均由宦官擔任。皇帝本以為宦官是刑餘之人，沒有什麼政治野心，才放心讓他們統帥禁軍，但這種想法顯然低估了權力的誘惑力。宦官們掌握了神策軍，就相當於用自己的手下包圍了皇宮，他們常常利用神策軍干預、威脅皇帝的行動，甚至直接殺害大臣，廢立皇帝。唐代後期文宗、武宗、宣宗、懿宗、僖宗、昭宗等皇帝都是在宦官的擁立下才得以登基的。

　　宦官控制皇帝的手段有很多，馬球也是其中之一。神策軍將士是宮城中馬球運動的主要參與者，宦官掌握了神策軍後，便可以通過陪皇帝打球的軍將間接影響皇帝。對宦官們來說，皇帝們打馬球越是頻繁，便有越長時間處於自己的勢力範圍之內。中晚唐著名宦官仇士良，曾於文宗、武宗朝呼風喚雨，一

唐代打馬球紋銅鏡，西安市大唐西市博物館藏

　　　　　　　　　　　　　像唐人一樣生活

手製造出屠殺大臣的"甘露之變",他在告老還鄉時曾得意地向送行的宦官們傳授控制皇帝的經驗,認為必須讓皇帝每天忙於各種娛樂活動中,"日以球獵聲色蠱其心",才能將"恩澤權力"牢牢抓在自己手裏。仇士良話中的"球",指的自然就是馬球了。唐代中晚期的皇帝們,幾乎人人癡迷馬球,一方面固然由於個人的愛好,另一方面也受到身邊的宦官和神策軍刻意製造的馬球氛圍的影響。

上文說到自稱"擊球狀元"的唐僖宗,十二歲時由宦官田令孜扶持上位,他對馬球的愛好,主要也是受田令孜的影響。僖宗在位時,曾經舉辦過一場匪夷所思的馬球比賽:召集神策軍將陳敬瑄、楊師立、牛勖和羅元杲四人,在大明宮清思殿前舉行馬球比賽,獎品是川中地區三個重要節度使的職位。唐僖宗規定,誰第一個取得進球,誰就能去三川中最富饒的西川做節度使,其他人只能分到山南西道(今陝南附近)節度使和東川(今重慶附近)節度使的職位。這就是歷史上臭名昭著的"擊球賭三川"。

這一事件表面上是由僖宗主持,但背後的操縱者,正是宦官田令孜。當時黃巢的起義軍聲勢正旺,已經接近洛陽,隨時可能進入長安。作為球賽獎品的三川地區位於長安南部,是首都的大後方,萬一長安城失守,皇帝還可以重走唐玄宗的老路,南下躲避。屆時,誰是西川節度使,誰就能將皇帝掌握在手中。當時田令孜任神策左軍中尉,而馬球賽的四名參賽者都是神策左軍的軍將,不論何人取得馬球比賽的勝利,西川的實際掌控權都會落到田令孜手裏。因此,所謂"擊球賭三川",

只是要解決田令孜集團內部利益分配的問題。

出賽的四人中，陳敬瑄是田令孜的親哥哥。從田令孜個人的角度，當然希望能讓兄長掌管三川中最富庶的西川。但當時陳敬瑄本人並沒有什麼功勳，能進入神策軍也全靠田令孜的個人提攜，貿然將三川中最富庶的地方讓給他，實在難以服眾。要讓皇帝和神策軍內部人士接受對陳敬瑄的任命，就需要在短時間內展示陳敬瑄的能力，而馬球正是最好的表現方式。在當時神策軍的文化中，馬球技巧是衡量軍將能力的重要標準。當時朝廷在南方的重要統帥——鎮海軍節度使周寶，在神策軍服役時曾長期得不到提拔，直到他毛遂自薦，在唐武宗面前表演了一番馬球，才被任命為將軍；而此前長期擔任西川節度使的名將高駢，最早也是通過打馬球得到皇帝的注意。另一方面，唐僖宗在田令孜的刻意影響下，已經養成了對馬球的深切愛好，他既然認為打馬球可以當狀元，自然也認可馬球技術高超的人能擔任節度使。因此，如果陳敬瑄能夠在馬球場上獲勝，正可以在皇帝和神策軍將們面前樹立威信，擔任西川節度使也就名正言順了。最後，陳敬瑄果然不負田令孜的厚望，在比賽中拔得頭籌。

一年以後，黃巢攻破長安，僖宗果然南下成都，朝政繼續處於田令孜的掌握之中。可惜人算不如天算，田令孜最後死在了自己一手提拔的乾兒子王建手中，而王建也奪取了田令孜、陳敬瑄在四川經營多年的勢力，建立了前蜀國，成為唐宋間"十國"之一。田令孜利用馬球策劃的這一切陰謀，最後只不過是為他人作嫁衣裳而已。

軍中之戲與人心向背

◇◇◇

唐代中前期，馬球在長安的內府禁軍中迅速流行，但在地方軍隊中卻並不怎麼風靡。這與當時的地方軍制有關。

在玄宗朝之前，唐代主要實行兵農結合的府兵制，除了保衛長安宮城的禁軍是職業軍人以外，大多數士兵平時在家務農，只有在戰爭或者輪流外出執勤時才會被集中起來，稱為"番上"。按照出勤距離的遠近，每年番上的時間大約為一到兩個月不等。在外出執勤時，府兵需要自己準備盔甲、鞍韉等裝備，戰馬則多由軍府出錢購買，任務結束後，馬匹統一交還軍府處理。在和平年代，府兵只在番上的一兩個月中能和戰友在一起，其餘時間多處於務農的狀態，既沒有一起運動的球友，也沒有馬匹可供使用，根本沒有打馬球的條件，自然無法養成打馬球的愛好。

在府兵制下，裝備和糧食都要軍人自己準備，這要求軍人有足夠的收入，而收入主要來自國家按人頭配給的土地。唐初剛經歷戰亂，國家控制的土地還足夠分配，但到了高宗朝後期，隨著人口的增長和土地兼併，國家控制的土地越來越少，為農民配給的土地也逐漸縮小，經濟收入減少的民眾無力承受購買裝備糧草的負擔，紛紛逃避服役。到了玄宗朝，中央實行外擴政策，頻繁發動與周邊民族的戰爭，府兵被徵入軍隊後，長年不得回鄉，願意從軍的人就更少了。為了解決這一問題，玄宗在宰相張說的勸說下開始建立職業化軍隊，軍人平時不再務農，而是加入軍團中，由國家供給裝備和糧草，長期駐守一地。這種軍團制度本來只在邊疆實行，後來逐漸取代了實行不下去的府兵制，擴展到了全國各地，後世稱之為"募兵制"。

募兵制實行後，地方上的軍人也和此前的內府禁軍一樣，組成了職業軍人。軍中生活單調，娛樂活動較少，但卻有充分的馬匹供應。馬球帶有軍事訓練的性質，本身又驚險刺激，符合軍人尚武的天性，因而迅速被各地軍隊接受。在府兵制廢除後的三四十年間，馬球已成為地方軍隊中流行的"軍中常戲"了。

唐代中央、地方軍人對馬球趨之若鶩，但文人們卻大多對這種運動持鄙夷態度。在他們的認識裏，這種運動野蠻而又危險，實在不值得提倡。唐代宗永泰年間，一位名叫劉鋼的文士上書昭義軍節度使薛嵩，批評了當時軍中流行的馬球之風："打球一則損人，二則損馬，為樂之方甚眾，何必乘茲至危，以邀晷刻之歡邪？"薛嵩聽了之後深覺有理，命令手下書記官陸長源寫了一篇文章，讚美劉鋼的直言切諫。

三十年後的德宗朝，中唐文豪韓愈也對自己的領導發出了這樣的勸諫。當時年輕的韓愈在徐泗濠節度使張建封的幕府中任職，他眼見張建封頻繁帶領手下將士打馬球取樂，覺得自己有必要阻止這種玩物喪志的行為，便上書張建封，認為打馬球時劇烈奔馳、急停急起的狀態會使戰馬"蕩搖其心腑，振撓其骨筋"，減短馬的壽命。過了一段時間，韓愈又趁著一次馬球比賽的時機，寫下了一首歌行體詩《汴泗交流贈張僕射》贈給張建封。詩歌的前半段讚美了張建封馳騁球場時"球驚杖奮合且離，紅牛纓紱黃金羈。側身轉臂著馬腹，霹靂應手神珠馳"

的颯爽英姿，卻在最後語氣一轉說道：“此誠習戰非為劇，豈若安坐行良圖？當今忠臣不可得，公馬莫走須殺賊！”韓愈認為，雖然馬球可以作為軍事訓練項目，達到“習戰”的效果，但作為一軍的統帥，更應該做的是“安坐行良圖”，避免不必要的損傷，即使要上馬驅馳，也要在“殺賊”的戰場上才行。當時朝廷和河北軍閥關係緊張，常有大大小小的摩擦，徐州是防遏河北藩鎮的前綫，四周強敵環伺，隨時可能爆發戰爭，韓愈詩中將戰馬留在戰場的要求，確實有一定的道理。但張建封頻繁參加馬球運動，其實是另有用意。

　　從身份上看，中唐時期統帥地方軍政的節度使大約可以分為兩類：一類是軍中武將出身，他們對軍隊的控制能力比較強，但由於長期在地方軍隊中生活，對朝廷並不忠誠；另一類是文官出身，他們大多參加過科舉，有過在中央任職的經歷，對朝廷比較忠心，但由於身份的隔閡，很難得到職業軍人的真心擁戴。韓愈在進入張建封幕府之前，曾在宣武節度使董晉的幕府中工作，董晉去世後，朝廷指派了一位文官接替節度使一職，這個人就是曾經為勸止馬球寫過讚文的陸長源。陸長源雖然也在不少方鎮中擔任過文官，但始終沒有擺脫自己的文人習氣，他在軍中“多縱聲色，數至樂營與諸婦人嬉戲，自稱孟郎”，受到軍中將士的鄙夷。不僅如此，他還倚仗自己文官的身份，在言語中多次羞辱手下軍官，放言“將士多弛慢，不守憲章，當以法繩之”，儼然將軍人視為低自己一頭的劣等人群。這樣的言行最終導致軍隊嘩變，陸長源被兵士抓住“臠而食之”，下場悲慘。韓愈若不是為護送董晉靈柩赴洛陽，提早幾天離開了軍營，恐怕也難逃噩運。

與陸長源一樣，張建封也是文官起家，不過曾經真正帶兵打過仗，對軍隊風氣比較了解。他深知在軍隊尚武的環境中，保持文人習氣，天天吟詩作對，甚至和陸長源一樣"數至樂營與諸婦人嬉戲"，只會增加自己與手下軍士的隔閡，而只有努力融入軍人的文化氛圍中，和軍人們打成一片，並在軍人重視的領域中有所表現，才能得到手下的認同和擁戴。因此，張建封在當上節度使以後"觸事躬親"，"性寬厚，容納人過誤，而按據綱紀，不妄曲法貸人"，努力培養自己在軍中的威望。馬球作為軍隊中最流行的運動，對軍人意義重大，頻繁在軍隊中參與馬球運動，自然也是張建封融入軍旅文化的方式之一。

因此，張建封收到韓愈的贈詩之後，立刻寫了一首《酬韓校書愈打球歌》進行回應，詩中說：

> 僕本修文持筆者，今來帥領紅旌下。
> 不能無事習蛇矛，閒就平場學使馬。
> 軍中伎癢驍智材，競馳駿逸隨我來。
> ……
> 儒生疑我新發狂，武夫愛我生雄光。
> 杖移鬃底拂尾後，星從月下流中場。
> 人不約，心自一。馬不鞭，蹄自疾。
> 凡情莫辨捷中能，拙目翻驚巧時失。
> 韓生訐我為斯藝，勸我徐驅作安計。
> 不知戎事竟何成，且愧吾人一言惠。

詩中表述得非常清楚：自己的本性是"修文持筆者"，因為處於"帥領紅旌下"的位置，必須"閒就平場學使馬"，才能讓軍中才俊"競馳駿逸隨我來"。這樣的行為，在韓愈這樣的儒生看來固然"疑我新發狂"，但是從徐州軍官兵士們的視角來看，卻是"武夫愛我生雄光"。只有利用這種"雄光"，張建封才能建立起自己在軍隊中的威信，最終達到"人不約，心自一"的效果。詩歌最後"不知戎事竟何成，且愧吾人一言惠"云云，表面上是感謝韓愈"安坐行良圖"與"公馬莫走須殺賊"的勸解，實際上卻是在批評韓愈書生意氣，不懂"戎事竟何成"。

一項看似普通的球類運動，竟然能影響到軍隊中人心的向背，乍看之下，這似乎難以理解。但是只要想想當今的運動員們，即使與觀眾們民族不同、語言不通，也可以通過賽場上嫻熟的動作和堅定的意志，將自己優秀的人格展現給觀眾，讓人們為自己鼓掌吶喊，就不難看出體育運動所特有的超越語言、征服人心的作用了。正是因為有著這種感染力，馬球才能在唐代的軍事和政治中，扮演如此關鍵的角色。

參考資料

李重申、李金梅、夏陽：《中國馬球史》，甘肅教育出版社 2009 年版。

黑白誰能用入玄

圍棋如何成為高雅遊戲？[*]

聲名不佳的早期生涯

◇◇◇

中國的先民們曾發明過各式各樣的智力遊戲，其中大部分都淹沒在了歷史的長河中，沉澱為考古學家和社會生活史學者的研究對象。但是仍然有幾種遊戲，經歷了時間的淘洗，反而煥發出無窮的生命力，直到如今仍然在人群中廣為流行。圍棋就是其中的代表。

圍棋歷史非常悠久，早在先秦就已經出現。然而在關於圍棋起源的傳說中，這種遊戲的形象卻並不如後世那樣高貴。戰國末年的史書《世本》中記載"堯造圍棋，丹朱善之"，晉朝的張華在《博物志》中進一步申說："堯造圍棋，以教子丹朱。或云舜以子商均愚，故作圍棋以教之，其法非智者不能也。"這兩則記載中最早學習圍棋的人物"丹朱"和"商均"，皆是

---

* 原題《圍棋是怎樣成為高雅遊戲的》，2016 年 3 月 15 日首發於澎湃新聞·私家歷史。

中國傳說中著名的"不肖子"，他們本來可以繼承父親堯和舜的領袖之位，卻因為人品和才能不足以統領天下，分別被舜和禹搶走了王位。這種與反派人物的瓜葛，讓圍棋從誕生開始就陷入了相當不利的輿論環境。

後人在反對圍棋時，常常會引用到這個起源傳說，比如東晉大將陶侃曾沒收部下的圍棋和博具，全部扔到了長江裏，並且聲言："圍棋，堯舜以教愚子……諸君並國器，何以此為！"南朝宋明帝熱衷於圍棋，大臣虞願也曾以"堯以此教丹朱，非人主所宜好也"為理由，勸皇帝放棄這一愛好。

在農業社會裏，大多數人都要進行生產勞動，才能維持整個社會的正常運轉，故有"一夫不耕，天下必受其飢；一婦不織，天下必受其寒"之說。從維持社會穩定的角度來看，大好的勞動力不事生產，反而"遊手好閒"地下棋玩遊戲，是絕對不應該被提倡的行為。因此，在秦漢以前的歷史記載中，圍棋

榆林石窟第 32 窟五代《維摩詰經變》中的對弈圖

很少獲得正面的評價。人們常常將圍棋和當時流行的另一種遊戲 "六博" 並提,合稱 "博弈"。《論語‧陽貨》中記載孔子的話說:"飽食終日,無所用心,難矣哉!不有博弈者乎?為之,猶賢乎已。" 在這句話裏,"博弈" 僅僅比什麼都不做稍勝一籌,而且只有 "飽食終日" 的人才有資格進行。孔子的繼承者孟子則更進一步,將 "博弈好飲酒,不顧父母之養" 視為浪費糧食的 "不孝" 行為,進行了嚴厲的批評。

賭博和下棋都是兩人或多人互為對手的遊戲,有對手就有勝負,有勝負就有彩頭,絕大多數人在進行遊戲的時候都是想贏怕輸,沉迷其中時,甚至會將當下的勝負看成世間最重要的事。在這種情況下,日常道德中的長幼尊卑都會被拋到腦後。這在講究禮法的中國社會裏,是很惡劣的行為。西晉的權臣賈謐,在與皇太子對弈時爭勝心太強,忘記了君臣之分,因而受到王室的忌憚,最後失勢被殺。《世說新語》中記載東晉名相王導和愛子王悅下圍棋,王悅眼看自己要輸,竟然死死抓住王導的手,不讓父親落子,王導只能苦笑道:"詎得爾,相與似有瓜葛。"(你怎麼能這樣,我和你好像是父子吧。)將勝負看得過於沉重者,還會做出悔棋、掀棋盤等行為。漢朝時史游所作識字課本《急就篇》中,有所謂 "棋局博戲相易輕" 的說法,這又為圍棋加上了一份 "破壞社會和諧" 的罪狀。

在這些罪狀的夾擊下,圍棋的發展之路從一開始就泥濘重重。

對圍棋的辯護與反駁

◇◇◇

西漢以後，隨著生產力的提高，有資格"飽食終日"的人越來越多，更多人意識到了圍棋的魅力，並沉迷其中。為了讓自己的愛好合法化，許多人開始通過文學作品為圍棋進行辯護。其中辯詞最為雄壯的要數漢賦大家班固了，他在《弈旨》中說圍棋"局必方正，象地則也；道必正直，神明德也；棋有白黑，陰陽分也；駢羅列布，效天文也；四象既陳，行之在人，蓋王政也。……上有天地之象，次有帝王之治，中有五霸之權，下有戰國之事，覽其得失，古今略備"，儼然將這種遊戲說成了包羅萬象的百科全書。

此外，圍棋本來就是模擬戰爭的遊戲，因此強調圍棋和兵法的關係成了當時比較流行的辯護方案。西漢末劉向曾作《圍棋賦》，全文雖已經失傳，但在《文選注》裏還保留了一句"略觀圍棋，法於用兵"，可說是現存可靠文獻中最早將圍棋和打仗聯繫起來的段落。東漢大儒馬融在其《圍棋賦》裏進一步說"三尺之局，為戰鬥場。陳聚士卒，兩敵相當。怯者無功，貪者先亡"，在圍棋之道和兵法之理間建立了具體聯繫。漢末時，"建安七子"之一的應瑒撰寫的《弈勢》，更是將圍棋中的各種著名佈局和下法與歷史中的各場著名戰役一一對應解說，如將圍棋中"臨疑猶豫，算慮不詳，苟貪少獲，不知所亡。當斷不斷，還為所謀"的猶豫下法，比作項羽錯失劉邦、夫差放過勾踐的失策，將圍棋中"師弱眾寡，臨據孤亡，披掃強禦，廣略土疆"的以弱勝強之勢，比作剛剛結束不久的官渡之戰，等等。這樣的比附似乎是要告訴人們，圍棋可以幫助人們理解兵法，並非完全無用的消遣。

然而這種以圍棋作為兵法教材的說法很快就受到了挑戰。三國時期，吳帝孫權的太子孫和看到自己手下的大臣們不但不努力學習、認真工作，反而一個個沉迷上了賭博和下棋，覺得非常擔心，便組織了一個宴會，命令與會者分別撰寫論文，矯正這種風氣。其中史學家韋昭的論文寫得最好，在後世廣為流傳，還被收入了《文選》之中，這篇論文就是著名的《博弈論》。

當今經濟學上的"博弈論"是分析博弈中的各種策略選擇，而韋昭的這篇《博弈論》則對博弈進行了嚴厲批評。韋昭認為，圍棋和六博等遊戲會讓人"專精銳意，心勞體倦，人事曠而不修，賓旅闕而不接"，沉迷其中則可能導致"賭及衣服，徙棋易行，廉恥之意弛，而忿戾之色發"等等問題。此後，韋昭特地針對劉向、馬融等人將圍棋與兵法相比附的說法，駁斥道："其所志不出一枰之上，所務不過方罫之間，勝敵無封爵之賞，獲地無兼土之實……求之於戰陣，則非孫、吳之倫也……夫一木之枰孰與方國之封？枯棋三百孰與萬人之將？"在這裏，韋昭認為圍棋的格局完全沒有辦法和瞬息萬變的戰場相比，將兵法應用在圍棋上，還不如將之應用到真正的戰爭中，既可以展示自己的軍事能力，又可以建功立業，獲得封賞，何樂而不為呢？

韋昭的駁斥可說是正中要害。說到底，圍棋始終只是一種遊戲，不論這種遊戲背後蘊含著多麼深奧玄妙的道理，它始終與現實的事功隔了一層。無論將圍棋比附兵法，還是聲稱其中蘊含著“天地之道”，都無法改變它無益於現實的特性。在崇尚實務的風氣面前，這些辯護終究是無力的。韋昭代表的是吳國太子孫和，屬國家的統治者。對統治者來說，手下的辦事人員應該將全部精力放到國家的運作上來，而圍棋和六博這類與事功關係不大的遊戲，正是辦公效率的最大殺手，必須予以最嚴厲的反對。韋昭在《博弈論》的最後說：“方今大吳受命，海內未平，聖朝乾乾，務在得人 …… 當世之士，宜勉思至道，愛功惜力，以佐明時，使名書史籍，勳在盟府，乃君子之上務，當今之先急也。”這段話清楚反映出孫吳統治者看到臣下沉迷遊戲、疏忽實務時，心中的憤怒和焦急。從這個意義上講，只要統治者和士大夫保持著這種上司與辦事員般的關係，圍棋就很難獲得上層的提倡。

社會變動中的新希望

◇◇◇

真正讓圍棋突破困局的，是魏晉以來權力格局的變化。漢朝四百年來，一直是劉邦的後裔做皇帝，皇帝的權力雖不能說是無遠弗屆，其權威卻是相當牢固的。劉氏的子孫，只要在成年後當上皇帝，與手下的大臣就形成了上司與辦事員般的關係，可以要求他們將全部的精力奉獻給自己。但自從曹丕代替漢獻帝做了皇帝以後，皇帝的寶座便不再是一家的禁臠，只要是掌握實權的人物，都可以對這個位子有所希冀。在這種情況下，皇帝的權威大大降低，皇帝需要得到地方上掌握實權的世家大族的支持，才能穩固自己的統治。到了東晉以後，這種情況愈發嚴重。東晉的第一個皇帝晉元帝本是皇室疏屬，全靠王導、王敦等門閥士族的支持，才能在南方順利即位。王導、王敦等人名義上是晉元帝的下屬，實則在很大程度上能夠左右朝廷政事，甚至可以廢立皇帝，東晉時的民謠"王與（司）馬，共天下"，反映的就是這種皇帝與門閥士族共事的權力格局。

作為皇帝，要保證自己的統治地位，就必須努力籠絡有權勢的士族，其中最主要的方法就是讓這些世家子弟在自己身邊做官。魏晉之間史書中經常出現的黃門侍郎、散騎常侍之類官職，就是專門為皇族和士族所設立的。從表面上來看，這些官職還是皇帝屬下，需要為皇帝服務；但從實際權力關係來說，在這些官職上的士族，與皇帝不再是統屬關係，而在一定程度上變成了互相合作的關係，士族子弟再也沒有理由奉獻出自己的全部精力和時間為皇帝賣命。因此，此時的士族們往往樂於擔任品階高、工作少的職務。他們將顧問、侍從之類沒有具體職務的清閒官職稱為"清官"，將需要每日處理繁雜公務的官職稱為"濁官"，以當"清官"為榮，以做"濁官"為恥。在日常生活中，士族們通常崇尚不涉及實務的清談，希企優遊自適的隱逸，將以前分秒必爭、銳意建功立業的行為視為"貪競"而加以鄙視，整個上層社會的風氣出現了根本的轉變。

在這種以超脫高蹈為榮的風氣之下，士族們在"清官"任上"飽食終日，無所用心"之餘，自然樂於尋找一些遠離事功的遊戲來打發自己的時間。曾遭鄙視的"博弈"等智力遊戲，此時反而變成了被推崇的對象。

當時流行的智力遊戲，有樗蒲、六博、格五等眾多名目，但它們都有一個共同的缺點，那就是在遊戲過程中或多或少都要經歷擲骰子之類訴諸概率的步驟，遊戲的輸贏有很大一部分需要依靠運氣，並不能完全反映遊戲者本人的思想和能力。在擲骰子時，許多人還會吆五喝六地大聲叫喊，非常有辱斯文。只有圍棋，每一步都是由棋手本人的意志決定，棋路和棋勢能夠完全反映棋手個人的品格，又不需太多聲勢助威，比較符合士族的高貴身份。此外，圍棋規則簡單，變化卻極盡複雜，邊角的攻守、中央的拚殺、局部的死活、整體的把控……每一顆棋子的擺放，都會衍生出種種可能性，每一步的對弈，都能讓弈者品味到無窮的道理。

　　魏晉時期，正是玄談之風流行的時候，當時玄談的精髓，正是從有無、離合、同異這一組組對立的概念中，衍生出精深複雜的討論。圍棋這種既簡單又深刻的玩法，恰與玄談的風格相符合，因此能從眾多智力遊戲項目中脫穎而出，成為士族間的流行風尚。當時的名士將圍棋稱作"手談"，正是這個道理。

　　東晉最有名的兩位士族領袖王導和謝安均是圍棋的忠實愛好者，在他們的倡導下，圍棋漸漸變成上流人士的一項必備技能。東晉學者范汪曾著《棋品注》《圍棋九品序錄》，原書已經不存，但從標題來看，大約是模仿當時將人才分為九品分配官職的"九品官人法"，將棋手也劃分為九個品級，類似於今天的職業分段。由此可見，當時棋手之間已經形成了一定程度上的共同體，並且產生了一批公認的高手。

　　此前反對圍棋的人，通常會將"博""弈"合論，強調兩

者虛耗時間、挑動爭鬥的弊端；而此時的人們，則越來越多將"博"和"弈"分開，強調圍棋與眾不同的特質。上文曾經說過，東晉大將陶侃在做荊州刺史時，曾經將部下的圍棋和樗蒲狠心投入江中，當時在陶侃手下做僚佐的庾翼目睹了這一場面。多年以後，庾翼自己做上了荊州刺史，有部下向他反映軍中流行樗蒲之類的博戲，經常造成爭吵鬥毆，不利於隊伍和諧，希望禁止這些遊戲。庾翼在回信中贊同了這一提議，但是特別提出"惟許其圍棋"。由此可見，在當時士族的眼中，圍棋已經開始與其他賭博遊戲劃清界限，從籠統的"博弈"中脫離了出來，成為一項有益而高雅的運動。

從崛起到極盛

◇◇◇

在兩晉時期，圍棋雖然成了士族社會中的流行遊戲，但日理萬機的皇帝們卻只是偶爾為之，並未沉迷其中。而到了之後的劉宋時代，嗜好圍棋之風已經蔓延到宮廷。劉宋王室本出身低級士族，開國皇帝劉裕因為文化水平不高，常常被身邊的士族鄙視，因此他非常重視下一代的教育，努力讓自己的子孫們學習高門士族的高雅生活方式，圍棋也是學習的重要內容之一。

劉裕的兒子 —— 宋文帝劉義隆，就是一位著名的棋迷，他曾與當時"棋品第三"的大臣羊玄保以郡太守的官爵為賭注對弈，輸棋後真的讓羊玄保當上了宣城太守。宋文帝的兒子 —— 宋明帝劉彧雖然棋力不高，卻對圍棋有著異常的愛好。他為了確定自己和身邊大臣的棋力，模仿當時的九品官人法設置了"圍棋州邑"，為棋手定品。在九品官人法的制度設定中，國內重要的州和郡分別設立選舉官，州的選舉官叫大中正，郡的選舉官叫小中正，他們以門第和能力為標準，為自己管轄區內的人士依一品到九品的順序從高到低劃分品第，並按照品第分配官職。在宋明帝的圍棋州邑中，當時的第一權臣劉休仁擔任大中正，幾位公認的圍棋高手擔任小中正，為全國的棋士判定品級。按照宋明帝本人的棋力，本來是進不了高品的，但是幾位中正為了討好他，硬是將之定為較高的第三品。在得知自己水平甚高之後，明帝對圍棋更加熱愛，常常拉著棋品第一的王抗對弈。作為小中正之一的王抗，為了不讓皇帝懷疑這次定品的公正性，只能不斷故意輸棋，還順便奉承說："皇帝飛棋，臣抗不能斷。"

雖然宋明帝本人被後世視為昏君，但他開創的圍棋州邑制度，將圍棋從普通的遊戲提升到了和國家選舉系統相同的高度，對圍棋的發展功不可沒。劉宋滅亡之後，這種在全國範圍內為棋手定品的活動傳承了下去，在齊梁兩朝又開展過多次。據《南史》記載，梁武帝天監年間的定品活動中，有二百七十八位棋手獲得了"登格"身份，他們的名字被記錄在一本叫作《棋品》的書籍中，這本書的序言一直保留至今。

與宋明帝相比，齊梁兩代的皇帝對圍棋的熱愛猶有過之。齊朝的開國之君蕭道成在劉宋時就是圍棋高手，曾經位列第二品，還留下了圍棋專著《棋圖》兩卷；梁朝的開國之君蕭衍習慣白天工作，夜晚通宵與大臣對弈，在位期間主持了多次品棋活動，並撰寫了《圍棋賦》《棋評》等著作。在《圍棋賦》中，梁武帝說這種遊戲"君子以之遊神，先達以之安思，盡有戲之要道，窮情理之奧秘"，斬斷了其與丹朱、商均等不肖之人的聯繫，轉而將之與"君子"和"先達"撮合在了一起。在梁武帝的倡導下，梁朝從皇帝到大臣掀起了一股創作《圍棋賦》的風氣，人們竭盡思慮，用各種優美的辭藻褒揚這項皇帝喜愛的遊戲，在這些華美辭章的沖刷下，圍棋逐漸洗脫了早先的惡名，鍍上了一層高貴的金身。

士族間的流行加上皇帝的倡導，使圍棋在南朝的地位急速提升。梁朝大文士沈約在一次面試少年英才時曾指出，當時天下人品評人物的標準“唯有文、義、棋、書”。沈約的這一句斷語，意味著圍棋已和文才、義理、書法並列，躍身為上層社會最為重視的技能之一。到了唐宋兩代，宮廷中出現了獨立的棋院和專業的棋士，圍棋開始走上業餘愛好與專業研究齊頭並進的康莊大道。經過了數百年的沉浮，圍棋這種“秉二儀之極要，握眾巧之至權”的遊戲終於獲得了自己獨立的地位，不再陪著賭博一起被人唾罵，並在其後的一千多年間，成為東亞文人雅士們最為鍾愛的智力遊戲。

參考資料

寧稼雨：《從〈世說新語〉看圍棋的文化內涵變異》，《大連大學學報》2007 年第 2 期。

范子燁：《中古文人生活研究》，山東教育出版社 2001 年版。

法律與商業

賣壚高掛小青旗

賣丹磨鏡兩途貧

俠客猶傳朱亥名

幾見報仇身不死

天地哀矜在好生

強梁御史人覷步

12

強梁御史人覷步
"人民的名義" 在唐朝 *

中國古代的紀委和檢察官：御史

◇◇◇

內地反腐電視劇《人民的名義》在電視台和網絡熱播，一度引發全民熱議。該劇以侯亮平和漢東省檢察院反貪局的調查行動為主綫，講述了當代檢察官維護公平正義、查辦貪腐案件的故事。

事實上，在中國古代，官員腐敗一直是統治者最為關心的問題之一，要徹底整治腐敗，不能僅憑官員的自我修養，更要依靠一套能夠順利運轉的監察制度，讓官員有所畏懼。因此，古代的制度設計者們在很早以前就推行了一套完備的監察體系。

秦始皇建立秦朝之後設立百官，群臣中權力最高的是丞相、太尉和御史大夫等 "三公"，其中御史大夫的職掌中就有

---

* 原題《唐朝版 "人民的名義"：監察御史元稹的反腐舉措》，2017 年 4 月 19 日發表於澎湃新聞·私家歷史。

監察百官的職能。不過此時的御史除了負責官員的監察、奏劾以外，還需要兼管接受百官奏章、整理秘閣藏書等事務，並不是專業的反腐機構。到了漢代後期，掌管奏章、整理藏書的任務逐漸被挪移到了中書省、秘書省，御史台開始專門負責監察奏劾朝廷各級官員。在漢代，御史中丞通常不能彈劾品級比自己高的三公，但是到了晉朝以後，御史中丞監察、彈劾的範圍擴展到了從皇太子開始的所有朝廷官員，權限也大大提升了。

不過，在魏晉南北朝時期尤其是南朝，御史台的專業化並沒有讓國家的反腐能力大幅提升。而晉朝以後，隨著世家大族勢力的擴張，中國進入了門閥社會，士人入仕的起點和官位的高低主要由家族血統而不是政績決定。在這樣的情況下，大家都喜歡做地位高而清閒的工作，對任務繁重的御史工作則避之唯恐不及。據統計，劉宋一朝六十年間，一共換了五十三個御史中丞，沒有士人願意在這個位子上久留。到了南齊後期，御史官員尸位素餐的情況更加嚴重，齊少帝甚至發出了"宋世以來，不復有嚴明中丞"的感嘆。

南朝之所以很少出現嚴明的御史中丞，除了職務工作比較繁忙之外，主要還是因為監察官員的特殊性質。在古代，監察制度設立的主要目的是維護國家的法制和君王的利益，一名盡職的御史需要儘可能地搜尋同僚的違法、違規的記錄，並儘可能多地發起彈劾。這對於皇帝治理國家、維護自身和國法的權威當然很有好處，但是對於監察官個人來說，太過盡責卻容易招來怨恨。南齊御史中丞劉休曾經在擔任一年御史中丞之後向皇帝遞交辭呈，辭呈中說自己任職以來奉公盡責，"謬聞弱奏，劾無空月"，聽到一點腐敗的風聲就要窮究到底，但是越努力，得罪的人越多，最後不但被彈劾的官員怨恨自己，未被彈劾的官員也把自己當作酷吏，導致"里失鄉黨之和，朝絕比肩之顧，覆背騰其喉唇，武人屬其觜吻"，最終在朝廷中親朋散盡，名聲和人際關係都跌至谷底。從此看來，對擔任監察官員的士人來說，這一職務是一份非常吃力不討好的工作。如果沒有皇帝和朝廷中央的大力支持和推揚，任職者不僅會在調查官員違法的過程中受到各方面的阻攔，也很難提起認真履職的熱情。

動搖山嶽，震懾州縣：御史地位的提高

◇◇◇

到了唐朝，御史的地位有了很大的轉變。唐朝御史台的長官依然是正長官御史大夫和副官御史中丞，其下又設立了台院、殿院和察院三個分支機構。在三個機構中任職的官員，分別稱為侍御史、殿中侍御史和監察御史，他們的執掌和分工有一些差別，但是總的來說都可以奏劾百官的不法行為。其中，又以監察御史的權限最為寬泛，人員數目也最多，是唐代監察官中的主力。

為了扭轉御史台官員在士人心目中的不良印象，重新激發起士人們擔任監察官員的熱情，唐代統治者在御史制度的設計上花費了很多心思。從品級上來說，監察御史的官品只有八品，處於官僚序列的中下層，連普通的縣令都不如，但皇帝卻特意為這些監察官員提供了許多其他官員無法得到的優厚

待遇。

首先，絕大部分五品以下的官員都沒有參加朝會的權力，只能在大型典禮和節日時面見皇帝，但是監察御史屬"常參官"，可以參加日常舉辦的朝會，經常能得到向皇帝當面提建議的機會。唐代與南朝不同，皇帝的權力和權威都很大，完全可以因為一己的愛憎提拔或者貶黜官員，常參官經常與皇帝接觸，意味著有很多機會與皇帝建立起個人信賴關係，得到皇帝本人的賞識，這對於他們日後的仕途顯然有著巨大的推進作用。

其次，唐朝監察官員只對皇帝本人負責，不需要聽從任何其他人的指令，因此也不需要對其他任何官員卑躬屈膝。按照唐代官僚的一般慣例，品級低的官員見了品級高的官員要行下級之禮，路上遇見了，要讓品級高的官員先走，但御史卻通常不用理會這些規矩，他們中的許多人即使遇見了宰相也是以平輩身份行禮，即使遇見了太子也能與之並肩行走，因為說不定哪一天這些高官們就會成為御史審問的對象。由於監察御史有參加朝會的權力，他們可以在朝會中對參會官員提出彈劾，被彈劾者不論官職多高，遭到彈劾時"俯僂趨出"，站在朝堂中央恭聽御史對自己的指控。

從名義上來說，侍御史、監察御史等人接受御史台長官御史大夫、御史中丞的領導，但實際上，在唐代前期，監察御史遇見了需要彈劾的問題，完全可以越過自己的長官，直接向皇帝彙報。唐中宗神龍年間，御史大夫李承嘉曾經對手下御史彈奏官員前不先向自己彙報的做法很不滿，曾經在御史台集會中公開質問手下："彈事有不諮大夫，可乎？"當時在他屬下擔任御史的蕭至忠回稟說："故事，台無長官。御史，天子耳目也，其所請奏當專達，若大夫許而後論，即劾大夫者，又誰白哉？"他認為御史既然是天子的耳目，彙報也應該直接彙報給天子，如果事事都要先彙報御史大夫的話，那麼當彈劾對象是御史大夫本人的時候，又該彙報給誰呢？蕭至忠的這番答話非常強硬，事實上他也說到做到。過了一段時間，李承嘉擔任戶部尚書，在任上貪贓不法，蕭至忠當即上奏，彈劾了自己的老上司，結果"百寮震悚"，大家都對這位鐵面無私的御史敬畏有加。

唐代前期御史可以不通過其他任何官員，直接與皇帝聯繫，這使朝廷中其他官員無法了解具體某一位御史掌握了哪些材料，準備彈劾哪些人，也很難對御史的偵查行為進行干涉。在這樣的情況下，官員如果曾經有不法的行為，隨時可能在朝堂上被御史公開彈劾，這對百官的行為自然有著很強的震懾作用。高宗時的御史韋仁約曾經有一句名言："御史銜命出使，不能動搖山嶽，震懾州縣，誠曠職耳。"皇帝賦予御史這種"動搖山嶽，震懾州縣"的威勢，一方面自然是要震懾百官，另一方面對御史本人也是一種激勵。

前面說過，御史台官員中實際做事的監察御史、殿中侍御史和侍御史品級都比較低，甚至比不上同級別的縣令，因此做到這一官職的人，大多也都是剛進入仕途沒多久，只做過一兩任官的年輕人。皇帝之所以如此任命，一個很重要的理由是年輕人的官僚積習不深，在官場中朋友關係也沒有那麼複雜，有一股初生牛犢的剛猛之氣，對不法行為的忍耐度不那麼高，也比較敢於上奏彈劾高官。

對於這些剛踏上仕途的年輕人來說，眼前的官品和職務固然重要，但他們更為關注的是自己在仕途中繼續上升的前景。因此，皇帝特別對御史之後的升進之途做了特殊安排：在御史台擔任監察官員以後，如果沒有大的過失，期滿之後一般就可以直接進入尚書省成為各司郎中或者員外郎，擔任政府部門的核心官職。而尚書省的郎官，又是尚書省各部侍郎、重要州郡刺史的熱門人選，再下去甚至有機會擔任宰相。由於尚書省辦公地點在宮城南部，在唐代俗稱"南省"，御史台作為培育尚書省官員的溫床，便又被唐代人稱為"南床"。中唐筆記《封氏聞見記》中曾經列舉了唐朝前期的八種清貴之官，稱為"八俊"，監察御史、殿中侍御史赫然在列，作者特地注明這八種官"尤加俊捷，直登宰相，不要歷餘官也"，向我們展示了御史在今後仕宦生涯中的光明前途。經過了這樣的升官綫路安排，御史成了通往權力巔峰路途中必經的一站，從南朝人不願擔任的"風霜之職"，逐漸演變成了人人嚮往的職務。

從"風聞言事"到"三司推鞫"：唐代監察官員的工作流程

◇◇◇

與御史權高威重的地位相配合，唐代還制定了一套完備的官員彈劾規範，幫助御史儘可能不受干擾地舉報官員的違法行為。

首先是訴狀的受理。唐代御史掌握官員違法信息的渠道主要有兩個：一是有針對性地親自調查取證，二是接受其他人的投訴與舉報。舉報人沒有身份限制，從官員到百姓都可以參與。御史台每天都會安排一名"受事御史"值班，對當天各地送來的訴狀進行基本判斷和處理，以便舉報者直接到御史台"奏事"。在初步確證舉報事項之後，御史就可以向朝廷上奏，說明官員違律違法的情況，這樣的奏狀稱為"彈事"或"彈狀"。在大多數情況下，彈狀中要寫明舉報者的姓名和御史台受理的具體情況，屬"實名舉報"。這種政策雖然有助於御史和皇帝判斷事實，但是舉報人卻有被報復的風險。

為了鼓勵人們揭露官員違法行為，唐代前期又實行了一種"風聞言事"的制度，在這一制度下，彈狀中不需要寫明舉報者的姓名身份，只要說這條罪狀是自己"風聞訪知"即可，這樣的制度保護了舉報者的隱私，讓被彈劾的官員難以尋找舉報者進行報復，無疑大大降低了舉報者的疑慮，提高了舉報的積極性。則天武后執政末期，男寵張易之、張昌宗兄弟在朝廷中公然索取賄賂，遭到大量舉報，當時擔任御史的宋璟利用"風聞言事"的制度，在不暴露舉報者姓名的情況下向武后彈劾兩人，武后也只能按照法律規定下令調查此案。試想，以張易之兄弟在當時的勢力，如果沒有"風聞言事"的制度，恐怕永遠沒有人敢對他們進行舉報。

當然，御史有了彈劾百官的權力，就也有可能因為黨爭或個人恩怨而對官員進行不當彈劾。為了防止這一點，如果彈劾的案件比較嚴重，或者涉及人數比較多的，朝廷還會命令刑部、御史台和大理寺三個部門組成聯合調查組，共同重新審理，這一過程稱為“三司推鞫”。由於這三個部門相對獨立，較難串通同謀，能夠較好地避免冤假錯案的產生。雖然舉報人不會在彈狀中暴露姓名，但如果經過“三司推鞫”，發現事件實屬誣告，舉報人就會遭到“反坐”，即將誣告中涉及的罪名反過來加在誣告者的頭上。比如玄宗朝名將張

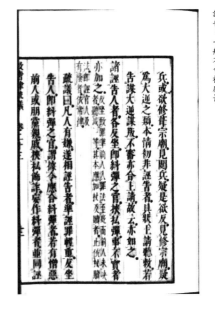

嘉貞，長期在河北統領天兵軍與契丹、奚作戰，在入朝後有人告發他帶兵時用度奢侈，收受賄賂，因此遭到了御史大夫王晙的彈劾。但是經過三司推鞫之後，驗證此事為子虛烏有，玄宗當即決定以“反坐”之罪將舉報者處死。不過張嘉貞表現得倒是比較大度，他勸玄宗說，如果真的殺了舉報者，就會“塞言者之路，則天下之事無由上達”，反而阻礙了皇帝廣泛聽取意見的路徑，這才讓玄宗免了誣告者的死罪。在這件事情裏，舉報者因為誣告差點被“反坐”處死，但是提出彈劾的御史大夫卻沒有任何罪責，因為在皇帝的認識中，監察部門就應該消除一切顧慮，將可能的官員違法案件毫無保留地提出，至於驗證工作，則可以在以後的三司推鞫中完成。在這種政策之下，雖然朝廷官員需要經常受到調查，但是違法貪腐的情況確實得到

了大範圍的遏制。

唐代的侯亮平：元稹

◇◇◇

在電視劇《人民的名義》中，主角侯亮平雖然擔任的是漢東省人民檢察院反貪局局長，但卻不是地方檢察系統出身，而是由最高檢察院委派專門調查漢東省的系列貪腐案件，有中央特派員的色彩。在唐朝，這種由中央特派監察官員調查地方貪腐案件的情況也時有出現。

在唐朝的監察制度中，地方政府有觀察處置使，軍隊有錄事參軍，都以監察為職責。但是中唐以後，地方最高首腦——節度使的地位越來越大，不但總攬了軍政大權，還經常兼任負責監察的觀察處置使之職，如果節度使本人帶頭貪腐，就沒有人加以監督舉報了。因此，中央朝廷得知地方上貪腐的風聲之後，常常會從御史中選擇比較正直能幹的人才，派往地方進行調查。

顧沅輯《古聖賢像傳略》中的元稹像

中唐著名詩人元稹就曾經接受過這樣的任務。元和四年，朝廷選派了當時年僅三十一歲、剛當上監察御史的元稹擔任劍南東川（相當於今天的四川東部、重慶、陝西南部一帶）詳覆使，前往東川調查瀘州小吏任敬仲的貪腐案，順便調研採訪，看看有沒有其他不法事件。剛接到命令的時候，元稹還覺得為了調查一名小吏的貪腐就派自己從長安趕到瀘州，未免有些小題大做。他在經過陝西、重慶交界處的百牢關時寫下一首《百牢關》詩進行自嘲，詩中說："嘉陵江上萬重山，何事臨江一破顏。自笑只緣任敬仲，等閒身度百牢關。"感嘆自己為了一個小吏跋山涉水，歷經坎坷，實在可笑。

但是到了瀘州開始著手調查之後，元稹開始發覺事情的嚴重性：任敬仲的事件牽涉到瀘州刺史劉文翼的貪污行賄案，劉文翼的貪污行賄又和前劍南東川節度使嚴礪有著千絲萬縷的關係。嚴礪在貞元、元和年間長期擔任劍南東川節度使，包攬了東川一帶的政治、軍隊、財政、監察等諸項權力，相當於省長兼軍區司令兼檢察院檢察長兼財政廳廳長，成了當地的"土皇帝"。隨著調查的深入，元稹發現這個東川地區的一把手不但涉及多起收受賄賂案件，而且曾經誣陷良民參與叛亂，並以此為名擅自沒收了八十八戶人家的住房、田地、店面、生產用具，沒收後沒有向國家上報，全部留作己用。此外，嚴礪還在朝廷規定的兩稅之外，以軍費需要為名擅自向百姓徵收賦稅，並且將收來的錢全部挪作私用，前後貪污達數十萬錢，而且他下屬七州的刺史，都參與或默許了這樣的橫徵暴斂。

元稹將這些不法行為一一調查清楚，寫成長篇彈狀上奏朝廷。在彈狀的末尾，元稹憤慨地表示，嚴礪是四川當地人，又身為一地長官，本來應該"撫綏黎庶，上副天心，蠲減徵徭，內榮鄉里"，但他卻利用職務之便"橫徵暴賦，不奉典常，擅破人家，自豐私室"，自己身為御史，實在"不勝其憤"，希望朝廷能夠"謚以醜名，削其褒贈，用懲不法，以警將來"。奏狀上報之後，唐憲宗非常重視，立即以中書門下之名下達敕書，命令將嚴礪非法沒收的田地財產全部還給百姓，濫徵賦稅全部取消，涉案人員除了嚴礪已死不予追究之外，包括東川治下七州刺史在內的大小官員全部受到了不同程度的處罰。白居易後來寫詩總結這一事件時說"元稹為御史，以直立其身。其心如肺石，動必達窮民。東川八十家，冤憤一言伸"，盛讚元稹作為監察官員敢於為民請命、對抗權貴的剛正精神。

完成出使任務，回到朝廷之後，元稹繼續充滿激情地履行著自己作為御史的職責，在幾個月內又先後調查並上報了十餘起違法案件，彈劾的人員包括浙西節度使、河南尹、武寧王等高官貴戚，一下在朝廷中樹立了許多敵人。大家紛紛表示這位御史倚仗權勢，濫行威罰，最終當朝宰相以"年少輕樹威，失憲臣體"為由，將元稹貶出朝廷，去做了江陵士曹參軍。身在江陵的元稹，無法繼續調查官員不法行為，也無法

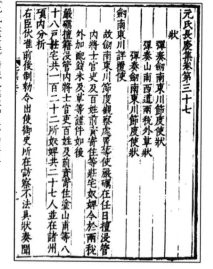

《元氏長慶集》所載元稹做御史時的彈狀

參與朝會當面向皇帝報告違法事件，但作為詩人的他，依然能夠用自己的方式繼續為國家和百姓服務。

在被貶期間，元稹和白居易、李紳一起撰寫“新樂府”和諷喻詩，利用自己的文才和詩筆將百姓疾苦和朝廷弊政寫進詩歌，反映給上層，最終他的作品“江南人士，傳道諷誦，流聞闕下，里巷相傳，為之紙貴”，贏得了“元和體”的稱號，甚至傳到了當時還是太子的唐穆宗那裏，為唐穆宗後來起用元稹做宰相埋下了伏筆。而元稹曾經幫助過的東川百姓，也始終沒有忘記這位為自己仗義執言的剛正御史，在元稹離開以後，他們紛紛將自己的孩子取名為“稹”或“微之”，以銘記元稹對自己的恩德。千年之後，當時貶斥元稹的宰相和執政者，已經沒有多少人能夠記得，但是元稹的名字和事跡卻一直流傳了下來，至今為人所稱頌。

監察官員雖然由朝廷委派，但歸根結底是要為人民服務，只要真正為百姓做了實事，獲得了群眾的愛戴，即使在仕宦生涯中遭受了一點波折，終究還是會得到歷史的獎賞。

參考資料

胡寶華：《唐代監察制度研究》，北京：商務印書館 2005 年版。

賴瑞和：《唐代中層文官》，北京：中華書局 2011 年版。

13

天地哀矜在好生
唐代的動物保護

在今天，生態保護已經是全球關注的話題。能否對動物的生命展現出足夠的尊重與關愛，成為衡量個人和國家文明與否的重要標誌。我們常常會在日常生活中看到人們譴責那些虐待、濫殺動物的人，認為他們在殘害動物的同時，也暴露了自己的野蠻與殘忍。在這樣的譴責中，作為文明人的自豪感油然而生。

然而，動物保護並不是一個當代才出現的課題。在中國古代，如何處理人和環境的問題，如何對待那些與我們形態不同但同樣擁有生命和情感的生物，一直是思想家們關心的話題。《史記‧殷本紀》說商湯帶領下屬出門狩獵，看到四面都佈置好了羅網，覺得對動物們太過殘酷，於是下令去除羅網，讓動物們自由選擇去向。這樣的做法看起來很傻，但當時的諸侯們聽說了這件事，紛紛稱讚商湯說：“湯德至矣，及禽獸。”如果一個君王的德政能夠惠及動物，那麼他治下的人民必然極為幸福。商湯放棄了狩獵場上的一點收穫機會，卻得到了天下之人的尊重。這個故事告訴我們，在中國古人的眼中，道德永遠比實際利益重要，而對待動物的方式，正是一個人道德素養的體現。

漢魏以後，隨著佛教和道教在本土的流行，對生命的敬畏又摻雜了懼怕報應的因素，變得更為複雜。到了唐代，上自朝廷，下至百姓，都常常會流露出強烈的動物保護意識，動物的處境和待遇都比當代社會舒適得多。但如果深入到具體事例中逐個分析，就會發現唐人保護動物的原因各有不同，也形成了種種讓今人覺得驚訝的形態。

只限於春季的動物保護

◇◇◇

佛教東傳日本之後，歷代天皇都對之篤信不已，隨之頒佈了許多禁止食肉、打獵的律令，從七世紀開始直到明治維新，日本民眾始終處在只能偷偷吃肉、不敢大快朵頤的境遇中。類似的禁令，在中國也曾實行過，但始終無法長期保持。究其原因，中國物產豐富，烹調技術發達，作為"吃貨"的中國人，根本無法忍受長期斷肉的痛苦，一旦政策有所鬆動，"肉食主義"便會捲土重來。

不過，朝廷雖然做不到全年禁止老百姓吃肉，卻能規定某些季節、某些日期不得殺生，其中，春季的禁獵令就是一種季節性的保護動物的措施。中國古人相信，上天曾為四季安排下詳細的分工，《黃帝內經·靈樞》中說"春生夏長，秋收冬藏，是氣之常也，人亦應之"，春季的基本任務是生長，因此在這個季節進行殺戮是違背天道的。古人四時行事指南《禮記·月令》中規定，春天不能殺害鳥獸蟲魚的胎兒，這個規定在後世又被衍生為春天不得打獵捕撈。唐玄宗曾經發佈過一條禁止春季狩獵的詔書，認為"永言亭育，仁慈為本，況乎春令，義叶發生。其天下弋獵採捕，宜明舉舊章，嚴加禁斷"，文中就將禁止狩獵捕鳥的原因歸結於春季"發生"的特性。

這樣的觀念並非完全出於迷信，其中也有一定的科學思想。古人觀察到，春天是許多鳥獸交配孕育的季節，如果這個時候捕獵，會大大降低種群的繁殖率，最終導致動物迅速消失。《荀子·王制》認為"聖王"治理天下之時，應該做到"黿、鼉、魚、鱉、鰍、鱣孕別之時，罔罟毒藥不入澤"，在春季禁止開採和捕撈，不破壞生物的正常繁殖，才能使"魚鱉優多而百姓有餘用"，保持可持續發展。唐玄宗頒佈的一份禁止捕獵的詔書中說"今屬陽和佈氣，蠢物懷生，在於含養，必期遂性"，要求獵人們給生物留下"含養"的時間。如果有人在春季狩獵，那麼普通百姓要被杖責六十，官員則須接受相應的行政處罰，可以說為動物採取了嚴格的保護措施。這樣的做法一直延續到今天，如《中華人民共和國野生動物保護法》和《中華人民共和國漁業法》，都有在動物繁殖的季節禁漁或禁獵的規定，當然具體的日期都經過了科學的研究，比古人要精確得多了。

中國的春季禁捕，有時候也會引起外國友人的誤會。如元稹曾經寫過一道斷案的判詞，講到一位西域來的外國使節，住在專門負責外事接待的鴻臚寺中，這位"番客"來自沙漠，很少有機會吃魚，於是非常期待在中國享受魚肉料理。然而按照

《禮記・月令》的規定，到了孟春之月，水獺開始在水邊排列自己捕撈的食物（稱為"獺祭魚"），過了這個時候，方能開始捕撈魚類。這位外國使節前來訪問時，鴻臚寺並沒有魚肉供應，外國使節因此憤而投訴，差點釀成國際爭端。元積在判詞中認為鴻臚寺做得對，雖然外國使節的需求應當儘量滿足，但是"澤梁有禁，殺則以時。信能及於鯤鯢，化方行於蠻貊"。春季不捕魚，是朝廷對水族的莊嚴承諾，如果對水族的承諾也能嚴格遵守，那麼國際關係中的承諾自然也不在話下。保持國家的信用，要比滿足一位使節的口腹之欲重要得多。元積的判詞，用精妙的邏輯，在不影響國際關係的情況下對鴻臚寺的行為進行了合法性論證，同時也讓這年春天長安附近的魚免受橫死的命運。

資其力必報其功：對工具性動物的保護

◇◇◇

在唐代，朝廷下達過很多有關動物保護的詔令，其中涉及的動物多種多樣，有兩種受到的保護最為嚴格，即牛和馬。唐律規定"諸故殺官私馬牛者，徒一年半"，也就是說，如果有人故意殺死了牛馬，不論牛馬是屬公家還是私人，此人都必須接受一年半的拘役。即使是牛馬的主人殺死自己私人所有的牛馬，也要服刑一年。唐肅宗時出台了補充敕令，如果有人殺牛被發現，先杖責六十，再進行後續的處分。唐初長孫無忌對這段條文的解釋是"牛為耕稼之本，馬即致遠供軍"。不殺害牛馬，是因為這兩種動物在農耕和運輸方面的重要作用，正如則天武后統治時期的監察御史張廷珪上書提議嚴格禁止殺牛時所說："君所恃在民，民所恃在食，食所資在耕，耕所資在牛。牛廢則耕廢，耕廢則食去，食去則民亡，民亡則何恃為君？"這也體現了動物保護中的實用因素。

馬肉並不好吃，禁止了也沒有什麼太大問題，但是美味的牛肉卻常常吸引人們犯罪。按照唐律的規定，耕牛如果病死或被野獸咬死，主人不需要受到責罰，因此人們在殺牛吃肉之後，常常將牛的慘死推脫到猛獸的身上。為了防止這種鑽法律空子的行為，唐宣宗時出台了一條嚴格的監督的方法，如果有耕牛因為意外事故死亡，必須先交給相關部門勘察檢驗，在證明了其中沒有貓膩之後，還要送到市面上剝皮售賣，不允許牛的主人私自屠宰。如果發現有人私自殺牛，不但本人要受到法律懲罰，他的鄰居鄉里也要承擔連帶責任。

不過，這並不是說在任何情況下都不能屠宰牛馬。儒家祭祀禮儀中有"太牢"之祭，祭品就包括豬、牛和羊，不過太

唐代韓滉《五牛圖卷》中的耕牛，圖卷現藏故宮博物院

牢只有天子才能使用，一般的諸侯就只能使用不包括牛的"少牢"。另外，在軍隊戰鬥勝利之時，統帥也常常使用"牛酒"來犒賞士兵。禁止殺牛的律令，使牛肉變成了稀缺的食品，軍人受到這樣的招待，自然也加倍感激統帥的恩德。

然而，到了農業生產力不足的時代，即使是設宴與祭祀的場合，對耕牛的屠宰也有許多限制。比如在唐玄宗時，關中曾多次遇到糧食不足的問題，玄宗為此先後頒佈詔書，先是規定"非祠祭所須，更不得進獻牛馬驢肉。其王公以下，及天下諸州諸軍，宴設及監牧，皆不得輒有殺害"，斷絕了軍隊宴會中的牛馬驢屠宰，又認為祭祀之時太過奢靡，違反天道，神明也不會接受，所以"殺牛不如礿祭，明德即是馨香"，只要是有德之人，即使只用不屠宰牲畜的"礿祭"，也能讓神明喜悅。玄宗宣佈減少官方祭祀時所用的牲畜，除了祭祀天地宗廟之外，其餘祭祀活動都不許宰牛。

除了保證農業生產之外，唐朝禁止屠宰牛馬驢等工具性動物，也包含了一種樸素的"知恩圖報"的思想。唐玄宗在禁止屠宰牛馬的詔書中說："牛之為畜，人實有賴，既功施播種，亦力被車輿。自此餘牲，尤可矜憫。"辛辛苦苦為人類服務一輩子的動物，最後卻受到了"卸軛殺牛""卸磨殺驢"的對待，那麼為將軍捨生忘死的士兵、為皇帝嘔心瀝血的大臣，受到的待遇也未必會好。因此，保護那些為人類服務的動物，並不僅僅是出於功利的考慮，更是要反映"見其生不食其肉，資其力必報其功"的文明精神。

儒道釋的慈悲精神

◇◇◇

今天的素食者與動物保護者，有很大一部分都是虔誠的佛教徒或道教徒。在唐代的動物保護中，也充斥著深刻的宗教因素。早期佛教禁止殺生，但並不禁止吃肉，戒律允許僧人吃"三淨肉"，即只要不是看見、聽見、懷疑有人專門為自己殺生取得的肉，化緣得來的肉類皆可食用。但當大乘佛教取得優勢之後，漸漸演化出了素食的觀念。

除了慈憫之心外，佛教戒殺素食觀的一個重要根源在於輪迴思想。《楞伽經》說："一切眾生，從本已來，展轉因緣，常為六親。以親想故，不應食肉。"人死之後進入輪迴，下一世很有可能轉世為動物，當我們殺死並食用動物時，吃到的很有可能就是自己親人的轉世，因此必須慎之又慎，最好就是不吃肉不殺生。當然，自己不殺生，並不能保證自己親人轉世而成的動物不遭到別人的毒手，因此佛教徒們也很熱衷於鼓勵他人食素戒殺。如《梵網經》認為所有人轉世輪迴後都會從六道眾生中受生，所以"六道眾生皆是我父母"，既然如此，那麼就應該"常行放生，生生受生；常住之法，教人放生。若見世人殺畜生時，應方便救護解其苦難"。

與佛教相似，道教也主張尊重生命，禁斷殺戮。道教早期經典《太平經》說："夫天道惡殺而好生，蠕動之屬皆有知，無輕殺傷用之也。"這是從"天道順生"的角度論證動物保護的意義。同時，唐代開始在中國盛行的摩尼教，認為動物和植物身上都包含一種"光明分子"，而解救"光明分子"就是摩尼教教徒的根本任務之一，因此，戒殺與素食也成了摩尼教的重要教規之一。

在諸多宗教戒殺觀念的共同影響下，唐代民眾的動物保護意識越來越強。世俗化的佛教和道教又將放生與積攢功德結合起來，形成了一股競相放生的熱潮，僧道們紛紛在寺院中開設放生池，供善男信女們寄託通過行善積累福報的願望。這樣的行為，甚至得到了朝廷的官方支持，比如說唐肅宗曾在乾元二年春季頒佈詔令，在當時唐王朝能夠有效統治的範圍內，西起四川漢中，東至江蘇南京，於長江沿岸的各座城市廣泛開闢放生池，全國共八十一座，並令當時最著名的書法家顏真卿撰寫《天下放生池碑銘》，其中稱頌肅宗的舉動超越了古人，使全國的水生動物都感受到了皇恩的滋潤。

其實在唐肅宗設立放生池之前，全國各地早已經出現了無數類似的設施。就拿唐代長安來說，城中兩個最繁華的商業地段 —— 東市和西市都已開闢了放生池。其中，西市的放生池由太平公主親自下令開掘，在西市的西北角，放生池旁邊是處斬犯人的獨柳樹，而與南面一街之隔，就是飯店、屠場和肉

行集中的地方。唐代的長安市民想要放生時，不需要事先準備
好魚類，只要在南邊市場現場購買，過街傾倒進放生池即可，
十分便利。放生風俗的盛行，甚至催生了專門捕捉動物供人放
生的產業。唐中宗時為此專門頒佈了一條敕令，禁止那些捕捉
鳥雀昆蟲供人放生的行為，如有違背，需要受到杖責三十的
懲罰。

　　隨著宗教的廣泛流行，除了自古以來春季禁獵的傳統之
外，佛教與道教的一些神聖紀念日，也成了齋戒禁殺的日子。
比如，道教規定每年正月十五、七月十五、十月十五是三官
大帝的生日，這三天稱為“三元”，不得殺生食肉。佛教將
每年的正月、五月和九月定為“三長齋月”，這期間殺生犯
戒的人，罪業要比其他時期更為深重。唐代佛教又有“十齋
日”的說法，規定信徒在每月的一、八、十四、十五、十八、
二十三、二十四、二十八、二十九和三十日十天舉行齋戒。這
些日子本是對宗教信徒的規定，但為了取得佛道信徒的支持，
唐代統治者時常將其變成官方的律令，比如唐高祖建政後不
久，就頒佈了一條《禁行刑屠殺詔》，規定“自今以後，每年
正月、五月、九月及每月十齋日，並不得行刑，所在公私，
宜斷屠殺”。這樣算來，每年有一半的時間都是禁止屠宰動物
的，這對於肉食主義者來說，無疑是一場噩夢。然而噩夢還沒
有結束，到了武周時期，篤信佛教的則天皇帝變本加厲，曾在
一段時間規定全天下、全時段禁止屠宰，以符合佛教戒殺的
要求。

　　在這段艱難的時期，肉食主義者們為了滿足自己的口腹之

欲，可以說是絞盡腦汁。傳說當時的御史大夫婁師德一天去地方視察，當地廚師烹飪了羊肉進獻給他，婁師德大怒說："現在禁止屠殺，你哪裏來的羊肉？"廚師連忙辯解："這是豺狼咬死的。"婁師德露出嘉許的目光，點頭感嘆道："這真是一隻懂事的豺狼啊！"過了一會兒廚師又送上一條魚，婁師德問："這魚肉又是怎麼回事？"廚師這回學乖了，忙說："這條魚也是豺狼咬死的。"沒想到婁師德聽了大罵道："笨蛋，豺狼怎麼會吃魚呢？你應該說是水獺咬死的！"《呂氏春秋》說"菊有黃華，豺則祭獸戮禽"，《禮記》中有"獺祭魚"，婁師德顯然是在援引先秦典籍，為自己吃肉的行為尋找合法性。這則故事雖然好笑，但堂堂朝廷命官，要吃肉也得如此尋找藉口，想想也是蠻悲涼的。

相比之下，反對佛教的唐武宗則是肉食者的福音。他上台後，頒佈了一系列拆除寺廟、驅逐僧人的政策，並且認為"三長齋月"禁止屠宰是佛教的規定，應該廢除，於是發佈詔命，規定每年元旦禁屠三日，前代皇帝忌日各斷屠一日，道教"三元日"前後各斷屠三天，其餘時間均可以屠宰。這讓肉食

唐武宗像

肉食者之友唐武宗，出自王圻《三才圖會》

愛好者大大鬆了一口氣。

除了通過放生、護生增加福報之外，唐人戒殺戒肉的另一個重要原因是對因果報應的恐懼。魏晉以來，市面上出現了許多宣揚因果報應的筆記小說，按照這些小說的表述，不但殘害人類會遭到報應，虐待、濫殺動物的人也會遭受相應的懲罰。

比如唐初張鷟的筆記《朝野僉載》中說唐朝有一位虔州司士參軍叫劉知玄，為了聚餐準備採辦食材，他的同事楊舜臣告訴他一定要買懷孕的母獸，因為孕期野獸的肉"肥脆可食"，而其他的獸肉則"瘦不堪"。劉知玄聽信了同事的話，購買並屠宰了許多懷孕的母獸。後來，劉知玄僕人魂遊地獄，看見有許多豬、羊、驢帶著夭折的胎兒向閻王控訴劉知玄的惡行。不久之後，劉知玄和楊舜臣果然相繼暴死。

張鷟的曾孫張讀所作筆記《宣室志》中，也講述了一個欺負動物遭到報應的故事，說有一位叫王洞微的道士，年輕時是縣裏的小吏，他酷愛打獵，一生中殺死了數以萬計的生靈。有一天，王洞微忽然患病，動彈不得，恍惚間看到房間中有無數魚鱉禽鳥包圍了床榻，咬食他的身體，直咬得遍體鱗傷，沒有一塊完整肌膚。最終王洞微只好出家為道，才暫時保住了性命。

在唐代，類似的故事還有很多，有的甚至相當恐怖。這些故事中所說的因果報應當然是無稽之談，但它們的廣泛流行，卻在客觀上促進了人們保護動物的意識。

過度保護的弊端

◇◇◇

不論是出於同情心，還是為了保障農業生產，或是純粹緣自宗教信仰，保護動物、少殺慎殺的意識，都對唐代的生態保護起到了很重要的作用。但凡事過猶不及，過於極端的動物保護，也會產生很多社會問題。比如武周時則天皇帝宣佈全面禁止屠殺，當時的鳳閣舍人崔融便上書反對，提出了三條建議：第一，人是肉食動物，吃肉乃是自然常理，天道所在，不應該違背；第二，江南民眾習慣吃魚，河北民眾習慣吃肉，如果強行禁止屠宰，必然會在很大程度上改變他們的生活方式，導致社會的混亂；第三，貧賤之人，如果找不到工作，常常會以屠宰為生，禁止屠殺便斬斷了他們的謀生之路，這批人就會衣食無著，隨時會成為社會動亂的主力。因此崔融建議則天皇帝暫停這道禁令，使"人得其性，物遂其生"，以免造成無謂的危機。

與此同時，過度放生也有弊端。唐中宗景龍元年，皇帝為了增加自己的福業，派遣特使沿江淮地區巡視，看見有販賣魚鱉的商人，就用國庫的資金贖買並放生。中書舍人李乂上書勸諫，認為江湖中可以產生無數魚鱉，但國庫中的資產卻是有限的：如果這樣的放生行動只能實行一時，那麼對水中的生物們也沒有根本性的幫助；如果這樣的行動每年都要實行，那麼國庫中的資產就會被大量消耗，再加上屆時一定會有貪圖小利的商人，為了騙取贖買的錢財加大捕撈的力度，這反而讓水族們更為痛苦。李乂在上書中說，如果國庫中有餘錢，那麼"與其拯物，豈若憂民”，將贖買魚鱉花費的錢財用來減少窮人的賦稅，一樣也是增加福報。

李又“與其拯物，豈若憂民”的說法，放到今天依然值得我們思考。保護動物的原因有很多，但不管是為了保證農業與運輸的效率，為了顯示人類文明道德，為了保障生態多樣性，還是為了增加福報、消除惡業、遵守宗教戒律，其本質都是為了人類自身的生存和發展。如果忘記了這一點，將保護動物當成了最終目的，甚至為了保護動物而損害人類自身，那就難免會本末倒置，做出錯誤的決定。唐代的皇帝為了保護動物犯過錯誤，而這些錯誤在今天的人們身上同樣可能出現，這是我們不得不特別留意的。

參考資料

芮傳明：《論古代中國的“吃菜”信仰》，《中華文史論叢》第 63 期。

李星星：《寵物與唐代社會生活》，安徽大學 2017 年碩士論文。

陳志遠：《梁武帝與僧團素食改革──解讀〈斷酒肉文〉》，《中華文史論叢》第 111 期。

幾見報仇身不死

復仇者聯盟前傳

儒家復仇觀與漢代的復仇者

◇◇◇

在武俠、玄幻小說中，我們經常看到這樣的段落：主角自幼父母雙亡，機緣巧合之下得知自己殺父仇人的消息，於是臥薪嘗膽，埋頭苦練，學會一身本領，全力投入到報仇事業之中，故事也由此得以推展。我們還會發現，無論小說的背景在什麼朝代，故事中很少會有人勸解復仇者："父親被殺，首先應該報告官府，讓仇人受到法律的懲罰，私自報仇是不對的。"書中人物為親人報仇的動機，以及殺死仇人的目標，在道義上獲得了認可，具有先天的合法性。在一顆充斥著復仇意願的頭腦中，很少有思考法律的空間。

這並不是因為中國人缺乏法制意識，而是因為血親復仇的觀念，早已浸潤在古代儒家思想之中，成為中國文化的一部分。歷朝歷代的法律都各有不同，但是不論哪個朝代的人，不管他是否了解本朝法律，都會承認血親復仇的倫理。我們在小說中經常看到的一句話是"父仇不共戴天"，這並不是一句普通的俗語，而是出自儒家經典。《禮記‧曲禮》中有："父之仇，弗與共戴天。兄弟之仇，不反兵。交遊之仇，不同國。"這段話是說，如果父親被人殺死，那麼和仇人生活在同一個世界就是恥辱的；如果兄弟被人殺死，在街上遇到仇人時，連回家拿兵器都是可恥的，必須直接挺身而上與之搏鬥；如果朋友被人殺死，就不能與仇人生活在一個國家。《禮記‧檀弓》中記載，子夏詢問孔子如何對待父母之仇，孔子回答說，如果父母被人殺害，那麼子女應該 "寢苫枕干，不仕，弗與共天下也。遇諸市朝，不反兵而鬥"，即在完成報仇之前，每天都要睡在茅草之上，將兵器枕在頭下，隨時提醒自己完成復仇大業。

儒家強調血親復仇的正當性，是因為儒家對天下秩序的嚴格規定。在儒家的理論中，一個社會要想順利運行，就要建立和遵從禮的框架。所謂禮，簡言之就是所有人都在社會關係中遵循自己的角色，做自己該做的事，這就是孟子所說的 "父子有親，君臣有義，夫婦有別，長幼有序，朋友有信"。在諸多社會關係之中，又以父子、母子關係最為基本，不管一個人的社會關係多麼簡單，都必須處理父子、母子關係，因此儒家將孝當作倫理的基礎，做到了孝，並將之推及其他社會關係中，才能建立起儒家以禮為基礎的政治框架，《論語》中 "孝悌也者，其為仁之本與"，說的就是這個道理。

重視孝的一個直接後果，就是推崇復仇。《春秋公羊傳‧莊公四年》記載齊襄公攻滅紀國，以報自己九世祖齊哀公因為紀國國君的讒言被殺之仇，《公羊傳》評價這件事說："九世猶可以復仇乎？雖百世可也。”在國家層面如此，個人層面也一樣。《周禮·秋官·朝士》說：“凡報仇者，書於士，殺之無罪。”報仇之前，需要先在朝士處登記，只要登記了，殺死仇人就不用承擔法律責任。到了漢武帝“罷黜百家，獨尊儒術”之後，對父親的孝又與對君王的忠深度結合，地方舉薦官員，考察的最重要品質是孝與廉，正是出於“忠孝合一”的理論。

在這樣的政治背景下，官方開始大力宣揚孝道，褒獎孝子。為父母復仇的行為，也在獎賞之列。東漢有一個酷吏叫陽球，少年時因母親被郡吏所辱，糾集數十少年殺死了辱母者全家，結果被舉為孝廉；又有一位士人叫韓暨，他的父親與兄長因為遭人誣告，差點被判死刑，韓暨暗中收買殺手，殺死了誣告者，用他的人頭祭奠父親，最終也被舉為孝廉；還有一位叫周黨的，少年時父親曾被人當眾差辱，後來周黨去太學學習，了解了“復仇之義”，於是輟學回家，與辱父者交戰，雖然最後沒打贏，但卻立刻聲名鵲起，受到各級政府的禮聘。在漢章帝時期，甚至還頒佈了一道《輕侮法》，規定殺死侮辱父母的仇人，可以不獲死刑。雖然這道法令在下一代漢和帝時就被廢除，但也說明了漢代對復仇的極度寬容。

但是，容許隨意復仇也會產生很多弊端。比如東漢初期思想家桓譚曾上奏光武帝，說當時的風氣崇尚復仇，即使是怯弱之人，遇見父母被侮辱殺害的情況，也會處心積慮殺死仇人，而且復仇時為了斬草除根，常常會殺死仇人整個家族，如果沒有殺死對方全家，那麼對方的親人又會反過來復仇，結果冤冤相報，沒完沒了。漢和帝時大臣張敏提出，如果《輕侮法》持續施行下去，難免會有地方豪強打著復仇的旗號濫殺無辜，排除異己，反而會使善人遭難，小人得志。這些都是過度崇尚復仇產生的弊端。

更重要的是，如果國家的臣民可以用復仇的名義隨意殺死其他臣民，那麼國家的法律與執法機關的權威性就會大大降低，國家對臣民的控制力也會相應減弱。此外，在戰亂頻仍的時代，幾乎所有人都或多或少地承受著親人被殺的痛苦，如果這些人都去私自復仇，互相殘殺，那麼不論他們成功與否，國家可以控制的軍隊和人口都會受到相當的損害，這對於戰亂之後凋敝的國力顯然是相當不利的。

所以，在天下形勢比較混亂的魏晉南北朝時期，許多帝王都下達過禁止復仇的命令，如三國時魏文帝曹丕曾下達詔書說：“今海內初定，敢有私復仇者，皆族之。”北魏太武帝曾下達詔書說：“民相殺害，牧守依法平決，不聽私輒報復，敢有報者，誅及宗族鄰伍，相助與同罪。”也就是說，如果因為復仇而殺人，不但復仇者需要償命，而且復仇者的家族也會被株連，這比一般殺人者受到的懲罰還要嚴厲得多。這些都反映了後世君主為了扭轉漢朝復仇之風所做的努力。

唐代的復仇風氣

◇◇◇

雖然漢代以後的歷代君主都努力想要遏制復仇的風氣，但是儒家孝的觀念早已滲入了中國人的血液中。因此，唐代的官方雖然不鼓勵復仇，但在儒士和百姓那裏，復仇仍然作為孝的最高表現為人所稱頌。王維年輕時寫過一首《燕支行》，便將"報仇只是聞嘗膽，飲酒不曾妨刮骨"當作男子漢氣概的最高表現。

唐人薛用弱《集異記》中記載了一個故事，說長安城中有位縣尉，某日在街上遇見一位婦人，婦人自願嫁給他為妻。這位妻子一切都好，就是每天一到晚上便會失蹤，半夜才回家。丈夫開始時還有疑心，害怕妻子暗中背叛自己，但久而久之，夫妻日漸恩愛，又生下一個男孩，便不再起疑。有一天，縣尉的妻子又一次夜中出門，半夜回家時手中拿著一個包裹，打開

賈人妻十九
為夫婦俠為子母酷

任渭長所繪《劍俠傳》中復仇殺子的「賈人妻」，即為《集異記》中縣尉的妻子

看時，卻是一顆頭顱。妻子告訴縣尉，自己的父親曾被人陷害而死，當時自己年紀小，無法報仇，得知仇人來到長安，便也隨之而來，每日伺機報仇，今天終於大仇得報，砍下了仇人的頭顱。說完後，她又叫來自己的孩子，與之親熱，並且說：“孩子有位殺人的母親，以後一定會被人輕賤。”說罷忽然將孩子殺死，飄然而去。

這個血淋淋的故事，後來被金庸先生寫到了《三十三劍客圖》中，金庸對她的評價是：“心狠手辣，實非常人所能想像。”但在唐代儒生那裏，這位女子卻享盡溢美之詞。中唐文人崔蠡寫過一篇《義激》表彰她：“婦人求復父仇有年矣，卒如心，又殺其子，捐其夫，子不得為恩，夫不得為累。推之於孝斯孝已，推之於義斯義已，孝且義已，孝婦人也。”不但不覺得她的棄夫殺子之舉有什麼不妥，還覺得這位女子是孝義兩全，並且認為“自國初到於今，僅二百年，忠義孝烈婦人女子，其事能使千萬歲無以過”。這樣的評價，當代人也許無法理解，但在唐人那裏確是主流觀點。另一篇很有名的唐人傳奇《謝小娥傳》中，主角謝小娥的父親和丈夫為江賊所殺，謝小娥探知仇人姓名後，偽裝成男子，在仇人家中做傭人，兩年之中做牛做馬，任勞任怨，終於獲得了仇人的信任，於是趁著仇人和同夥宴飲大醉之際，將仇人殺死，並引領官府將這夥江賊一網打盡。《謝小娥傳》中特別提到，謝小娥復仇成功後回到家鄉，鄉里人不但不因為她殺過人而有所畏懼，反而“里中豪族爭求聘”，這也反映了唐人對謝小娥復仇故事背後孝之品格的稱賞。

唐代官方也特別重視孝道，唐玄宗曾親自注釋《孝經》，在序中強調"孝者，德之本"，試圖恢復以孝治天下的傳統。朝廷常常會尋找各地的孝子德行，加以推廣和旌表。作為孝的重要體現，"父之仇，弗與共戴天"也是朝廷非常重視的層面。《唐律·賊盜律》規定，如果父母、祖父母被人殺害，子女不能與仇人私自講和。如果貪圖財利，不去告發仇人，就要受到流放兩千里的懲罰；就算沒有受到仇人的賄賂，知曉有人殺了自己的父母、祖父母，三十天以上沒有報告官府的，同樣也要承擔罪責。《舊唐書·裴潾傳》中記載了一個故事：唐穆宗時有一位叫柏公成的百姓，母親無辜被公府中的官員曲元衡殺害，柏公成收受了曲元衡的賄賂，沒有向官府告發。最後事情敗露，曲元衡和柏公成被捕，曲元衡因為父親官職較高，抵消了一部分殺人罪過，只被杖責六十，流放邊地，而收受賄賂的柏公成，則因"利母之死，悖逆天性"，最終被判處死刑，後來雖然天下大赦，柏公成也沒有獲得赦免。從這個案例中可以看出，在唐人眼裏，不報父母之仇，比殺人的罪過還要嚴重。

唐代復仇案的處理程序

◇◇◇

唐代的法律雖然不允許子女與殺害父母的仇人私自講和，但也並不允許他們自己殺人報仇。從朝廷的角度講，如果父母被殺，子女應該做的是報告官府，待官府審理以後將犯人依法處死，明正典刑。這也很容易理解：在朝廷控制力不強的時代，官方在地方的人手與權威都不足夠，無法解決每一樁仇怨，只能默許百姓私力救濟；到了唐代，朝廷對地方的控制力空前強大，地方上的大多重要問題，都可以用朝廷的力量解決，在這個時候，如果依然允許私人復仇，那麼朝廷費盡心力編纂刑律，建立司法體系，就顯得沒有任何意義了。所以，在唐律中，對報仇殺人的行為沒有任何容赦，原則上與其他形式的殺人相同，都需要判處死刑。

然而，朝廷的力量雖然強大，畢竟也不可能面面俱到，如果真的遇見私自殺害仇人的情況，從傳統倫理來說值得表揚，從法律條規來看必須嚴懲，那麼究竟應該怎麼判決呢？

孝子或孝女殺死仇人之後，通常有兩種後續選擇：一是像《集異記》中縣尉的妻子那樣遠走高飛，一是自己去有關部門自首。如果在殺人以後遠走高飛，自然不涉及判決的問題，但兩家恩怨的始末、死者罪有應得的事實，也就無法讓世人知曉。因此，大部分復仇者在成功殺死仇家之後都會向有關部門自首，以求將自己的事跡傳播給更多人，一來可以讓人們了解仇人的罪惡，二來也可以讓世間稱頌自己的孝行。

唐朝的地方行政，總體上實行"州縣"二級制，啟動司法程序需要由下到上，逐級上訴。在復仇殺人之後，如果想跳過州、縣直接去皇宮訴冤，那麼很可能還沒有走到長安就已經被前來捕捉的胥吏擒住，自首也就無從談起了。所以在唐代的復仇案件中，我們經常看到孝子或孝女殺死仇人之後立刻"詣官自陳"或者"自囚詣官"，這裏的"官"主要就是指縣官。

唐朝縣一級的行政官員由縣令、縣丞和數名縣尉組成，其中縣尉負責稅收、戶籍、倉庫、捕盜、案件審理等具體事務。復仇者自首時，首先需要到衙門中，找分管案件審理的縣尉說明情況，當然，自己不出面，由鄉里長官或者親友幫忙自首也是可以的。縣尉接受案件之後，就要四處尋找證人，收集證據，進行審理，形成一個判決，並寫成案卷。不過，縣尉在完成判決以後，僅有權限執行杖責以下的懲罰，復仇案一般涉及人命，事關重大，所以之後還要上報到州府覆核。

州府中辦理各方面具體事務的人叫參軍，負責審理案件的叫法曹參軍，法曹參軍的權限比縣尉略高，在審理之後可以執行徒刑以下的懲罰，但死刑和流放之刑，還必須送到中央的尚書省。尚書省負責司法案件的部門是刑部，不過刑部不負責具體審理，只是閱讀案卷，對州縣審理結果進行基本判斷之後，按照具體情況決定是否三審。像死刑這樣的重大案件必須要經過三審，具體審理交付中央司法機關大理寺進行。大理寺審理之後，如果覺得案情與判決無誤，需要將案卷交給中書門下覆核，最後以皇帝名義審批，才算最後定讞。在這層層覆核的過程中，任何一級司法部門覺得案情有問題，都可以發回下級機構重新審理，這個過程常常能延續好幾年。比如《新唐書‧孝友傳》中記載了一起兄弟復仇殺人案，兄弟倆一起殺死了殺父仇人之後，同時自首，都號稱仇人是自己所殺，司法部門為了弄清案情，前後審理了三年之久，終於判斷出弟弟是主謀。

到這裏，復仇殺人案已經接受了縣府、州府、刑部、大理寺、中書門下等多個部門的反覆核查，終於有了一個結果。然而事情還沒有結束。貞觀五年，唐太宗為了避免自己或者有司在一時衝動之下濫殺無辜，下詔："凡有死刑，雖令即決，皆須五覆奏。"這則詔令後來被編入了令典，規定在京城執行死刑的，在處決前一天要覆奏兩次，處決的那一天要覆奏三次，五次全部批准，才能最終執行；在外地執行死刑的，下達命令第一天覆奏一次，第二天覆奏兩次，三次均得到批准才能執行。如果沒有等到批文就擅自執行死刑，執行者要受到流放兩千里的嚴厲懲處。

對於事實清楚、可以明確判斷的死刑案件，經過這麼一長串上報和覆核之後，就算是結束了；但是對於那些判決有爭議的案件，則需要啟動另一個程序。《舊唐書·刑法志》記載了一條規定："天下疑獄，讞大理寺不能決，尚書省眾議之，錄可為法者送秘書省。"對於那些情節或者量刑有疑問的案件，

《舊唐書》中關於「議」的規定

需要由尚書省組織京城的各類官員集中討論，決定最終的判決方式，並將討論內容中值得參考的部分記錄下來，保存為官方檔案，供後世斷案參考。唐武宗會昌年間又曾下詔，規定那些"事關禮法，群情有疑"的判決，都需要讓尚書省官員與禮法專家參加討論。在復仇殺人案中，殺人者雖然違反了唐

朝的律法，但行為又能在儒家經典中找到依據，符合"事關禮法，群情有疑"的定義，因此常常會進入這個"眾議之"的討論程序。

到了"議"的環節，這起案件就已經成了震動朝廷中央的大事，大理寺的法官、尚書省六部的正副長官、中書省的樞機大臣、門下省的諫官、太學與太常寺的儒家學者等各類中央要員，都會參與到討論之中。在唐武宗的詔書中還說："如郎官、御史有能駁難，或據經史故事，議論精當，即擢授遷改以獎之。"如果議論精彩，還能夠升官加爵，這就大大激勵了所有參與討論的官員，他們無不殫精竭慮，力爭提出精彩的討論意見，抓住這次升官立名的機會。

從陳子昂到柳宗元：一場跨越百年的辯論

◇◇◇

唐代著名文學家中，陳子昂、柳宗元和韓愈都參加過對復仇案件的討論，他們的討論意見不但詞采斐然，而且引經據典，邏輯嚴密，體現了很高的經學和文學修養，因此都流傳至今。從他們的議論中，我們也可以看出唐代士大夫對禮法關係的理解。

陳子昂和柳宗元的討論，都集中在同一起復仇案上。在武后時，有一位名叫徐元慶的男子，父親被縣尉趙師韞所殺。事發之後，知法犯法的趙師韞並沒有受到追究，仕途反而越來越順，最後做到了御史，而徐元慶則矢志報仇，隱姓埋名，尋找機會，終於趁趙師韞在旅驛住宿之時將其殺死，之後立刻報官自首。司法部門接手這起案件之後，不敢擅自判斷，上交到了武后手中。武后覺得徐元慶謹守孝道，不應處死，於是召集群臣討論。

此時陳子昂正在門下省擔任左拾遺，有資格參加集議。他提出意見說，徐元慶為父報仇，成功後立刻自首，確實可算令人崇敬的"烈士"，但是國家制定刑罰，就應該嚴格遵守，如果總是破例，就會給壞人製造逃避懲罰的機會，也可能引起無限制的互相仇殺。而且徐元慶之所以偉大，正因為他不顧自身的安危，寧可被處死也要為父報仇，如果朝廷赦免徐元慶的罪過，等於剝奪了他捨生取義的機會，反而有損他的美名。因此，應該先依法將徐元慶處決，再由朝廷出面，表彰他的行為。

在陳子昂的認識中，禮和法是互不干涉的兩個領域，徐元慶違反了法律，就要接受法律的懲罰，唐律中既然沒有規定復仇殺人可以減刑，就不能因為犯罪者的行為符合禮教而隨意修改判決，否則法律的權威性就會蕩然無存。至於徐元慶的行為中值得稱頌的地方，只要放在禮的領域，由朝廷出面旌表即可。這樣的認識，與當代法律體系中對法規普遍適用原則的重視是相符合的。

陳子昂的意見，同時照顧到了法和禮，也考慮到復仇者對自身行為的認識以及對後果的預期，確實非常全面，再加上文采斐然，被當時參與討論的人普遍認可，因此被當作經典案例記錄了下來，收入朝廷檔案之中。將近一百年之後，有一位年輕人閱讀朝廷檔案時發現了這條記載，他在仔細閱讀比對當年的案卷後發現，陳子昂的說法看似面面俱到，實則沒有觸及案件的本質，所做的判決有很大的問題。因此，這位年輕人寫作了一篇《駁復仇議》，重新討論了這起一百多年前的案件。這位年輕人就是後世成為古文宗師的柳宗元。

柳宗元在《駁復仇議》中說，禮法和刑罰，看上去是兩個領域，但聖人制定它們，都是用來彰顯道德，懲罰過惡，教育人們什麼該做，什麼不該做，從這個層面上看，禮與法本質上是應該在倫理層面"統於一"的。陳子昂的提議，看上去似乎於禮於法都沒有違背，但卻並沒有回答"該不該殺死殺父仇人"這個問題，後世人看到朝廷將一個人處死之後，馬上又出來旌表他，只會覺得立場混亂，這違背了聖人訂立禮法的初衷。那麼究竟該如何判決呢？柳宗元認為，這起案件之所以無法定讞，是因為人們都將目光集中到了復仇殺人案上，忘記了這起案件之前還有一起殺人案，那就是趙師韞殺死徐元慶父親的案件。

當時趙師韞的身份是一名縣尉，按照朝廷的規定，縣尉本來就有審判及杖責犯人的權力。如果徐元慶的父親真是因為犯罪被杖責，最後傷重而死，那麼他是死於朝廷律法，而不是死於趙師韞，徐元慶找趙師韞復仇，就是蔑視朝廷法律，理應處斬，而且也沒有旌表的必要。但如果趙師韞是因為私人原因殺死了徐元慶的父親，那麼按照律法，朝廷是應該捉拿趙師韞問罪的，然而最終趙師韞不但沒有受到任何懲罰，反而仕途亨通，證明律法沒有得到執行，這就是朝廷的責任了。當法律沒有起到應有的作用時，人們的行為就應該在儒家經典中尋找依據，《春秋公羊傳》說："父不受誅，子復仇可也。父受誅，子復仇，此推刃之道，復仇不除害。"如果父親是因為犯罪被殺的話，兒子為他復仇只能引起更多仇恨，永遠沒有辦法實現正義；但如果父親不是因為犯罪被殺，那麼兒子為父報仇就是合理的。在徐元慶的案件中，他因為官府無法為自己主持正義，採用了私力救濟的方法，既報了父仇，又尊重法律而自首，可以說是忠義兩全了。這樣的人既尊重禮，也尊重法，處死他是讓世上少了一個義士，表彰他又無法調和禮與法的矛盾，因此柳宗元認為陳子昂的說法實在是"黷刑壞禮"，不應該繼續參考。

陳子昂對徐元慶案的關注點，集中在如何調和禮與法的衝突上，對案件本身並沒有深入分析，而柳宗元的駁議則詳細分析了徐元慶面對的情況，指出他的復仇發生在朝廷無法明正典刑的前提下，實屬無奈之舉，因此應該釋放。這樣的分析顯然比陳子昂更為具體，也更對具體的復仇者負責。

但是，柳宗元的分析僅針對徐元慶一個人有效，如果以後遇見了其他類型的復仇案，又該怎麼辦呢？在柳宗元寫作《駁復仇議》的二十餘年後，他的好朋友韓愈也參與了對復仇問題的討論。

元和六年，富平縣有一位叫梁悅的孝子，在手刃殺父仇人後到縣裏投案自首，司法機關不知該如何定罪，唐憲宗便發出詔書，命令尚書省官員集體商議。時任尚書省職方員外郎的韓愈應詔寫了一篇《復仇狀》，提出了自己的意見。與陳子昂和柳宗元相比，韓愈的著眼點更為別出心裁，他認為，之所以唐代對復仇案的判決總會引來爭議，最關鍵的原因在於唐律之中沒有任何關於復仇殺人如何判決的記載，之所以會出現這種情況，並不是因為律法制定者的疏忽，而是因為復仇案的情況非常複雜，不能一概而論。如果一個人是因為犯法被處決，那麼他的死是罪有應得，子孫復仇應該以殺人論處；如果一個人是無辜被殺，子孫先報告官府，經過官府的允許後復仇，則應該判他無罪；但如果被殺之人的子女年紀很小，力量很弱，不敢把復仇的事聲張出去，只能趁著仇人不注意偷襲，在這種情況下，又需要區別對待。為了照顧這種種不同的狀況，唐律的編定者特地省略了處理復仇者的具體條文，就是要讓司法人員詳細分析具體情況之後，再按照儒家經典的記載做最終定奪。因此，韓愈並沒有直接對梁悅的處罰方式提出建議，而是建議皇帝下詔，以後遇見為父復仇的案件，都要經過尚書省集中討論，才能下最終判決。

乍看之下，韓愈似乎沒有提出任何建設性的意見，但是他的思路卻是正確的。任何一起案件都有其特殊之處，如果判案者不仔細研究具體案情，只憑個人好惡或者對禮法的理解隨意做出決定，這實在是一種草菅人命的做法。任何一起死刑案件的

韓文公

振天忠義入皇文章
泰山北斗凱可此方

明代《歷代古人像贊》中的韓愈像

判決，都關係到一個生命是否能延續，韓愈的建議，實際上是想在尚書省討論過程中，強制將每一起復仇案件所有情況都梳理清楚，這才不會犯下殺人或者縱容殺人犯的過錯。而這樣的思想，與今天司法過程中的庭審辯論環節正有著異曲同工之妙。

在大部分人的想像中，中國古代是典型的人治或禮治國家，雖然有法律條文，也差不多形同虛設。但了解了唐代復仇殺人案的審判、辯論過程之後，我們會發現，唐人在面對法律條文時，都是帶著相當程度的敬意的。雖然復仇殺人符合儒家禮教，但是所有討論者都在試圖在禮和法之間找到協調點，沒有任何一個人提出要直接修改法律或者無視法律以服從禮的規定。而面對人命關天的死刑案件，包括皇帝在內的所有人，都不斷不憚其煩地分析每一個細節，試圖找出十全十美的解決方案。這種對生命的敬重與慎重，到今天依舊值得我們學習。

參考資料

瞿同祖：《中國法律與中國社會》，北京：中華書局 1981 年版。

陳璽：《禮法衝突與程序救濟 —— 以唐代復仇集議機制為綫索》，《原道》第 32 輯。

王立：《中國古代復仇文學主題》，東北師範大學出版社 1998 年版。

俠客猶傳朱亥名

聶隱娘為何屬於唐朝？ *

俠以武犯禁：刺客與皇權

◇◇◇

中國導演侯孝賢憑藉《刺客聶隱娘》一舉奪得第 68 屆戛納電影節最佳導演獎，引發了不小的熱潮。電影取材於小說《聶隱娘》，最早收錄在宋初小說總集《太平廣記》中。按照《太平廣記》的注釋，這個故事來源於晚唐文人裴鉶所著的小說集《傳奇》。後來有學者在另一部唐代小說集《甘澤謠》的明代輯本中也發現了這個故事，因此又將故事的著作權歸屬於《甘澤謠》的作者袁郊，然而這一推測是缺少文獻學依據的，因為《甘澤謠》的明代輯本正是出於《太平廣記》。

故事的主角聶隱娘，是一名技藝高超的刺客。這是一種古老的職業，其使命是通過暗中終結他人的生命來達到某種政治或個人目的。有關刺客的可靠記載，最早可以追溯到春秋。當

---

* 原題《刺客的前世今生：聶隱娘的故事為什麼最適合發生在唐朝》，2015 年 8 月 29 日首發於澎湃新聞・私家歷史。

時正是"禮崩樂壞"的時代，刺殺行為在政治或軍事鬥爭中時有發生，《左傳》中就有不少記載。那時，派遣刺客似乎已經是軍事上的常規手段，《孫子兵法》中"用間"篇說："凡軍之所欲擊，城之所欲攻，人之所欲殺，必先知其守將、左右、謁者、門者、舍人之姓名，令吾間必索知之。"其中"人之所欲殺"指的就是刺殺對方軍中的關鍵人物，這裏講的是如何利用間諜獲取信息，做好刺殺的前期準備。

從行動方式來看，刺客似乎是一種不怎麼光明正大的職業，但是在中國文化傳統中，這種職業卻時常受到人們的讚揚和嚮往。這一切都要感謝第一部紀傳體通史作者 —— 司馬遷。他在編寫《史記》時，特意收集了曹沬、專諸、豫讓、聶政、荊軻五位先秦刺客的故事，專門設立"刺客列傳"，在事實中加入了不少文學性的細節，將五人都描寫成正面角色，讚揚他們"士為知己者死"的義勇行為。這樣的讚頌，使刺客自此披上了一層名為"俠客"的鮮亮外衣。日後，當《史記》成為人人必讀的經典時，刺客捨生取義的光輝形象便也深入文化的血脈中。

刺客的故事之所以深受人們喜愛，還在於其中蘊藏著反權威的精神。自從人類過上群居生活，便產生了不平等，有的人通過天然的能力取得了支配他人或物資的權力，並利用習俗、規定或個人魅力將這種權力維持、擴大，直至在人與人之間造成了看似無法填補的權力差序。權力差序的上位者，生殺予奪，無所不能；下位者只能俯首聽命，任其擺佈。然而，刺客的行動卻能越過權威和社會規制，將人與人的區別重新還原為

像唐人一樣生活

肉體上的自然差別。戰國時毛遂使楚，以一個門客的身份威逼楚王與趙國簽訂盟約，在遭到楚王斥責時，他按劍靠近楚王身邊說："王之所以叱遂者，以楚國之眾也。今十步之內，王不得恃楚國之眾也，王之命懸於遂手。吾君在前，叱者何也？"毛遂和楚王地位看似懸殊，但是到了"十步之內"這樣的範圍裏，權力的差序忽然就消失了。因此，當權力下位者試圖干涉上位者的行動時，利用刺客便成了性價比最高的手段。

　　同時，身為權力上位者，自然要極力遏制刺客之風。為秦朝治國方略奠定理論基礎的韓非子，曾將俠客看成是"五

山東嘉祥縣武梁祠東漢畫像石，中圖為「荊軻刺秦王」，出自普林斯頓大學藝術博物館所藏拓片

蠹"之一，他批評了戰國君主豢養刺客劍俠的行為，說："儒以文亂法，俠以武犯禁，而人主兼禮之，此所以亂也。夫離法者罪，而諸先生以文學取；犯禁者誅，而群俠以私劍養。故法之所非，君之所取；吏之所誅，上之所養也。"雖然"俠"可以為君主所用，但他們在本質上代表了一種反權威的精神，只要這種職業存在，便可能反過來威脅到君主的利益。始皇帝一生中深受刺客之苦，在統一天下後，他果然聽從了韓非子的建議，頒佈《遊士律》，實行嚴格的身份管理制度，試圖去除私人豢養刺客的基礎。漢朝繼承秦朝之後，也曾大刀闊斧，誅殺王孟、陳周庸、郭解之類喜歡供養刺客俠士的地方豪強，刺客的活動終於不再像戰國時那樣猖獗了。

在此後的中國歷史中，亂世時刺客總是大有作為，但一到治世，皇帝們便會努力壓制行刺的活動。三國時期可算是刺客們的天堂，孫策、軻比能、張飛、費禕等重要人物都是死於刺客之手，劉備、曹操也都經歷過刺客的攻擊。到了曹魏末期，司馬昭專權以後，手下一位叫作路遺的騎士自告奮勇要去蜀漢行刺，書記官荀勖勸告司馬昭說："明公以至公宰天下，宜仗正義以伐違貳，而名以刺客除賊，非所謂刑於四海，以德服遠也。"司馬昭聽了深表贊同，認為自己遲早要稱帝，不應做出指派刺客這樣的事，便駁回了路遺的請求。司馬昭的選擇，也代表了一位以天下共主為目標的人對於刺客應有的態度。

奸人遍四海，刺客滿京師：唐代的刺客生態

◇◇◇

統一王朝控制刺客最重要的方式，是實行嚴格的戶籍制度。在《史記‧刺客列傳》中記載的刺客，都是由各國大夫或者公子私人供養，他們自己不事生產，生活資料全部來源於供養者，自然成了供養者私人的部署。司馬遷大力稱頌的"士為知己者死"的理念，便揭示了這種刺客和供養人之間緊密的依附關係。到了漢代，王朝實行"編戶齊民"，就是努力要將地方豪強私人蓄養的門客都劃歸到國家的管轄中來。唐代繼承了北朝的均田制，在將所有百姓編入戶籍的同時，以國家的名義分配給他們耕作的田地。這樣一來，所有人的供養者都是皇帝，皇帝要殺人，大可明正典刑，百姓要謀生，種好自己的田地即可。再加上戶籍中的每個人都被限制在自己的土地上，"村坊鄰里遞相督察"，外出要告知保長，更不容易妄行違法之事。從理論上來說，自然不會再產生什麼為個人利益服務的刺客了。

但在唐朝初期，亂世中僱傭刺客隨便殺人的習慣仍有留存。高祖時太子李建成與李世民爭奪王位，就曾考慮過派人暗殺李世民和他手下的大將尉遲敬德。唐太宗前期的太子李承乾也曾經多次僱傭刺客，試圖刺殺朝廷大臣，最終因謀反被廢除了太子之位。高宗朝，太子李賢派遣刺客暗殺與自己有矛盾的寵臣明崇儼，最後同樣被廢。

在此之後的盛唐，朝廷政權穩定，人身控制嚴格，蓄養刺客變得十分困難。盛唐功臣宋璟之子宋恕曾試圖蓄養刺客，但

最終為人所告發，被流放嶺南。在這樣的治安條件下，行刺事件大大減少，且大多是個人的報仇行為，其中很少見到聶隱娘這樣的專業刺客的身影。盛唐後期的宰相李林甫以手段嚴酷著稱，因為害怕被刺殺，他在家中建造了許多密道，每天晚上都要換好幾個地方睡覺。按說這樣的人遭遇刺殺的概率很高，然而最終史料中也未見任何有人意圖刺殺他的記載。

到了聶隱娘生活的中唐時代，局勢已經大不相同。安史之亂之後，戰火中的北方百姓紛紛背井離鄉，逃往南方，以田地為基礎的戶籍制度也隨之宣告崩潰。唐代宗大曆年間，朝廷依照宰相楊炎的建議，用兩稅法代替租庸調制，廢除了以土地控制戶籍的做法，以致出現了大量失去土地的流民——他們便是中唐刺客的來源。

聶隱娘的故事雖然是虛構的，但文學作品多少能反映出社會現實。按照唐初的制度，官府每年都要進行人口登記，每隔三年就要將此前的記錄製成冊子，以便核對。隱瞞、緩報人口都是重罪，掠奪人口為奴婢的，更是能被判處絞刑。但是聶隱娘被女尼掠奪五年之久，官府既沒有對這樣的人口異動進行任何追查，也沒有去追究女尼的拐賣之罪，可見政府的人身控制能力已經到了極弱的地步。

同時，此事沒有得到重視，也與女尼的策略有關。在唐代的戶籍管理制度中，偏重對勞動能力較強的男丁的管理，據唐律，漏報男丁戶口的，每漏一個人就要判處一年的徒刑，但是漏報不用納稅的女子及未成年人戶口，只會受到六十下杖刑的處罰。聶隱娘的師父擄掠了三個弟子，都是女孩，也許與唐代對女性戶口的控制較鬆，比較容易擄掠有關。

聶隱娘走上刺客之路，還與她家庭所處的地域有關。安史之亂爆發時，唐玄宗下令各地方官在本地自行招募軍隊平定叛亂。叛亂基本平息以後，在戰亂中手握軍權的將領回到家鄉，變成了地方藩鎮的節度使。這些節度使掌握著地方的軍隊，又有一定的財政權和人才任用權，漸漸成為可與皇權分庭抗禮的勢力。其中，位於河朔地區的藩鎮，主帥均為安史叛軍出身，出於局勢和利益的考慮才歸降朝廷，他們與中央皇權的關係最為疏離，主帥世襲，財政自控，成了所謂的"土皇帝"。陳寅恪先生在《唐代政治史述論稿》中總結說，當時的河北藩鎮"其政治、軍事、財政等與長安中央政府實際上固無隸屬之關係，其民間社會亦未深受漢族文化之影響"，與唐廷"雖號稱一朝，實成為二國"，這話現在看來雖然略為誇張，但確實說出了中唐以後河北藩鎮的特點。

河北位處燕趙之地，是荊軻、豫讓、毛遂等著名刺客行動的發源地，本身就有根深蒂固的遊俠文化。盛唐詩人高適寫過一首《邯鄲少年行》，以"千場縱博家仍富，幾度報仇身不死"形容河北少年的豪俠生活，生動地體現了河北人喜愛刺客之風。河北藩鎮不受唐朝皇庭控制，也沒有天下共主"刑於四海，以德服遠"的需求，再加上文化使然，便也開始蓄養流民，培育自己的刺客集團。聶隱娘的父親所輔佐的"魏帥"，便是河北藩鎮的代表 —— 唐德宗、唐憲宗時期擔任魏博節度使的田季安。田季安的祖父 —— 魏博的第一代藩鎮田承嗣就曾經指派刺客，暗殺了不聽自己號令的衛州刺史薛雄，吞併了薛雄控制的相州和衛州。由此可見，田季安蓄養精精兒、空空兒、聶隱娘這樣的刺客，正是保持了祖父傳下的習俗。

在聶隱娘告別劉昌裔，獨自流浪兩年後，發生了唐代最具影響力的刺客事件。元和十年，唐憲宗決定出兵討伐不聽朝廷號令的淮西節度使吳元濟。此時曾與唐朝中央政府對抗的魏博節度使田季安已經去世，新的節度使田弘正正式歸順朝廷。剩下的兩個河北藩鎮，平盧節度使李師道和成德軍節度使王承宗唇亡齒寒，都千方百計想制止朝廷出兵。其中要數李師道最為積極。

李師道是運用刺客的老手，手段花樣百出。他平時花費巨資，蓄養著數十名"刺客奸人"，在唐憲宗出兵討伐吳元濟之後，他先派這批刺客燒毀了朝廷囤積在河陰的糧草。這大大阻礙了討伐的進度，卻沒有澆滅憲宗平定藩鎮的決心。於是李師道又生一計，在元和十年六月的一個凌晨，他派出了兩組刺客，埋伏在兩位主戰派的首腦——宰相武元衡與御史中丞裴度上朝的路上，在二人出門時發動襲擊。這次的刺殺行動非常成功：武元衡被殺，連頭顱都被刺客割去；而裴度則身受重傷，全憑僕人捨生忘死，緊緊抱住殺手，這才逃過一劫。

刺殺事件發生以後，朝野震動。長安城是唐朝最安全的城市，城內實施嚴格宵禁，夜晚四處有人巡邏，宰相身邊通常也有不少僕人隨從。這批刺客居然在如此嚴密的防衛下，一夜之間刺殺兩位重臣，並且成功逃走，簡直匪夷所思。憲宗皇帝對此事也非常懊惱，他親自發佈詔書，懸賞捉拿刺客，又派京城的衛隊在所有出入口嚴加把守，盤查身材高大、有河北口音的男性。面對如此嚴厲的搜查，刺客非但沒有退縮，還潛入了京城衛隊和官府的辦公處留下紙條，聲稱"毋急捕我，我先殺汝"，公然威脅追捕者。

此時，刺客對皇帝權威的危害已經顯露無遺。整個六月，京城官員人人自危，天沒亮不敢出門，寧可上朝遲到也要保住性命，皇帝經常獨自等到雞鳴三響，還未見朝臣到齊。抓捕囚犯的人也不敢過於認真，生怕成為刺客的新獵物。史官甚至用"奸人遍四海，刺客滿京師"來形容京城風聲鶴唳的景象。面對如此情景，當時的兵部侍郎許孟容在憲宗面前哭訴道："自古未有宰相橫屍路隅而盜不獲者，此朝廷之辱也！"憲宗自己估計也是這麼認為的，故而在之後的日子裏不斷加大搜查的力度。幾番嚴令搜查下，京城衛隊迫於破案壓力，隨便抓了幾個成德軍節度使王承宗的部下頂包，宣佈結案，而真兇依然逍遙法外。

李師道本來想通過這起刺殺事件引發朝野的恐懼，讓朝廷不敢繼續討伐吳元濟，最終卻事與願違。唐憲宗急於奪回自己失去的權威，沒過幾天就任命裴度為宰相，全力進攻淮西。從這個角度來看，這次的刺客活動雖然十分成功，但沒有達到最初的政治目的。因此，

裴度半身像，出自清代顧沅輯錄《古聖賢像傳略》

李師道又將目標轉向唐朝的東都洛陽，趁著洛陽的士兵大多被派去城外防禦淮西的進攻時，勾結洛陽城內的衛兵，秘密派刺客潛入城中，準備放火燒城，製造恐慌。但就在行動的前一天，這個計劃被人報告到當時的洛陽留守呂元膺那裏，呂元膺當即將城外的軍隊調回，反過來伏擊了這群刺客，並將他們逮捕。從刺客的供述中大家才知道，此前殺害武元衡、重傷裴度的，與意圖火燒洛陽的竟是同一批人。

這批刺客的身份究竟為何？當時的人就已指出，李師道任用的親信"皆亡命之徒與皂隸耳"，其中的"亡命"在史書中指的便是脫出戶籍的流民。由此可見，唐朝中期朝廷戶籍管控的混亂，的確給藩鎮蓄養刺客提供了溫床。自此之後，藩鎮蓄養刺客蔚然成風。李師道後來被屬下劉悟取代，劉悟去世後，兒子劉從諫繼任節度使。劉從諫也是一名刺客愛好者，他結識了一位叫作甄戈的刺客，將之奉為座上賓，並以荊軻為榜樣，親密地稱他為"荊卿"，專門利用他替自己刺殺異己。有一次，這位"荊卿"在執行任務時抵擋不住金錢的誘惑，糾集了十幾個"不逞之徒"將劉從諫的仇人劫掠了一番。劉從諫知道了這件事以後大為失望，認為甄戈不夠純粹，配不上"荊卿"的外號，便改口叫他"偽荊卿"。

唐代的藩鎮喜歡蓄養刺客，與此同時，他們自己也常常害怕遭到刺殺。晚唐的重要藩鎮中，淮南節度使高駢與當時朝中的宰相鄭畋關係不好，常常害怕自己被鄭畋派人刺殺。他的手下呂用之利用了這一點，先是號稱自己算出夜晚會有刺客前來，讓高駢喬裝成女性藏在別的房間，並派自己請來的高手睡

像唐人一樣生活

在高駢的臥室中。到了晚上，呂用之將臥室內的銅器打翻，發出巨響，又將豬血灑在庭院中，裝作發生過激烈格鬥的樣子。第二天早晨，高駢看到了豬血遍地的情景，以為真的是呂用之請來的高手將刺客趕走，覺得十分感動，賞賜了這個騙子許多珠寶。

巧合的是，《聶隱娘》的作者裴鉶也曾經在高駢手下做官。金庸先生在《三十三劍客圖》中分析，小說《聶隱娘》中劉昌裔用玉石護頸，被刺之後"果聞項上鏗然聲甚厲"的描寫，可能是受到呂用之這次騙局的啟發。這實在是非常有趣的推測。因為呂用之請來的高手，自稱從一位"聶夫人"那裏學藝，從時間上看，這位"聶夫人"似乎和聶隱娘時代差不多。

立意較然，不欺其志：刺客與僱主的辯證關係

◇◇◇

刺客的指使者與刺客，看似是僱傭和被僱傭的關係，但是在行刺的實踐中，卻經常發生刺客違背指揮，自作主張放過刺殺目標的情況。這類反轉通常出現在刺客蹲點觀察時，他們被目標無意之間表露出的行動、語言或者生活方式感動，覺得自己接到的命令違背了更高尚的道德倫理，因而良心發現，自動終止了刺殺行動。

電影《刺客聶隱娘》自然是濃墨重彩地刻畫了這種戲劇性的反轉，事實上，類似事件在史書中也很常見。《左傳·宣公二年》所錄刺客鉏麑之事，就是這類故事的原型。據《左傳》記載，當時晉國國君晉靈公荒淫無度，大臣趙盾屢次勸導，晉

靈公不勝其煩，便派遣刺客鉏麑前去暗殺趙盾。鉏麑在趙盾府中窺伺時，剛好是清晨，趙盾為了等待上朝，早早穿好了衣服，閉眼端坐在寢室門口，十分恭敬。鉏麑認為，這種在睡覺的時候都不忘恭敬的人，才是真正為民做主的好官，殺了他就是不忠於人民，但是如果就此放過此人，又是不遵守和晉靈公的約定。不管殺還是不殺都違背道義，最終鉏麑選擇自殺，來解決這一道德難題。

這個故事的真實性歷來遭人懷疑，畢竟鉏麑自殺之前的想法如何被記錄在史書中，是一個很難解釋圓滿的問題。但是這個感化刺客的故事太過動人，以至於被記載在多種秦漢古籍中，廣為流傳。鉏麑的思考似乎也影響到了漢朝刺客執行任務時的心態，從東漢大儒杜林，到文學家崔琦，再到漢末名士劉備，都有過通過自己的行為感動刺客，使其停止刺殺的經歷。

到了唐朝，也不時能看到這樣的記載。前文中說過唐太宗前期的太子李承乾，曾因行為不端多次被老師于志寧揭發，惱羞成怒，派遣自己蓄養的職業刺客紇干承基前去刺殺于志寧。此時于志寧的母親剛剛去世，本該回鄉守孝，太宗強行將他留在太子身邊，希望太子能一直得到適當的規勸。刺客到達于志寧家中時，發現他並沒有住在舒適的寢室，而是用茅草搭成了一座守孝的小屋，在小屋中作息。刺客被于志寧的孝心感動，最後沒有忍心殺害他，直接放棄了任務。

在另一段記載中，中唐的宰相李勉在開封府任職時，曾經赦免過一名死囚。幾年後李勉去河北遊玩時，又偶遇了這名囚犯，囚犯想報答李勉的救命之恩，卻想不出與之對等的報答方法，苦思冥想之後，他一不做二不休，請了一名刺客前去刺殺李勉，認為只要李勉一死，自己欠的情就能清空了。刺客在房樑上埋伏時，偶然聽到李勉與家人的談話，得知了這件事的前因後果，便終止了刺殺行動，轉頭回去，反而將自己的僱主殺死，並割下人頭送給李勉。

在小說《聶隱娘》裏，聶隱娘和丈夫本來是接受魏博藩帥的命令前去刺殺劉昌裔，最後卻為劉昌裔的神算所折服，反而留在劉昌裔那裏，並幫他殺死了自己以前的同僚精精兒。另一名刺客空空兒，在第一次刺殺沒有成功時，想到的不是忠於魏博藩帥的指令繼續完成任務，而是"恥其不中"而中斷刺殺，翩然遠逝。這種自由選擇立場的精神，與前面所說的刺客們是相通的。

在《史記‧刺客列傳》中，被豫讓刺殺的趙襄子指責豫讓不為之前的君主范氏、中行氏報仇，卻為兩家的仇人智伯賣命，豫讓回答說："臣事范、中行氏，范、中行氏皆眾人遇我，我故眾人報之。至於智伯，國士遇我，我故國士報之。"由此可見，大多數刺客雖然以接受別人的資助為生，但在他們的觀念中，自己替人行刺，並不是為了交換別人資助的金錢，而是為了交換別人對自己的尊重。按照司馬遷的說法，這種以刺殺報答尊重的行為就叫作"志"，刺客成功與否並不重要，重要的是能夠"立意較然，不欺其志"。以金錢為目的的刺殺行動，遵從的是出資者的要求；以"志"為目的的刺殺行動，遵從的卻是刺客自己內心的判斷。能夠自己決斷自己的行為，是無比自由愉快的事。

在小說《聶隱娘》裏，當劉昌裔接納聶隱娘，詢問她的需求時，聶隱娘要求的只是“每日二百文”的資助，後來劉縱贈送聶隱娘繒彩，聶隱娘又“一無所受”，就是不想讓這些贈物阻礙自己對人生的自由選擇。

不願從焉：刺客的歸宿

◇◇◇

關於聶隱娘離開劉昌裔的過程，小說中的描述是：“元和八年，劉自許入覲，隱娘不願從焉。”在現代的讀者看來，“入覲”似乎就是進入朝廷面見皇帝，但是在中唐藩鎮割據的話語中，“入覲”的含義卻豐富得多。

在當時，判斷藩鎮是否割據，最重要的依據就是看前一位藩帥卸任後，新帥究竟是由朝廷指派，還是藩鎮之內自行推舉。當藩帥在自己管轄的區域內去世時，他的子嗣或部下時常會趁朝廷尚未得到消息、指派新帥之前，仗著自己在鎮內的勢力，先自行繼任節度使，再反過來逼迫朝廷承認。為了避免這種情況，在藩鎮的節度使步入晚年之時，朝廷通常會主動將他召回京師，送上一個官品極高的官職，同時為藩鎮指派新的藩帥，這樣，節度使的權力就能在朝廷的控制下正常交接了。在唐代中期，藩鎮節度使聽從皇帝的命令回長安，便稱作“入覲”。一位節度使願意“入覲”，就表示他心甘情願臣服於皇權之下，放棄自己在地方上的所有權力。

上文說過，刺客這一職業的存在，在本質上是與權威對立的，它尤其不能被皇權接受。聶隱娘從魏博藩帥的手下投靠陳許藩帥劉昌裔，是因為兩個地方都能夠在一定程度上脫離皇權管制，為刺客提供生存的空間。劉昌裔在勸誘聶隱娘留在身邊時說"魏今與許何異"，就是這個意思。然而一旦聶隱娘跟隨劉昌裔到達長安，便會直接暴露在皇權下，刺客生存的空間和生存的意義都將遭到剝奪。既然她與劉昌裔並不是僱傭關係，便沒有義務從一而終，那麼此時正是到了分道揚鑣的時候。此後她在劉昌裔墳前痛哭，為劉昌裔子嗣指點，也許正是對自己這位知己的最後報答。

在小說故事的結尾，聶隱娘在"尋山水，訪至人"中不復為人所見，她逃離了世俗權力的枷鎖，也逃離了人間恩怨的羈絆，成為完全的自由人。這，也許就是一名古代刺客最好的歸宿吧。

清代任渭長《劍俠傳》封面，網上流傳很廣的聶隱娘畫像即出自此書

16

賣丹磨鏡兩途貧
被聶隱娘選中的磨鏡少年 *

讀過小說《聶隱娘》的人想必都會注意到這樣一個片段：出於武將世家、本領過人、能殺人於無形的聶隱娘，在為自己挑選夫婿時，既沒有選擇世家子弟，也沒有選擇少年俠士，卻選擇了一位"但能淬鏡，餘無他能"的磨鏡少年。電影《刺客聶隱娘》中，編劇為了解釋這一點，對這個磨鏡少年的身世大肆渲染，說他是東瀛來客，在機緣巧合下救了聶隱娘，兩位難以和人交流的孤獨者惺惺相惜，最後走到了一起。

這樣的解釋雖然也算圓融，但畢竟要靠編劇添加情節。至於小說的作者為何給聶隱娘的丈夫設置了這麼一個職業，這就要從"磨鏡"這項工作的技術原理說起。

---

* 原題《修煉寂寞："官二代"聶隱娘為何嫁給磨鏡少年》，2015 年 9 月 1 日首發於澎湃新聞·私家歷史。

道教的磨鏡秘法

◇◇◇

現在我們常用的鏡子，是歐洲人在文藝復興以後發明的水銀玻璃鏡，這種鏡子在明朝傳入中國，到了清朝中期以後才開始被廣泛使用。在此之前的數千年裏，大部分人在家中觀察自己的容貌時使用的都是金屬鏡，其中又以銅鏡最為普及。

中國人使用銅鏡的歷史悠久，早在四千年前的墓葬中，便已經有了銅鏡的身影。僅僅用銅，並不能完全達到映照形影的效果，因此在製作銅鏡時，必須要經歷一道重要的工序——磨鏡。

對磨鏡的記載出現得很早。漢朝的子書《淮南子》中記載："明鏡之始下型，蒙然未見形容，及其粉以玄錫，摩以白旄，鬢眉微豪可得而察。"說的就是漢代人在銅鏡鑄造成形之後，用鉛或錫（玄錫）粉搭配羊毛刷（白旄）磨製鏡子，以求達到最為清晰的效果。

在鏡子製成之後，並非可以永遠保持"鬢眉微豪可得而察"的狀態，經過長時間的使用，銅製的鏡子會不可避免地出現磨損、生鏽等問題，這個時候就需要再次進行拋光磨製。一般人沒有專業的磨鏡技術和工具，因此再次磨製的工作常常被交給走街串巷的"磨鏡人"。

從《淮南子》中我們可以看出，專業的磨鏡人，手頭需要擁有大量的鉛或錫，這些材料一般人很難獲得，但在有一類人那裏卻司空見慣。

這類人就是煉丹的方士。

在漢代，神仙方術盛行，不少人為了長生，開始進行煉丹的實驗。在早期的煉丹實驗中，鉛和汞是道教煉丹法中最基本的原料，而錫作為"五金"之一也是常見輔料。在長期修煉仙丹的過程中，道士們四處搜羅這兩樣材料，並發明了各種提煉鉛、錫的方法，逐漸成了鉛、錫的大量持有者。

佔有了原料的煉丹方士們，逐漸進入了磨鏡的市場。相傳為西漢末年劉向所著的《列仙傳》中記載，有一位被稱作"負局先生"的人，"常負磨鏡局徇吳市中，炫磨鏡一錢。因磨之，輒問主人，得無有疾苦者，輒出紫丸藥以與之，得者莫不癒"。從書中的描寫來看，這位負局先生明顯是一位煉丹的方士，他在磨鏡之餘，還向顧客推銷自己煉成的丹藥，可說深諳"捆綁營銷"的精髓。在電影《刺客聶隱娘》的原劇本中，磨鏡少年的師父是一位一邊磨鏡、一邊賣藥的老人，這個形象想必就是出自負局先生的故事。

到了漢末魏晉以後，道教開始興盛，原先煉丹追求長生的方士們，逐漸被吸納到了道教的領域，而磨鏡者也換上了道士的新身份。在道教中，鏡子是重要法器，據說它能夠幫助道士們在深山中照見妖怪的原形，使自己避免魑魅魍魎的侵擾，也可以照見自己的內心，有利於正確認識自我，幫助修行。東晉道教大學者葛洪的《抱朴子》中，就記載了《四規經》《明鏡經》《日月臨鏡經》等一系列利用鏡子修行的秘笈。

專業上的需求，使得道士們更加專注於提高自己的磨鏡水平，技術突飛猛進。而在研發之餘，他們還不忘將自己的成果結集發表。《道藏》中收錄的《上清明鑒要經》《洞玄靈寶道士明鏡法》《上清含象劍鑒圖》等典籍，都有對道教磨鏡之法的介紹。

比如大約成書於南北朝的《上清明鑒要經》記載："昔有摩鏡道士，遊行民間，賃為百姓摩鏡，鏡無大小，財費六七錢耳。不以他物摩也，唯以藥塗面拭之，而鏡光明不常。"有個叫作袁仲陽的人，對這位道士的磨鏡之法很感興趣，於是好酒好菜地招待道士，從他口中套出了"磨鏡藥"的秘方：

方用錫四兩，燒釜猛下火，令釜正赤，與火同色，乃內錫。又末胡粉三兩，合內其中。以生白楊刻作人，令長一尺，廣二寸，厚一寸，其後柄長短在人耳。以此攪之，手無消息，盡此人七寸。又復內真丹四兩、胡粉一兩，復攪之，人餘二寸。內摩鏡錫四兩，攪令相得。欲用時，末如胡豆，以唾和之，得膲脂為善。又以如米者，於前齒上噓之，後以唾傅拂其上，以自拂之，即明如日月。

這個秘方的工序比較複雜，其中有不少道教術語，按照道教史專家韓吉紹教授的解讀，這種磨鏡藥實際上是利用高溫，將鉛和錫融入水銀中，製成鉛、錫、汞的合劑，再以之研磨銅鏡。上海博物館的吳來明先生曾使用錫、汞合劑製成磨鏡藥，對這種工藝進行復原研究，結果發現，使用這種磨鏡藥研磨後的銅鏡，表面會覆蓋一層富錫層，使鏡面呈現銀白色，具有很好的反光性能。經過科學檢測，我國出土的古代銅鏡中常常含有不少錫、鉛成分，這也印證了這種磨鏡法的實用性。

作為道士們的生存絕學，這種磨鏡法並沒有被廣泛傳播。在《上清明鑒要經》裏，磨鏡道士在將這種方法傳授給袁仲陽後，千叮嚀萬囑咐，在煉製磨鏡藥時要"作清淨密處，勿令人

唐代海獸葡萄紋銅鏡，左圖為正面，右圖為背面

負局先生，出自明伐《列仙全傳》插圖

見之也”，對磨鏡藥的製作方法則要“秘之，勿妄傳非其人”。後來這種方法雖然被記載在了道經裏，但主要還是在道教內部流傳。到了北宋，信奉道教的宋真宗下令廣泛收集天下道書，編為《大宋天宮寶藏》，之後又摘錄了其中的精華部分，編輯了一部叫作《雲笈七籤》的道教類書，其中收錄了《上清明鑒要經》中記載的這一磨鏡法，題為“摩照法”。由於《雲笈七籤》後來在民間廣為流傳，這種磨鏡法才漸漸擺脫了道士的壟斷，進入了大眾的視野。

在唐朝人的認識裏，磨鏡人仍然有很濃厚的道教色彩。與聶隱娘幾乎同時期的詩人劉禹錫曾作《摩鏡篇》說：“流塵翳明鏡，歲久看如漆。門前負局生，為我一摩拂……”其中將磨鏡人稱為“負局生”，用的正是《列仙傳》中“負局先生”的典故。而此時《列仙傳》記載的仙人，經過六朝道士葛洪等人的大力宣傳，早已成為道教人物。稍晚一點的詩人劉得仁，在一首送給道士朋友的詩作中說那位朋友“長在城中無定業，賣丹磨鏡兩途貧”，也向我們展示了唐代道士以賣藥磨鏡為業的生存狀態。

《聶隱娘》中的道教元素

◇◇◇

據南開大學李劍國先生考證，小說《聶隱娘》最早出於晚唐文人裴鉶的誌怪傳奇集《傳奇》。這位裴鉶先生是一位多才多藝的人物，不但小說寫得好，在官場上也混得風生水起，曾做過成都節度副使這樣的地方要員。除此之外，他還精通道教理論，前面提到的道教類書《雲笈七籤》中，就收錄了裴鉶的道教專著《道生旨》。

　　因為作者深厚的道教背景，小說集《傳奇》中的故事常會呈現出不少道教元素，《聶隱娘》也不例外。雖然小說中稱聶隱娘的師父為“尼”，但師徒二人的行事作風卻更像道家的劍俠，她們所使用的各種法術，也多與道教有關。

　　比如小說中描寫聶隱娘和磨鏡少年去刺殺陳許節度使劉昌裔時，“各跨白黑衛（驢）至門”，在他們投誠劉昌裔之後，兩隻驢子便不見了蹤影。後來劉昌裔派人暗中觀察，卻發現聶隱娘的布囊裏放著一黑一白兩隻紙驢。這種以紙為驢的手法，便是神仙方士的故技。比《聶隱娘》故事稍早的《明皇雜錄》記載了後來成為道教八仙之一的道士張果的事跡，其中說道：“（張）果常乘一白驢，日行數萬里。休則重疊之，其厚如紙，置於巾箱中。乘則以水噀之，還成驢矣。”《聶隱娘》中“黑白衛”的段落很明顯承襲了這個故事。

　　又比如師徒二人殺人之後，常常用一種神奇的

道教八仙中騎毛驢的張果，出自明代《列仙全傳》插圖

藥水將屍體溶解，能做到"毛髮不存"。這種被後世許多武俠小說所採用的設定，主要來自道教煉丹術中的"水法"。古代的方士們相信，服用黃金和岩石之後，身體就會像黃金和岩石一樣堅固，但黃金和岩石不易食用，這就使他們想出了兩種辦法，一是將其煉化成丹藥服用，一是將其溶解入水中飲用。《道藏》中所收漢魏南北朝時期的典籍《三十六水法》，記載的就是將各種固體溶化為水，服食成仙的方法。其中最厲害的叫作"黃金水""白銀水""鉛錫水"，據說能夠溶解金屬。

按照現代學者的研究，這種"水法"的原理大約是利用硝酸或醋酸，與金屬進行氧化反應。雖然從現代科學的角度，這種做法並不能真的溶化金銀這樣的穩定金屬，但是道教徒們卻對此深信不疑：這些液體既然連金屬都能溶化，處理幾具屍體自然不在話下。這樣一來，這種"將固體溶化入藥水中"的理念就演化成了對"化屍水"的想像。

從上面這些細節來看，聶隱娘名為跟隨尼姑修行，實際上學習的卻是各種道教丹術仙法。電影《刺客聶隱娘》將聶隱娘的師父塑造為道姑，恐怕也是這個道理。在小說中，聶隱娘顯示出了追求道教仙法的強烈欲望，她拋棄了原來的僱主，轉而跟隨劉昌裔，也是因為"服公神明"，佩服他預知未來的手段。

修煉寂寞：聶隱娘的選擇

◇◇◇

這樣一來，我們就能理解為什麼聶隱娘一定要嫁給磨鏡少年了。雖然小說中說這位少年"但能淬鏡，餘無他能"，但從後面的敘述來看，少年和聶隱娘一樣，都能操控紙驢，具有很強的道教色彩，再加上他"淬鏡"的技能，我們很有理由推測，聶隱娘傾心於少年，很可能是由於兩人對道教修行的共同追求。少年不但是聶隱娘的丈夫，很可能也是聶隱娘的同修，甚至"化屍水"的提供者。

理解了聶隱娘與道教的關係，小說中的許多細節便都能得到很好的解釋。根據道教鏡法經典《太上明鑒真經》的記載，修煉鏡法能夠"千億里外，呼吸往還，乘雲履水，出入無間，天神地祇，邪鬼老魅，隱蔽之類，皆可見也"，如果長期堅持，還可以"還年卻老"。小說中妙手空空兒能夠瞬間移動到千里之外，聶隱娘能夠發現隱身的精精兒，都可看作修煉鏡法的結果。在幾十年後劉悟遇見聶隱娘時，發現她依然"貌若當時"，也許正是她不懈修行的結果。

在電影中，導演利用了"青鸞舞鏡"的故事，隱喻聶隱娘獨自修煉、沒有同類的深刻寂寞感，這也成了她後來傾心於磨鏡少年的原因之一。道教的鏡法修行，則是避免孤獨的最好方法。根據記載，修行者用鏡子自照，"七日七夕則見神仙，或男或女，或老或少，一示之後，心中自知千里之外，方來之事也"。而且修行時使用的鏡子越多，出現的神仙也便越多。可以想像，聶隱娘在修行之時獨處一室，旁懸四鏡，等待七日七夜之後，男女神仙乘著華麗的馬車下來陪伴自己，而她的丈夫則默默坐在門外，為妻子磨製召喚神仙的道具，這是多麼美麗而寂寞的一幅畫面。

在聶隱娘告別劉昌裔時，曾說過自己要"自此尋山水，訪至人"。被道教列為《南華真經》的《莊子》中，對"至人"的境界有這樣一段描寫："至人之用心若鏡，不將不迎，應而不藏，故能勝物而不傷。"由此看來，聶隱娘前去尋訪"至人"，也許就是要追求鏡法修煉中"能勝物而不傷"的更高境界吧。

參考資料

孔祥星、劉一曼：《中國古代銅鏡》，文物出版社1984年版。

劉紹明：《銅鏡為道教之法器說》，《中國道教》1992年第3期。

吳來明：《銅鏡表面處理實驗及相關問題研究》，《上海博物館集刊》2008年第8期。

17

賣爐高掛小青旗
盛世商賈圖

遠渡重洋的瓷器廣告：商標與題記

◇◇◇

1956 年，湖南省文物專家進行文物普查時，在長沙市西北的一個村落中發現了一處燒製釉下彩瓷器的窯址，經過進一步研究和發掘，專家們認定這個窯址的使用時期是在唐代，而且規模非常龐大。這個窯址，後來被稱為"長沙窯"。幾十年來，經過多次大規模的開掘，長沙窯中已經出土了瓷器數萬件，大多器形優美，釉彩華麗，成為中國彩瓷工藝的著名代表。

在發現長沙窯窯址之後，長沙窯出品的瓷器受到了全世界的關注。專家們很快發現，長沙窯的瓷器當時不但風靡全國，甚至遠銷海外，從東鄰日本到西亞、北非，都出土過長沙窯製造的瓷器。而出口的瓷器本身，也有許多具有明顯的外來文化痕跡，不少器具的器型和紋飾有著濃重的中亞風格，連器具上的圖案，也多有獅子、大象、胡人的形象。在 1980 年揚州出土的一件長沙窯瓷壺上，甚至還寫有阿拉伯文 "安拉" 的字樣。到了 1998 年，德國打撈公司在印尼蘇門答臘海域發現了一艘唐代的中國沉船，並將其命名為“黑石號”。黑石號完全打撈完成後，人們在其中發現了豐富的文物，九成以上都是中國出產，其中就包括了五萬六千餘件長沙窰出產的瓷器。從船隻的情況來看，這應該是一艘由中國出發，向西亞、北非運送瓷器等貨物的貨船，它是“海上絲綢之路”的重要印記，也見證了唐代商品貿易的成熟與繁榮。

長沙窰的瓷器之所以會在全中國乃至全世界如此暢銷，一方面固然是因為瓷器工藝先進，形體美觀；而另一方面，唐代發達的商業營銷策略，也是它成功的重要原因。在黑石號中打撈出的長沙窰瓷器裏，有一件瓷碗寫有“湖南道草市石渚盂子有明 (名) 樊家記”的商標，這並不僅僅是產地的記錄，也是一種宣傳手段，從這短短一段話裏，我們可以得知以下信息：第一，生產這件瓷器的“樊家”，是湖南道的草市上赫赫有名

湖南省博物館藏長沙窰阿拉伯文瓷碗，引自《湖南省博物館藏黑石號沉船唐代長沙窰瓷器》

的商家；第二，這件瓷器的製造商敢於將自己的店名題寫在器具上，就是對自己的商品質量有足夠信心，不怕顧客上門投訴；第三，這家廠商能在製造瓷器時加入店名字樣，說明已經掌握了相當好的燒製技術。看到了這些信息，顧客對這件瓷碗的信任度顯然會大大提升。

除了在碗底寫上商家的名稱之外，長沙窯瓷器上還有很多類似的宣傳廣告：比如韓國出土的瓷器，有的寫著"鄭家小口天下第一""卞家小口天下第一"之類的話，這是吹噓自己的產品質量和名聲；有的酒具上寫著"美酒""酒醞香濃"之類的話，這是為買家營造更舒適的使用氣氛；有朝鮮出土的瓷器上寫著打油詩"買人心惆悵，賣人心不安。題詩安瓶上，將與買人看"，這是消除買家的猶疑心理，促使其儘快購買。這些廣告和標語，使得長沙窯瓷器更受青睞，同時也隨著瓷器一起，將中國的文化傳播到了世界各地。

聲色交織的貿易市場：叫賣與招牌

◇◇◇

在當今社會，各種傳播媒介上的商品廣告無時無刻不在影響著我們的生活，但在沒有廣播、電視和網絡的時代，要將一件商品推銷出去，是一件十分困難的事。在《韓非子》中那個著名的"自相矛盾"的故事裏，販賣兵器的商人在市場上大聲吹噓自己手上的利矛堅盾，這種銷售方式是典型的現場銷售，也是古代最普遍的營銷方式。

到了唐朝，現場銷售依然最為常見。中唐詩人元稹曾經寫過一首描寫商人的作品《估客樂》，其中講到剛踏上經商道路的年輕人，學會了"鍮石打臂釧，糯米吹項瓔"，打造出各類首飾之後，做的第一件事就是"歸來村中賣，敲作金玉聲"，叫賣聲伴隨敲擊首飾的響聲，給村中急需首飾裝扮自己的女孩們帶去強烈刺激。她們將首飾一搶而空，"貴賤不敢爭"，而商人不用討價還價，只須坐等，"所費百錢本，已得十倍贏"，賺得盆滿鉢滿。

為了能夠吸引更多客戶，嗓門大是叫賣者的必備素質。晚唐皮日休寫過一首《酒病偶作》，說自己前夜飲酒過量，一天昏昏沉沉，但到了晚上又想飲酒，恰恰這時"隔牆聞賣蛤蜊聲"，激起了他買蛤蜊下酒的欲望。食品商人叫賣蛤蜊的聲音，能夠穿過屋牆，進入皮日休耳中，正是促成這筆生意的必要前提。

來往於居住區的貨郎，叫賣聲已經如此嘹亮，那麼商賈雲集的市集之中，吆喝聲此起彼伏，環境想必更為嘈雜。唐代的市集有兩種：一種是大城市中有固定地點的市場，如長安的東市、西市，洛陽的北市、西市、南市等，這些市場中，既有從事店面零售的"邸店"，也有臨時聚集在市場中的"行商"；另一種是村鎮或交通要道臨時建立的"草市"，市中並沒有固定的邸店，在開市之前只是一片空地，而開市之後，四方的商販湧入其中，瞬間形成一個極為熱鬧的交易場。晚唐李遠曾寫過一篇《日中為市賦》，其中說到趕集的那一天，顧客商販雲集市中，為了在有限的時間裏獲得最大的利益，拚命向顧客介紹自己的商品，"相高以誇，美言為市。競駕肩以求進，爭掉舌而明旨"，將整個市場變得嘈雜無比。

　　這個時候，由於有了競爭對手，光靠嗓門已經不足以吸引顧客，商販們便在推銷詞上下功夫。敦煌文書 P.3644 中，記錄了兩段當時商舖叫賣用的廣告詞。一段比較簡單，說"某乙舖上新舖貨，要者相問不須過。交關市易任平章，買物之人但且坐"，用今天的話來翻譯，大概就是"新品上市，敬請入店諮詢"的意思，但是用整齊的七字韻語喊出來，顯然更有吸引力。另一段廣告詞比較複雜："某乙舖上且有：橘皮胡桃瓤，梔子高良薑，陸路呵梨勒，大腹及檳榔。亦有蒔蘿蓽撥，蕪荑大黃，油麻椒蒜，河藕弗香。"一段話裏列舉了店裏販賣的各種烹飪調料，仔細讀來，又都是押韻的，如果我們進入市場，耳邊傳來這麼一段廣告詞，想必還沒進店，就已經食指大動了。

　　除了叫賣之外，在店舖或者貨攤上豎立招牌，也是吸引顧客的經典手段。劉禹錫曾經根據自己觀察市場的體驗寫了一篇《觀市》，其中說到商人

敦煌文書中的廣告詞

像唐人一樣生活

來市場佈置攤位時，通常"列題區別，榜揭價名"，即豎立招牌，寫明販售商品種類和價格。五代筆記《北夢瑣言》說唐朝鄗州有一位叫作趙鄂的神醫，初到京城，無人相識，便在人來人往的主幹道邊豎立一塊木榜，上書"攻醫術士趙鄂"，不久之後就有上朝的士人前來進行醫療諮詢，廣告效果上佳。

　　不過以唐代的文化普及程度來說，如果僅僅使用文字的招牌，就將自己的目標顧客限制在了文化人的範圍裏，並非十分明智，因此在販賣一些民生必需品的時候，商人們常常會使用更直觀的招牌。比如《野人閒話》中說有一位姓李的客商，在城中賣老鼠藥時，在藥囊邊"以一木鼠記"，往來行人看到木雕的老鼠，自然能聯想到老鼠藥。又如《唐國史補》中記載了一位米商，平時低價囤積糧食，到了饑荒之時再高價賣出，在賣米的時候，他"畫圖為人，持米一斗，貨錢一千"，懸掛在市場上，所賣之物與貨物價格都一目了然。不過不久之後，地方官嚴厲打擊囤貨居奇發國難財的行為，將米商捉住處死，這幅廣告反而成了他的罪證。

酒店的攬客之道：酒旗與胡姬

◇◇◇

　　有一句俗話，叫作"酒香不怕巷子深"，是說只要酒的質量好，不需要打廣告，也能引來足夠的顧客。這句話看似有道理，實則有失於偏頗。盛唐詩人韋應物寫過一首《酒肆行》，其中就舉了一個反例，詩中說長安城中有一處豪華的酒家，在城南樂遊苑邊景色最好的地段，建造起百尺高樓，掛著燙銀的招牌，擺出彩色的旗幟，吸引著來往的行人，開張不久之後就門庭若市，"四方稱賞名已高，五陵車馬無近遠"，每天都有人慕名趕來飲酒。然而這個酒家卻並不誠心招待顧客，一開始拿上來的都是濃醇的好酒，等客人幾杯下肚之後，便偷偷換成摻水的薄酒，而客人們懾於酒店的名聲，卻依然"知名不知味"。與此同時，周圍那些地處深巷的酒家，雖然"終歲醇醲味不移"，但由於不會包裝自己，常常被人忽視，結果"長安酒徒空擾擾，路傍過去那得知"，常常是門可羅雀，似乎隨時可能倒閉。

　　韋應物寫這首《酒肆行》的初衷，是批評那些只重表面，忽視內涵的"酒徒"；但從另一個方面來看，這首詩也反映了廣告宣傳的重要性。對於那些開設在固定市場、為固定顧客服務的商舖來說，口碑是持久經營的最重要資源；而對於那些開設在交通要道、為來往行人提供一次性餐飲服務的酒家來說，用華麗的門面和招牌吸引客人，才是提高客流量的關鍵。酒家的招牌，常常是一塊布面裁成的旗幟，稱為"酒旗"或者"酒幟"，《韓非子·外儲說右上》曾提及有一位賣酒的宋人"縣（懸）幟甚高"，其中的"縣幟"，就是將酒旗掛起的意思。晚唐詩人皮日休的《酒旗》詩云"青幟闊數尺，懸於往來道。多為風所揚，時見酒名號"，說的就是酒家在人流量巨大的道路邊豎起酒旗，寫上酒的名字，招徠顧客的景象。除了記錄"酒名號"之外，酒旗上還時常會加上一些讚詞，如皮日休的朋友陸龜蒙所作的《酒旗》詩中，有"雨淡香醪字"的描寫，可知酒旗上會特別強調自家釀酒的香濃醇厚。而這樣的讚詞，對於

匆匆趕路、又累又渴的行客來說具有致命的誘惑力。杜牧在
《送沈處士赴蘇州李中丞招以詩贈行》詩中說自己出城為朋友
送行時，看到"溪橋向吳路，酒旗誇酒美"，於是便立即決定
"下馬此送君，高歌為君醉"，選擇這家酒店設宴贈別。

　　江南的交通以水路為主，不論商人還是旅客，入夜後大
多需要找港口寄宿，因此酒樓也常常聚集在各處港灣邊。中唐
詩人張籍的《江南曲》形象地描繪了南京長江邊的港口："長
干午日沽春酒，高高酒旗懸江口。娼樓兩岸臨水柵，夜唱竹枝

留北客。"從詩句的描述可以看出,酒館和娼樓常常比鄰而居,一次性滿足江上的客商娛樂消費的需要。除了飲酒之外,港口的酒店有時也能提供住宿,李群玉《江南》云:"鱗鱗別浦起微波,泛泛輕舟桃葉歌。斜雪北風何處宿?江南一路酒旗多。"在風雪淒迷的江上航行了一整天,正是飢寒交加之際,只有遠處飄揚的酒旗,才能給疲憊的旅人帶來一絲希望和溫暖。江南河港縱橫,酒旗早就成為一道獨特的風景,杜牧在那首著名的《江南春詞》中,特地將"水村山郭酒旗風"視為江南的特色之一,正是出於這個原因。

江南的酒樓,靠高懸的酒旗吸引顧客;而北方的酒樓,則另有招徠生意的妙招。店主們常常會聘請相貌獨特、高鼻深目的異國女子來做服務員,在店前一邊舀酒,一邊邀請來往行人。李白在《送裴十八圖南歸嵩山》詩中說自己送裴十八東行,走到長安城郊,看見"胡姬招素手,延客醉金樽",便攜友入店,共盡離觴。相較之下,自負風流的少年更容易驚艷於胡姬的美色,成為胡姬酒樓的消費主力,李白那首著名的《少年行》說到五陵少年趁春日出遊,傍晚時"落花踏盡遊何處?笑入胡姬酒肆中",表現的就是這樣的場景。酒樓中的胡姬雖生在西域,相貌與漢族女子相異,但大多早已適應了漢文化,岑參的《送宇文南金放後歸太原寓居因呈太原郝主簿》中說到自己與朋友去胡姬酒店喝酒,胡姬一邊勸酒,一邊問朋友"春來更有新詩否",顯然是能夠談論詩詞的。對士人來說,在酒樓中與異域風情的美麗女子一道評賞文學作品,顯示自己的學識和才情,顯然是非常愉悅的享受。而"喚客潛揮遠紅袖,賣墟高掛小青旗＂也因此成了唐代酒樓的標準配置。

如何吸引顧客的眼球：鬥寶與鬥唱

◇◇◇

不論是叫賣還是招牌，其影響力都只局限於一時一地，以唐代的傳播條件，想讓自己的商品超越時空界限，讓更多人知道，是很困難的事。不過唐代的商人也有辦法，比如他們常常以店舖或者行會的名義出資贊助，將佛教經文刊刻在石碑上或洞窟中，佛經上石之後，店舖作為贊助方也能在石碑上留下自己的名字，供天下巡禮者瞻仰。位於今天北京市房山區石經山上的石刻佛經中，依然能看到唐代范陽郡中白米社、靴行、炭行的名稱，這些贊助商都已不復存在，但廣告卻依然隨石碑屹立。也有些商品，可以藉助名人效應獲得更廣泛的傳播，比如晚唐長安西市有一家藥湯店，因為治好了權臣田令孜的疑難雜症獲得重賞，而店舖本身也就＂聲價轉高＂，車馬盈門了。

當今的食品、飲料行業為了維持顧客的新鮮感，每隔一段時間就會推出一些限定時段或季節銷售的創新產品，確保自己不斷受到關注，同時也能帶動常規產品的銷量。其實這樣的營銷方式在唐代就已經出現了。據說武后朝時的宰相韋巨源曾經寫過一本談論食物的筆記《食譜》，其中說到洛陽閶闔門外有一家飯店叫＂張手美家＂，海陸美食都能按需供應，而最有特色的是，每到重大節日時，店中就會暫時停做其他菜式，只做一樣與節令相關的特色菜。《食譜》中記錄了一些特色菜的名稱：元旦的菜叫＂元陽臠＂，元宵節的菜叫＂油畫明珠＂，寒食節的菜叫"冬凌粥"，端午節的菜叫"如意圓"，等等。雖然不知道具體做法，但光看名稱，就已令人垂涎欲滴了。在記錄菜名之餘，《食譜》的作者還特地聲明自己記錄這些事是要"播告四方事口腹者"，可見《食譜》的記載本身也可以看作張手美家廣告的一部分了。

除了在商品的豐富性上動腦筋之外，現在的經營者們常常也會製造一些吸引眼球的熱點事件，贏得人們的注意以後，再借勢推出自己的產品。在唐人那裏，這種手法依然不算新鮮。比如初唐文人陳子昂，就做過一次類似的營銷。他年輕時隻身離開故鄉四川，來到長安十年，到處拜謁，卻依然默默無聞。當時長安東市正出售一張胡琴，要價百萬，人們紛紛前去圍觀，卻無一人敢買。陳子昂來到市中，當場拿出一百萬錢將胡琴買下，一時全城轟動。眾人都想讓陳子昂彈奏一曲，看看這張琴究竟妙處何在。陳子昂與眾人約定，第二天來到自己宅邸門前，自己會當場演奏。於是一天之內，"陳子昂喜提百萬胡琴"的消息傳遍了京城。次日，看熱鬧的人們紛紛聚集到陳子昂家，陳子昂則在家門口大張筵席，招待前來的賓客。等大家吃飽喝足以後，陳子昂走到

［《江蘇南兆陳氏宗譜》中所載陳子昂像，引自浙江圖書館「歷代人物圖像資料庫」

唐右衛冑曹張柬子助公像

眾人之間，突然舉起胡琴，重重摔在地上，大聲道："蜀人陳子昂有美文百卷，在長安十年，無人欣賞，這張琴只不過是死物，比起我不世出的文才，又何足道哉！"說罷取出自己的文集，分發到圍觀者手中。人們在震驚之餘，紛紛傳看，一日之間，陳子昂的大名滿城皆知。

陳子昂深知人們重錢不重才的心理，先以價值百萬的胡琴吊起大眾的胃口，再通過毀琴造成戲劇化的效果，最後趁著人們的震撼心理推出自己的文章，使自己的名聲隨話題傳播，終於大獲成功，是事件營銷的經典案例。但是這樣的營銷方式，需要天時地利人和的支持，後人很難效仿。在四方商賈雲集的大城市中，每天都會出現求售奇珍異寶的人，他們需要一個更常規化的商品展示平台，於是"鬥寶會"就應運而生了。

顧名思義，所謂鬥寶會，展銷的並不是一般商品，而是昂貴稀有的珍寶。中國本土幅員遼闊，人口眾多，內部購買力很強，因此商人們大多在國內討生活，很少出國做生意，對外國的風土人情也沒什麼了解。而當時西域各小國的胡商，因為處於"絲綢之路"沿綫，常常參與中國與阿拉伯半島、歐洲之間的往來貿易，熟知各地物產和民俗，又常常向中國市場輸送各種產自外國的新鮮商品，反而成為給人一種"見多識廣"的印象。長安城中居民，如果獲得了什麼稀奇古怪的玩意兒，總是要先去胡商那裏鑒定，如果胡商認為有價值，則會出高價購買。在收購了一年寶物之後，胡商們會定期聚集起來，開展鬥寶活動，每個人都拿出自己收集來的寶物評比價值，擁有寶物價值最高的，就可以居於上座，享受同行的崇拜。

在胡商鬥寶之時，一般人也可以參與，此時拿出自己的寶物，往往可以得到最高的報償。《廣異記》中記載了一位士人，從某個寺廟的塑像上得到了一顆寶珠，拿到鬥寶會中，胡商識得這是一枚龍珠，用五千萬錢買下。《原化記》中記載了一位"魏生"，在路上見到一塊手掌大的瓷片，抱著試試看的心情攜至鬥寶會中，在場的胡人看了之後，識得是至寶，爭相收購，魏生本來僅準備賣一百萬錢，結果被實誠的胡商加價到了千萬錢，整整多賺了十倍。由此看來，所謂的鬥寶會和現在的拍賣會或展銷會，實有異曲同工之處。

如果在同一個市場中，同樣的商品只有兩家主要供貨商，那麼這兩個直接競爭對手之間，往往會進行更激烈的商戰。在唐傳奇《李娃傳》中，主人公鄭生去長安城趕考，被妓女騙光了錢財，只好到長安市東的殯葬店打工謀生。長安城中主要有兩家殯葬店，東邊這家喪葬用品比較精美，西邊這家哭喪水平相對高超，兩家店長年爭奪客戶，互不相讓。這次，兩家老闆約定，在長安皇城前的承天門廣場擺下擂台，進行器具和哭喪兩場比試，決一勝負，輸家要付給贏家五萬錢作為賭注。兩店比試的消息傳開後，整個長安城的閒人都來看熱鬧，結果"士女大和會，聚至數萬"。東邊的殯葬店本來在哭喪上沒有優勢，但主人公鄭生在聲樂方面很有天才，加上自己又遭遇了不幸，因此特別擅長演唱哀歌，在擂台上憑藉一曲《薤露》感動眾人，最終幫助東市獲勝。通過這麼一次現場營銷，鄭生所在的殯葬店，既獲得了競爭對手支付的賭注，又獲得了全城百姓的關注，可謂是名利雙收。

營銷的最高境界：面向需求，鑄造品牌

◇◇◇

不論營銷手段多麼華麗，廣告多麼吸引眼球，提高的都只是一時的銷量，要使經營長期持久地進行下去，商品或服務本身的質量永遠是商家應該最先考慮的因素。所謂的商品質量，不僅僅取決於商品的材料和做工，更取決於商品是否符合顧客的需求，唐代商人已經非常清楚這一點。

劉禹錫在一首叫《昏鏡詞》的詩中，敘述了自己一次買鏡子的經歷：商人在鏡匣中放了十面銅鏡，其中一面光亮清晰，其餘九面卻粗糙模糊，效果差距非常大。劉禹錫向商人詢問其中緣由，商人回答："我並不是沒有辦法將十面鏡子都磨得一樣清晰，但那樣做卻沒有現在好賣。"劉禹錫想了一想，明白了商人的用意：來買鏡子的人，總會先在鏡子裏照一照自己的容貌，選擇那個把自己照得最好看的買回去。然而大多數人臉上或多或少都有些瑕疵，那些明亮清晰的鏡子能把人臉上的瑕疵都明白反映出來，讓攬鏡之人自慚形穢；而那些粗糙模糊的鏡子卻可以掩蓋臉上的瑕疵，讓醜人也覺得自己看得過去，自然賣得更好。世界上面容完美之人與面容瑕疵之人的比例大約是一比九，因此賣鏡者將一面清晰的鏡子和九面模糊的鏡子放在一起，完全符合顧客的需求。其實這個道理放在今天也一樣成立。青年男女在自拍時，不願意使用高清晰度的相機，反而喜歡使用較為模糊的"美顏相機"，再加上各種讓人變得不真實卻更好看的濾鏡，不也正是出於這種心理嗎？

劉禹錫的朋友柳宗元有一篇著名的傳記叫《宋清傳》，其中

的主人公宋清不是帝王將相，也不是才子佳人，只是長安西市中一位普通的藥商。宋清做生意有兩個特點，與其他商人迥異。

第一是對原料供應商特別好。不論是誰，能提供好的藥材，宋清都會以高於市場的價格收購。這樣一來，天下的採藥人只要得到品質上乘的藥材，都會首先拿到宋清店中售賣，宋清自家藥店提供的藥材，質量自然遠遠優於別家店舖。久而久之，長安城中的醫生為了提高自己的治癒率，在開完藥方之後都願意向病人推薦宋清，而長安城的病人們為了早日康復，也樂於去宋清家買藥。藥品質量的提升，帶動了整個產業鏈的良性循環，供應商、醫生、患者和宋清自己，都能夠從中獲利。

第二個特點是，無論患者是否有錢，只要來宋清的藥店取藥，宋清都會奉上最好的藥材。如果手頭臨時沒有錢，宋清便讓患者立下字據，先將藥拿走治病，等有錢了再來付帳；如果經過一段時間，發現患者實在還不出錢，宋清便會將字據燒毀，再也不提還錢的事。一開始這樣做的時候，西市的商人們都覺得這樣很傻，但是久而久之人們發現，宋清在長安西市開藥店的幾十年間，焚毀了一百多人的欠款字據，很多年後，當年落魄的人中有的做到了中央的大官，有人做到了地方的刺史，他們發達之後無不回到西市，重重報答宋清，而那些最終沒能還清的債務，從長遠來看也並沒有影響到宋清的利潤。在一次次的善舉中，人們認識到宋清最根本的追求並不是金錢，而是拯救他人的生命──為了治病救人，他連藥錢都可以不收，又怎麼會在藥材上以次充好、偷工減料呢？有了這樣的信賴感，顧客自然會放心到宋清的藥店買藥，而宋清則用高質量的藥物回報他們，進一步提高顧客的忠誠度。按照《唐國史補》的記載，當時長安有句俗話，叫"人有義聲，賣藥宋清"，這正是對宋清藥店的最佳宣傳。有了人們自發的正面宣傳，藥店自然"求者益眾，其應益廣"，從長期來看，其收益之豐厚、持續之長久，絕非那些錙銖必較的同行可以望其項背。柳宗元在文中表揚宋清："清之取利遠，遠故大，豈若小市人哉？"可以說一語中的。

　　從今天的角度來看，宋清允許賒藥、焚毀借據的做法，雖然捨棄了一些眼前利益，但樹立了藥店的核心價值，聯結了與顧客之間的信賴關係，獲得的品牌收益要豐厚得多。這與現在許多企業每年開展各項公益活動，以打造品牌正面形象，提高顧客的信賴感的做法，正是殊途同歸。《史記·貨殖列傳》中總結商業致富之道，其根本在於"誠壹"，不論做什麼買賣，只有懷著誠實專一的理念，才能最終得到成功。宋清所在的中唐時代，並沒有什麼市場營銷的學問，也沒有什麼品牌價值的說法，他一生的成功所倚仗的，也只是對賣藥救人這件事的"誠壹"而已。

參考資料

薛平拴：《論唐代商人經營內容的特點》，《唐史論叢》1995 年第 1 期。

妹尾達彥：《長安的東市與西市》，《乾陵文化研究》第 4 輯。

邵毅平：《中國文學中的商人世界》，復旦大學出版社 2005 年版。

陳銳：《湖南省博物館館藏黑石號沉船長沙窯瓷器初探》，《湖南省博物館館刊》2010 年第 7 輯。

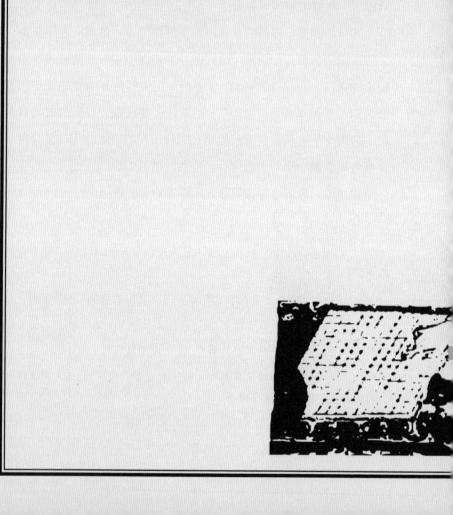

性別與身份

自恨羅衣掩詩句

葉上題詩寄與誰

富貴不來年少去

強中更有強中手

雛鳳清於老鳳聲

猿熟馬馴方脫殼

自恨羅衣掩詩句
唐代女性文人生存報告

女性為什麼讀書？

◇◇◇

在古代中國，女性常被看作男性的附庸，所謂"三從四德""夫為妻綱""男不言內，女不言外"的要求，將女性的德行縮小在"德容言功"幾個方面，不但貶低了女性的地位，也將女性束縛在家庭中，限制了她們全面發展並向世界展現自己才華的空間。因此，能被記載在歷史中的人大多是男子，很少有女性。

《左傳》中說到士人的"三不朽"，其中有"立德""立功""立言"，人們如果能做到這三點，即使生命有限，聲名也可一直流播，永垂後世。在"三不朽"之中，古代女性的社會地位和職業分配，使得她們很難"立功不朽"。因此，女性想要留名後世只有兩條路：一條是迎合社會對女性的要求，努力做孝女、貞婦、賢母，爭取博得朝廷的旌表，但這種"德"只是"女德"，與男性之"德"類型不同，地位也更低；另一條是"立言不朽"，寫出真正打動人心的文學作品，憑自己的才情本領將名聲傳諸後世，只有在這一方面，女性才能與男性站在同一個平台上互相競爭。

因此，我們耳熟能詳的古代女性，除了身份高貴的后妃公主之外，最多的就是才華橫溢的詩人詞客。在女性文人之中，後世名聲最響、社會地位最高的，還要數唐代的女性。根據陳尚君先生《唐女詩人甄辨》考證，唐代女性中，有作品流傳至今的就有一百四十多位，這個數量大大超出了前代。而流傳的作品中也出現了大量膾炙人口的名作，比如李冶的"至近至遠東西，至深至淺清溪。至高至明日月，至親至疏夫妻"，魚玄機的"易求無價寶，難得有心郎"，雖然語言淺顯，但言說的都是人人心中能感受到卻難以說出來的道理。

唐代為什麼能出現如此多有才華的女性？這既是自由開放的社會風氣使然，也與女性們自己的努力分不開。

儒家經典中對女性行為的要求，集中體現在《禮記‧內則》中。書中列述了女性孝敬父母、謹事舅姑、撫養子女等責任義務，慎而寡言、寬裕慈惠等行為準則，也規定了女性應該學習和掌握的各項技能，包括居家事務、祭祀禮儀、紡織縫補等，但並不包括識文斷字，更不要說文章寫作了。究其原因，在儒家對社會秩序的設計中，女性的一切功能都在家庭內部，而寫作作為一種自我表達的方式，其最終目的是與外界聯繫，向外界傳播自己的情志，這違反了女性"主內"的活動空間規制。

然而隨著時間的推移，人們發現，雖然傳統女性的社會功能中很少有與外界接觸的方面，但是這並不代表女性不應該接受文化教育。其中的原因有兩點。

首先，儒家對於女性的要求，常常需要通過文字的方式傳達給女性，例如前面說到的《禮記·內則》，要讓女性充分理解和接受其中的內容，光靠別人轉述不但說服力不夠，而且也會有所曲解。與之相比，通過教育讓女性自行閱讀經典，增強修養，顯然有效得多。唐代李恕《誡子拾遺》中說，女子應該"微涉青編，頗窺緗素，粗識古今之成敗，測覽古文之得失"，其中"微涉青編，頗窺緗素"指的就是閱讀各類書籍。通過閱讀，女性自然可以在儒家經典之中學習行為方法，從歷史人物身上總結處世準則。因此李恕在述及女童教育時說"女子七歲，教以《女儀》，讀《孝經》《論語》"，這與一般男童文化教育的起始年齡是相近的。

另一方面，女性雖然少與外界接觸，但卻需要與家人交流，當家人不在身邊，無法面對面交談的時候，只能通過書信遠程溝通。而無論閱讀還是撰寫書信，都需要有一定的文化修養。唐代有一類實用書籍叫作"書儀"，其主要作用是指導人們如何撰寫書信。敦煌 S.1725 號文書中有一種專門為女性撰寫的唐代書儀，作者在陳述編纂目的時說："婦人親迎入室，即是於夫黨相識，若有吉凶覿問，日即作書也。"女子出嫁之後，親人既包括自己的血親，也包括丈夫方面的姻親，而這些人是不可能都居住於一地的。女子出嫁之後，如果親人有婚喪之類的大事，自己無法趕到身邊，就應該通過書信表達祝福或慰問，才算符合禮儀。

除此之外，女性結婚之後，如果因為戰亂或者丈夫仕宦

曰何名婦人疏　答曰婦人於夫宣相識曰書不相識曰疏何名相識何名不相識　答曰

昊時之婦義須以禮親迎入室三月之中不出拜見每旦堂宣言女字通条貿易姑起居貿

姑　若曾謝新婦須篤槙目経申三月始出階見是以詩去織之女手可以縫裳注夫

織之猶織之三月不拜見未成婦礼衆是藝未不可以縫之婦人親迎入室即是於夫

山宣相識若有言曰觀問日即作書也近代之人多不親迎入室即是逮　就婿家成

禮衆積衷著不向夫家戚逺誕育男女非山二道　食威逺柔可日別通条貿姑其

有言以理須書疏婦人雖已成禮即於夫宣先不相識是各疏也

而與之分處兩地，那麼書信就是唯一的交流手段。比如寶應元年，杜甫因為戰亂與成都的妻兒失散，獨自避地梓州，只能通過書信將自己的情況告訴家人，而他的妻子親筆回信表示理解，因此杜甫在五律《客夜》中欣慰地說"老妻書數紙，應悉未歸情"。試想，如果杜甫的妻子不通文墨，那麼此時連互通信息都只能找人代筆，又如何真切地體會杜甫的心情，並親自送去安慰呢？有的女性才華更佳，甚至能以詩歌的方式表達思念。據《杼情集》載，唐武宗時有位叫作張暌的將士在邊關戍守十餘年，他的妻子侯氏為丈夫寫了一首迴文詩，繡成龜殼的形狀寄給丈夫，同時也送了一份給唐武宗，詩中特地寫下"繡作龜形獻天子，願教征客早還鄉"的句子，勸說皇帝將張暌召回。唐武宗看了以後很感動，不但立刻命張暌還鄉，而且還賜給侯氏三百匹絹以為獎勵。侯氏憑藉自己的才華表達了自己的思念，也幫助了自己的丈夫，女性才學對家庭的重要性在此可見一斑。

稱量天下文士：城樓上的上官婉兒

◇◇◇

唐代初期，政治制度和宮廷風氣主要延續自北朝。北朝和南朝相比，女性在家庭中的地位有很大的差別。南北朝時著名學者顏之推生於南朝，中年以後因戰亂流落北齊，對南北朝的風氣都很了解。經過他的觀察，南朝的女子基本活動範圍就在家中，沒有太多交遊；而北朝的婦女卻大不相同，她們不但一手操持家中事務，還要"爭訟曲直，造請逢迎""代子求官，為夫訴屈”，拋頭露面承擔許多社交任務，因此北朝婦女地位也很高，“綺羅金翠，不可廢闕……倡和之禮，或爾汝之”，丈夫要經常為妻子購買奢侈品，夫妻平時直接以爾汝相稱，絕不會出現“夫君”之類等級色彩分明的稱呼。

唐朝宮廷承襲了北朝習俗，女性的地位也很高，她們不但在後宮中活動，也可以參與外朝政策的討論。唐代女性中出現了武后、韋后、太平公主這樣優秀的政治家，都與這樣的宮廷文化有關。隨著女性活動範圍的擴大，她們的教育得到了更充分的重視，唐代後宮之中特別設立了一個叫作“內文學館”的機構，聘請精通儒學的學士，教授宮女讀書寫字和各類知識。武后執政之後，將“內文學館”改名“習藝館”，去除了“男外女內”的固化性別稱呼。習藝館中配備了十八名博士作為教師，分別教授經史子集、吟詠寫作、楷書篆書、道教經典、律令知識乃至算術下棋等各項技能。唐代皇帝普遍愛好文藝，宮廷女性們學習這些技能，一方面是提高文化修養，另一方面也可以陪同皇帝參與各種雅事。比如逢年過節，皇帝經常牽頭發動宮中成員集體吟詩唱和，這時候宮廷女性們在習藝館中學習的吟詠寫作就派上用場了。

接受了如此系統的培養，唐代後宮中成長的公主、妃嬪和女官們，不少都擁有相當的文學才華。唐太宗時的長孫皇后、高宗時的武后、中宗時的韋后以及以太平公主為首的各代公主們都有詩文作品傳世，其佼佼者，甚至能讓當時的文壇領袖都甘拜下風。比如高宗朝的著名女官上官婉兒，常常陪同高宗和武后出席宮廷文士們的集體賦詩活動，當皇帝和公主們才思枯竭時，總讓上官婉兒負責捉刀代筆，不但常常同時寫作好幾首，而且“辭甚綺麗，時人咸諷誦之”。當時文士中以沈佺期和宋之問最為有名，兩人水平不相上下，難分軒輊。一次朝廷舉辦詩歌大賽，命群臣竭盡所能獻上優美詩篇，最終將從其中挑選出一首最優秀的作品譜寫成宮廷樂曲。當時應徵上交的作品有一百多篇，而評委只有上官婉兒一人。上官婉兒獨自在高聳的城樓上飛快閱讀文人們的作品，並不斷將落選的拋下樓

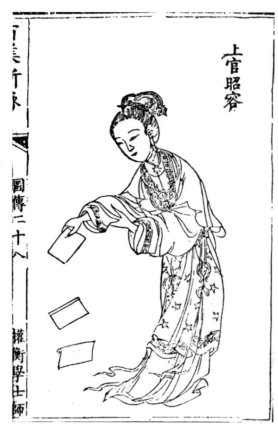

清代王翽繪《百美新詠》中正在拋灑詩卷的上官婉兒

上官昭容

像唐人一樣生活

去，一時間紙片如雪飛落。底下的大詩人們只能懷著忐忑的心情，逐個撿起地上的紙張，辨認是否為自己所作。很快，上官婉兒手上的詩篇就只剩下沈佺期和宋之問的兩首，又過了許久，沈佺期的詩篇飛墜而下，上有評語曰："二詩工力悉敵，沈詩落句云：微臣雕朽質，羞睹豫章才。蓋詞氣已竭。宋詩云：不愁明月盡，自有夜珠來。猶陡健豪舉。"沈佺期看了心服口服，"不敢復爭"。而上官婉兒坐在城樓上，居高臨下快意品評天下才士的畫面，也為唐代宮廷才女們留下了最為光輝的形象。

無功利的閱讀：女學士與女博士

◇◇◇

習藝館等女性教育機構的設立，使生長在宮中的女性從小受到優質的文學熏陶。而在普通士大夫家庭裏，女孩的教育也得到了相當的重視。中唐古文運動的先驅李華曾寫家書給自己的兩個外孫女，告誡她們"婦人亦要讀書解文字，知古今情狀"，通過讀書了解古今人物得失，唯有如此，在侍奉父母舅姑時才能做到不犯錯誤。因此，在他得知自己的兩個外孫女已經"誦得數十篇詩賦"時，感到非常安慰，連先前旅途中得的病也痊癒了幾分。

唐代科舉以詩文寫作考試為主，為了能夠早日通過科舉做官，士族中的男孩通常在七八歲之前就要開始學習經書和文學。女性沒有這麼迫切的壓力，並不提倡早教，但也有父母很早就開始督促女兒讀書的。比如唐太宗的妃子徐惠，出身於官宦人家，四歲就能通解《論語》和《詩經》，八歲就能寫作詩文。徐惠的父親曾命她模擬楚辭寫一首騷體詩，她一出手就是一句：“仰幽岩而流盼，撫桂枝以凝想。將千齡兮此遇，荃何為兮獨往？”不但體式合規，文藻優美，而且還以幽谷中的香木自比，表達了希望獲得知音欣賞的心願。後來徐惠的這首作品傳到了唐太宗李世民的耳中，李世民即刻將她召入宮中為妃，她到了宮裏之後依然“辭致贍蔚，文無淹思”，很得太宗賞識，她的父親徐孝德也因為女兒的緣故升了官。

到了中唐，又有一位叫作宋庭芬的士人，生了五個孩子，全部都是女兒。他並沒有為家業無人繼承而沮喪，反而盡心盡力教導五個女兒學習經藝詩賦，結果她們還未到及笄之年就都學會了寫作詩文。這五位文學少女的名聲很快傳到了唐德宗的耳中，德宗將她們全部召入宮中，陪伴自己和學士們吟詩唱和。後來五姐妹中的宋若莘、宋若昭、宋若憲因為文才卓異先後受到任命，執掌後宮的文字工作，皇帝也不將她們看作妃子，見了面都要尊稱一聲“學士先生”。

生長在士大夫家庭的女子，平時耳濡目染都是經史詩賦，再加上家中擁有足量的藏書，即使父母不重視文學教育，也有不少自學的機會。西安市長安區出土的《唐秘書省秘書郎李君夫人宇文氏墓誌銘》中記載了一位宇文氏，她母親早逝，父親常外出做官，平時由族人撫養，並沒有太好的學習條件，但她出於對書本的熱愛，常常“獨掩身研書，偷玩經籍，潛學密識，人不能探”，避開族人偷偷自學經史文籍，等到族人發現時，她已經是“工五言七言詩，詞皆雅正”，成為一名堂堂的詩人了。她的父親回來後看見女兒如此好學，十分開心，常常對人誇獎宇文氏，說她至少應該許配給一位進士，才不辱沒了這份才華。

雖然女子依靠文學為家族帶來直接利益的可能性微乎其微，但身為知識分子的父親，看見女兒與自己同樣愛好文史，心中總是欣慰的。洛陽出土的《唐北平田君故夫人隴西李氏墓誌銘》中記載了一位叫作李鵠的女子，她對讀書的愛好已經到達了癡迷的程度，“雖眠食亦間以諷誦”，就算吃飯睡覺也是書不離手。李鵠的族兄弟們都覺得不理解，一方面擔心她過度勞累，一方面嘲笑她要做“女博士”，但李鵠的父母卻並不以為意，反而“日益憐異”，任由她縱情閱讀。最終，李鵠在古人的著作中尋找到了立身之道，“造次以古人為法”，最後以“懿行孝德”而聞名鄉里。

李鵠的堂兄弟們嘲笑她要做“女博士”，似乎認為女性讀太多書沒有什麼實際價值。的確，在唐代的社會條件下，很少有女子能夠將自己的才學兌現為高官厚祿，但是她們的才學依然能在家族和家庭的發展中起到關鍵作用。中國古代醫療條件差，人們的平均壽命普遍不高，如果家中父親過早去世，孩子的教育就要由母親全權負責。在另一些家庭中，男主人有幸得到了一官半職，那麼等待他的將會是長年的遊宦生涯，而奔赴四方做官的過程中常常是不能攜帶家眷的，在家中父親缺位的情況下，子女的教育工作依然會落到母親的肩膀上。這個時候，如果母親本身有一定的經學、文學修養，將會在子女教育中起到不可估量的作用。比如唐代著名書法家歐陽詢，六十八歲才生下兒子歐陽通，由於父子年紀相差太大，歐陽詢在歐陽通十四歲那年就去世了。這個時候，歐陽詢的妻子徐氏接過教育兒子的大任，親自輔導歐陽通讀書，還找來歐陽詢的字帖教導兒子臨摹，終於將歐陽通培養成與父親齊名的大書法家，他們的書法號稱"大小歐陽體"。又如中唐著名詩人元稹，八歲喪父，家境貧寒，母親靠親屬接濟養活元稹，他每次看見鄰家的小朋友有父親的教導，很早就能接觸儒家經典，心裏就愈發難過。最後還是元稹的母親"親為教授"，親自傳授元稹《詩經》《尚書》等經典的讀法，這才讓元稹在最困難的時期也能接受到優秀的教育，最後憑藉努力考上了明經科，一路官至宰相。

如果歐陽通的母親不通書法，元稹的母親不懂經學，那麼中國歷史上很可能就少了一名落筆風生的書法家和一名才氣縱橫的詩人，唐代文化的光輝，也會隨之黯淡不少。

傍身或寄情：倡家的才女們

◇◇◇

不管是宮廷中的女性，還是士大夫家庭的母親、妻子和女兒，都有學習經史文學的條件和熱情，但對她們來說，這些知識並非必須掌握，也不是完成自己社會職能的必備條件，因此從總體上看，這些人群中掌握文學創作能力的依然是少數。但對於另一群女性來說，掌握經史知識特別是詩文創作的能力，卻能夠切切實實提高自己的名聲，幫助自己獲得更多的資源和地位，這群女性就是唐代倡家中的官私妓女們。

唐代的妓女，按照身份區分，有私妓、宮妓、營妓、教坊妓等名目。其中私妓屬私人所有，其他妓女都屬官妓，戶籍大多屬"樂籍"，由官方統一管理。樂籍中人在身份上屬地位低下的"賤人"而非"良人"，人身自由和權利都受到嚴格控制，活動非常不便，也常常遭人欺負。因此有許多妓女另闢蹊徑，聲稱自己是"女冠"（女道士），加入道士、尼姑的戶籍，這樣的話既可以獲得正規的身份，又可以免於賦稅，還可以獲得自由活動的空間 —— 當然也有風險，如果她們頂著道士之名做妓女的事被人發現，就要罪加一等，接受更嚴厲的處罰。

　　官妓之中，以技能區分，有歌妓、舞妓、樂妓、飲妓等。其中對文學才能有要求的，就是飲妓。顧名思義，歌妓唱歌，舞妓跳舞，樂妓奏樂，而飲妓的主要工作則是陪人飲酒。這裏說的陪人飲酒，並不僅僅是喝酒而已，還包括主持和參加各種酒席上的遊戲。

　　唐代的酒席遊戲，通常稱為"酒令"。看過《中國詩詞大會》節目的朋友想必都聽說過"飛花令"，這個遊戲的核心是舉一字為令，參與者輪流說出包括這個字的詩詞，如果說不出就算告負。唐代的酒令與之類似，也是設立一套遊戲規則，命令席上客人輪流按照規則行事，犯規者則以飲酒作為懲罰，是活躍酒席氣氛的重要方式。

　　唐代是詩歌的時代，人人都以能吟詩作賦為榮，酒令中也有大量與詩賦創作有關的內容。比如《唐摭言》中記載，沈亞之在外出遊玩時受一名後輩邀請，一起玩一種酒令遊戲，規則是"書、俗各兩句"，也就是說兩個句子，前一句是經典中的原文，後一句是當時俗語，兩句之間必須意思連貫，用韻相同。後輩先舉令，說"伐木丁丁，鳥鳴嚶嚶，東行西行，遇飯遇羹"——前兩句出於《詩經》中的《小雅·伐木》，後兩句是當時俗語。沈亞之當即答令曰"如切如磋，如琢如磨，欺客打婦，不當娶羅"——前兩句出於《詩經》中的《衛風·淇澳》，後兩句則是當時俗語，不但與上聯相對，而且"切磋""琢磨"又和"欺客打婦"在意義上有所聯繫，顯示了很高的文才，當然引得後輩嘆服。飲妓們作為酒席氣氛的掌控者，自身要參與這種與詩詞創作有關的酒令，為了流暢行令，她們不但要熟悉各類儒家經典，還要有很強的詩詞寫作能力，才不至於在輪到自己時張口結舌，掃了大家的興致。有的時候，妓女還需要承擔酒席間的裁判工作，判斷在座的客人是否違反了酒令的規則，是否需要責罰，稱作"律錄事"，也就是酒席中的紀委幹部。這種工作對妓女文才的要求更高，但也更容易獲得與席高官名士們的關注，因此妓女們為了生存，常常加倍努力學習文學知識。

才情更為高絕的妓女，可以利用酒令給席間客人們帶來更多愉悅。晚唐著名才女薛濤，身份也是一名官妓。據《唐語林》記載，有一天薛濤參加一個刺史舉辦的酒宴，酒令的規則是大家輪流背出《千字文》中的句子，要求句子中必須帶有與鳥獸禽魚相關的字眼。刺史先背了一句"有虞陶唐"，在座的人都知道他是將上古帝王"虞"當成水中游"魚"了，但礙於他是刺史，都沒有作聲。輪到薛濤時，她應令接道"佐時阿衡"，這個"阿衡"就是商湯時著名的賢相伊尹，也與鳥獸禽魚沒有關係，大家於是起鬨起來，都要讓薛濤喝酒。薛濤無辜地說：“阿衡的衡字中間，還夾著一個小小的魚字，刺史的有虞陶唐裏面，可是一個魚字也沒有呀！”於是滿座大笑。薛濤的這個回答，既顯示出她對《千字文》的熟悉，又委婉指出了刺史的錯誤，還緩解了刺史出錯的尷尬，可謂“一石三鳥”。如果酒席上常有這樣一位聰慧之人，想必總會充滿快樂，難怪薛濤當時雖然居住西蜀，卻舉世聞名，成為各方諸侯和文士席上的常客。

我們在唐代傳奇小說中常常看到許多才子佳人的故事，其中才子主要是正在準備科舉的考生，而佳人則大部分都是妓女。張生與崔鶯鶯西廂結緣的故事，千年來一直膾炙人口，這個故事的原型，是唐代元稹所寫的《鶯鶯傳》。而據陳寅恪先生《讀〈鶯鶯傳〉》考證，故事的主角崔鶯鶯正是一位冒充富家小姐的妓女，故事中崔鶯鶯用以邀請張生的有名艷詩“待月西廂下，近風戶半開。拂牆花影動，疑是玉人來”，則是妓女發揮自己的才情用以打動張生的手段。在另一篇有名的唐傳奇《霍小玉傳》中，妓女霍小玉傾心於李益的詩才，自願委身良人，縱使遭到拋棄，也絕不怨恨。霍小玉時常掛在嘴邊的一句詩是“開簾風動竹，疑是故人來”，這正與《鶯鶯傳》中“拂牆花影動，疑是玉人來”異曲同工，可見利用詩句暗通款曲，已經是文人才子與妓女開啟愛情故事的通用手段了。唐代長安城中的妓女，以居住在城東平康坊中的倡家最為知名。據孫棨《北里志》記載，平康坊長年門庭若市，“舉子、新及第進士，三司幕府但未通朝籍、未直館殿者，咸可就詣”，其中科舉考

據傳為宋人所繪的崔鶯鶯像

宋畫院侍詔陳居中筆

崔鶯鶯　睨賢

生與新晉進士等文化人是主力，這正是因為平康坊中的妓女"多能談吐，頗有知書言話者"，與文人士大夫們擁有許多共同語言。

對於大多倡家女子來說，人生最好的結局，是結識一位好丈夫，脫離樂籍，回歸平常生活。但是唐代的戶籍規定嚴格，身處樂籍中的妓女，是不能和身份自由的良人婚配的，只有在獲得官方特赦的情況下，她們才可以脫離賤籍，與愛人正常結合。因此，長安的妓女們常常樂於和參加科考的進士交往，就是希望與這些有前途的年輕人締結良好關係，等進士們當上達官，再來營救自己。但是進士們在當官之後，為了自己的名譽著想，卻大多不願重提與妓女交往的經歷，最後那些青樓女子空有一身才情，卻只能苦等終身，鬱鬱而終。

就算士子們有情有義，不願拋棄舊愛，但士子無限前途與妓女卑微身份之間的落差，依舊會將兩情相悅的愛情導向悲劇。中唐有一位名叫歐陽詹的才子是韓愈的同榜進士，也是韓愈的親密朋友，可惜只活了四十出頭就英年早逝。而英年早逝的原因，正與一位妓女有關。歐陽詹等待銓選時曾經在太原居留，在那裏結識了一位才貌雙全的妓女，兩人吟詩作對，甚是

　　　　　　　　　　　　像唐人一樣生活

相得。後來歐陽詹入京為官，臨走前答應將妓女接到京城一起生活，但入京之後諸事繁雜，一時沒有機會付諸實踐。那位太原妓女等情郎不來，以為自己已經被拋棄，悲恨交加，從此病倒在床，等到歐陽詹終於派遣使者來接她的時候，她已經到了彌留之際。面對歐陽詹的使者，太原妓剪下了自己的一段頭髮放在匣子裏，並配上一首訣別詩寄給歐陽詹，詩云：“自從別後減容光，半是思郎半恨郎。欲識舊時雲髻樣，為奴開取縷金箱。”等到歐陽詹收到太原妓的頭髮與贈詩時，愛人已經撒手人寰。他讀著故人的遺詩，悲痛異常，不久之後便也與世長辭。他死之後，好友孟簡特別寫了一首長詩《詠歐陽行周事》歌頌這個故事，詩的末尾說：“哀哉浩然氣，潰散歸化元。短生雖別離，長夜無阻難。”兩人生時聚少離多，死後終於可以相守於無盡長夜，雖然悲哀，也算是一個團聚的結局了。

前面說了這麼多唐代才女的事跡，似乎唐代女性識文斷字、吟詩作對已經成為普遍的現象，但事實並非如此。文中所說的才女們大多出生在宮廷、開明士大夫家庭，或者從事著特殊職業，她們只是唐代女性之中的少部分。唐代的大多數女性，依然被所謂三從四德束縛在家中，終身難以得到學習經史與施展文采的機會。除此之外，由於許多名妓擅長吟詩作對，才子佳人詩歌傳情的故事又特別流行，人們常會產生“喜歡作詩的女子都不是正經人”的錯誤印象。一生中與許多妓女糾纏不清的李商隱，就曾說過“婦人識字即亂情，尤不可作詩”的糊塗話。

《北夢瑣言》中記載了一個故事：唐代一位姓孫的才女，

她的丈夫孟昌期是進士，但才華並不如妻子，所以孫氏常常為丈夫代筆，自己也寫了不少佳作。有一天孫氏忽然意識到"才思非婦人之事"，於是將自己的作品盡皆焚毀，從此"專以婦道內治"，走回家庭主婦的生活，只在《全唐詩》中留下了三首作品。這個故事告訴我們，在唐代大多數人的觀念裏，女性作詩仍然是一種怪異的、不值得提倡的行為，而唐代大量才女的作品，很可能都像孫氏的作品一樣，淹沒在"才思非婦人之事"的認識之中，不為我們所知。

故宮博物館藏〔清〕改琦《元（玄）機詩意圖》中的魚玄機像

像唐人一樣生活

傳說唐代著名女詩人魚玄機一次出門閒逛，看到新晉進士的榜單，心中深有觸動，當即作詩一首，詩的最後兩句說"自恨羅衣掩詩句，舉頭空羨榜中名"，痛惜自己身為女子，無法與當時的才子一較短長。其實這句詩中的"羅衣"，既指魚玄機自己，也包含了古今無數困於閨閣，無法盡情施展才華，最終寂寞而終的才女們。

參考資料

張國剛：《論唐代家庭中父母的角色及其與子女的關係》，《中華文史論叢》2007 年第 3 期。

段塔麗：《唐代婦女地位研究》，人民出版社 2000 年版。

趙和平：《唐代書儀中所見婦人書札》，載趙和平編《趙和平敦煌書儀研究》，上海古籍出版社 2011 年版。

妹尾達彥：《"才子"與"佳人"——九世紀中國新的男女認識的形成》，載鄧小南主編《唐宋女性與社會》下冊，上海辭書出版社 2003 年版。

郭麗：《唐代女性文學教育的文化環境述論——以墓誌為中心》，《蘭州學刊》2010 年第 10 期。

王昆吾：《唐代酒令藝術》，知識出版社 1995 年版。

19

葉上題詩寄與誰
宮女傳書與長安水利

石甃通渠引御波：水抱長安

◇◇◇

強盛的唐帝國就像一塊磁鐵，以它的富庶和繁榮吸引著全世界的旅人——而磁鐵的磁極，無疑就是位列當時世界上最大都市的長安。長安不僅僅是唐代的首都，也是 7 到 10 世紀全國的政治、經濟、文化中心。作為一個巨型都市，它容納著上百萬人口，光是每次科舉之時入京考試的士子就有上萬人之多。即使按照當今中國關於城市規模的劃分標準，長安也能被歸為"大城市"之列。聚集了如此多人口，飲食、住宿、醫療、交通等各方面的民生都必須仔細規劃，任何一個地方考慮不周，最終都可能演化為重大災難。

在巨型都市的規劃管理之中，食物和水無疑是重中之重。兩者相較，食物的功能以果腹為主，比較單一；而水既是維持人們生命的重要元素，也是農業灌溉、工業製造、日常洗濯等多種場合的必需品，對人類生活最為重要。

為了保證城市水源的充足，隋代在建造唐長安城的前

身 —— 大興城時，就已經對供水做了精心的安排。長安附近水源充足，東有滻、灞，西有灃、潦，南有滈、潏，北有涇、渭，呈"八水環繞"之勢，又有西漢長安故城可資利用，按理來說重建應該比較簡單。但準備興建藍圖的隋文帝發現，西漢長安城的水源以潏水和昆明池水為主，將水引到城市需要經過遙遠的路程，此前的水渠大多已經破壞，難以利用，更重要的是，漢代長安城缺乏有效的排水系統，城市污水常常使用滲井的形式就地處理，久而久之嚴重破壞了地下水，使得舊城附近的井水也污濁難飲。正是出於用水的考慮，隋文帝最終下令放棄漢代長安故城，在東面的龍首原附近建造新城。在新城建造過程中，引水和排水自然是重中之重。主持營造大興的宇文愷特地修造了三條引水渠道，分別是城東引滻水入城的龍首渠、城南引洨水入城的永安渠和城南引潏水入城的清明渠。

到了唐代，大興城被改造為長安城，除原有的三條水渠得到拓展之外，朝廷又相繼開發了兩條新渠 —— 黃渠和漕渠，形成五渠交錯的供水網絡。其中黃渠的引入，在城東南形成了一個著名的旅遊景點 —— 曲江。而漕渠的開鑿，則主要是為了水路運輸之用。

除了漕渠之外，四條水渠都有供水的功用，具體來說，又各有負責的區段：黃渠主要負責城東的供水，永安渠主要負責城西的供水，清明渠走的則是中路。其中龍首渠比較特殊，它的源頭滻水離長安城最近，水渠由城東進入後直奔皇城和宮城而去。唐代前期，皇帝生活和辦公的地方是位於長安城正北方的太極宮。唐高宗時，因為嫌棄太極宮地勢低窪，改在長安東北龍首原高地建造大明宮，就近在龍首渠引出一支向北，為大明宮提供用水。唐玄宗即位後，在原先自己的藩邸處建造了興慶宮，又在龍首渠引出一支向南，注入宮城。這樣一來，到了唐代後期，長安城中太極宮、大明宮、興慶宮三大宮殿區全部由龍首渠來供水，使得它的地位變得非常尊崇，人稱"御溝"。

願隨流入御溝泉：流動的身份符號

◇◇◇

"御溝"的名稱始自漢朝。西漢時，朝廷為了解決長安城內用水問題，曾將城西南的潏水引入，為了讓水能夠自然流入城中，還特地架設了高出地面的水渠，稱為"飛渠"。潏水通過飛渠，從城西的章城門進入，經過長安的宮殿區後，從城東的霸城門流出，出城之後分為兩股，一股向東南流向昆明渠，另一股再沿城牆北上，流入北面的渭水。由於這條水渠是朝廷主持修建，又流經皇宮，因此稱為"王渠"，也稱"御溝"。傳聞卓文君與司馬相如訣別時所寫的《白頭吟》中，有一句"躞蹀御溝上，溝水東西流"，就是用御溝出霸城門分為兩股，比喻夫妻感情破裂後的分道揚鑣。到了後世的朝代，"御溝"逐漸變成都城水渠的一個統稱，不論是東漢、曹魏、西晉、北魏的都城洛陽，還是南朝的都城建康，只要是為皇宮供水的水渠，都可被稱作"御溝"。

唐代長安城的水渠中，永安渠、清明渠和龍首渠都經過宮城，但人們說起"御溝"，主要還是指為三個宮城供水的龍首渠。龍首渠起自長安東南，由於地勢比長安城北要低，因此先在渠道上建造了一個較高的“龍首堰”，將滻水蓄入其中，形成一定勢能後再開閘放出，使其有足夠的能量流入長安城中。龍首渠從長安城東通化門附近進入，一路流經長安城北各坊，中途分出許多支流，提供三處皇宮用水，最終一部分匯入永安渠，向北流入渭水，一部分則留在皇宮中，為龍首池、太液池等皇宮內景觀提供水源。

龍首渠進入太極宮之前，流經的是長安城東北的高級住宅區，行走在這裏的，不是皇親國戚，就是達官貴人。而御溝的南側，則坐落著長安城中最繁華市場——東市，以及最有名的娼妓聚居區——平康坊，這優越的區位條件，將御溝流域打造成了一個繁華的中央商業區。“初唐四傑”之一的駱賓王，曾在一首詩中描寫這裏的景色為“落花泛泛浮靈沼，垂柳長長拂御溝。御溝大道多奇賞，俠客妖容遞來往”，確實是一番熱鬧景象。在唐人眼中，居住在御溝附近便是高貴身份的象徵，就好像今天北京人說自己住在二環，上海人說自己住在內環一樣。盛唐詩人盧象曾經寫詩形容在御溝邊擁有房產的人：“君家御溝上，垂柳夾朱門。列鼎會中貴，鳴珂朝至尊。”即家中天天舉辦高檔筵席，隨時都有面見天子的機會。中唐詩人陳羽的《古意》中，女主人公吹噓自己的丈夫出身高貴，特別提到“郎家居近御溝水，豪門客盡躡珠履”，居住在御溝附近，來往的自然也是豪門貴客。而晚唐詩人鄭谷一天傍晚在長安城中閒逛，走到御溝附近時臨時起興，隔著坊邊的短牆窺視兩旁豪宅之內的景象，不無艷羨地寫道：“御溝春水繞閒坊，信馬歸來傍短牆。幽榭名園臨紫陌，晚風時帶牡丹香。”雖然不能親自居住其間，享受一下牆內名貴牡丹飄來的花香也是好的。

　　朝廷在疏浚龍首渠的同時，也考慮到美觀的因素，特地在兩側種上槐樹和垂柳。這樣一來，本來只有實用功能的溝渠，又變成了一道美麗的城市景觀。每到春季，溝旁芳柳初綠，翠色如煙，新葉覆水，清蔭庇人，引得無數文人詩客前來遊賞。唐德宗貞元八年的進士科律詩考試，就是以"御溝新柳"為題，這個題目既包括了考驗舉子詠物能力的"詠柳"部分，又包括了讓舉子歌頌皇帝聖明的"詠御溝"部分，一舉兩得，可謂十分高明。當時正值春日柳蔭最盛之時，前來趕考的士子們如稍有生活情趣，必定已經觀賞過"御溝新柳"這一長安勝景，寫起詩來自然文思盎然；而那些只會死讀書，不喜歡觀察生活的人，考試時則不免詩情滯澀。結果這次考試非常成功，錄取了韓愈、李觀、歐陽詹、李絳、崔群、王涯、馮宿等多位著名政客名流，二十三名進士之中，三人仕至宰相，十餘人做到了尚書、侍郎級的高官，世稱"龍虎榜"。

　　對於那些無法進入皇城，又憧憬著帝王生活的

「龍虎榜」考生們所作的《御溝新柳》詩，出自徐松《登科記考》

人們來說，御溝承載的不僅是宮廷的生活用水，還有對皇宮的想像。唐末詩人王貞白曾寫過一首叫《御溝水》的詩，表達自己對御溝的艷羨："一帶御溝水，綠槐相蔭清。此中涵帝澤，無處濯塵纓。鳥道來雖險，龍池到自平。朝宗本心切，願向急流傾。"對王貞白來說，御溝中流動的不是水，而是帝王的恩澤，水流濫觴於險峻的山地，最終卻能流入平坦的宮苑，而來自窮鄉僻壤的自己，也願意像御溝水一般，進入君王的庇蔭之中。與他相似的還有晚唐詩人盧肇，他在一首同名的詩作中說，雖然中國之大，包容了百川萬壑，但不論多麼龐大的水系，多麼雄偉的浪潮，也比不上御溝水能夠"咫尺奉天波"，得睹皇上聖顏。

正因如此，御溝的流水，也常被人藉以表現自己對皇帝的尊仰。晚唐時長期在南方擔任節度使的高駢，手握重兵，長期在外，害怕朝廷會猜忌自己，特地在送給一位友人的詩裏寫道："長川終日碧潺湲，知道天河與地連。憑寄兩行朝闕淚，願隨流入御溝泉。"詩中說自己盼望回到朝廷，日日以淚洗面，希望淚水隨著河水，流入御溝，到達皇帝面前，向皇帝證明自己的一片赤誠忠心。

君恩不禁東流水：來自皇宮的"漂流瓶"

◇◇◇

皇宮外的普通士人，總夢想著有一天能走入禁城之中，親身體驗皇家的恩澤，但有幸居住在皇宮中的人，卻並不一定真的幸福。

皇宮之中，數量最多的並非皇親國戚，也非達官貴人，而是為上層統治者服務的“宮人”。這些宮人雖然朝夕生活在皇宮之中，但是人身卻有著種種限制：他們不能出宮，也不能出現在不屬自己的區域，只能在規定的時間，出現在規定的地點，日復一日完成規定的工作。皇宮雖然富麗堂皇，但對大多數宮人來說，只是一座比較華麗的監牢而已。元稹、白居易和李紳的“新樂府”中，有一個共同的題目叫作《上陽白髮人》，三位詩人的筆下，真實反映出宮女的一生：宮女們被送進宮中時，一個個興高采烈，都以為“皆云入內便承恩，臉似芙蓉胸似玉”，但現實卻是一入宮就被閒置，一閒置就是幾十年，只見“宮門一閉不復開，上陽花草青苔地。月夜閒聞洛水聲，秋池暗度風荷氣。日日長看提象門，終身不見門前事”。由於長時間不與外界來往，宮女們對世界的認知都過時已久，當時已是元和年間，她們還打扮著“天寶末年時世妝”。而這樣的宮女，在唐代的大部分時期都有萬人以上。經過年復一年寂寞無聊的生活，宮女們走出宮牆的願望越來越濃烈，但卻始終不得其道，因為按照唐律的規定，宮人不但不能隨意出宮，甚至連向宮外傳遞消息，傳遞者都可能被判處絞刑。在出宮無望的情境下，唯一可以寄託宮人們對自由的嚮往的，依然是御溝的流水。

上文說過，龍首渠中的流水進入皇宮以後，一部分注入宮中各處的池塘，一部分隨永安渠向北匯入渭水，這是宮中的主要供水系統。除了供水之外，皇宮的雨水和生活用水，也必須有順暢的排放途徑，不能一直留在宮內。為此，皇宮的設計者在皇宮中建造了毛細血管般密集的排水渠，每一條小水渠都能流入相應的大水渠，再由大水渠自南北分別排出宮外，北邊的排水渠直通閒人免進的禁苑，而南邊的排水渠則從皇宮流向城市方向。考古隊在發掘唐代長安城遺址時，曾在直通宮城的朱雀大街街面兩旁發現了寬兩米、深兩米的大容量排水溝，這兩條排水溝很可能就是皇城排水渠的延伸段，也可以看作御溝從皇宮內流出的部分。在不能隨意出門也無法隨意傳遞信息的情況下，能夠自由穿越宮牆的御溝流水，便成了宮女與外界聯繫的唯一希望。

晚唐筆記《雲溪友議》中，有一個章節叫"題紅怨"，其中記載了兩個故事。

第一個故事說唐玄宗天寶年間，楊貴妃日日專寵，宮中其他女性都得不到皇帝眷顧，曠廢冷宮，只能將自己心中的悲苦寫在落葉之上，讓它們隨著御溝流出宮裏。當時擔任著作郎的詩人顧況，有一次在御溝中拾到一片紅葉，上面寫著："舊寵悲秋扇，新恩寄早春。聊題一片葉，將寄接流人。"顧況看了深感同情，於是提筆和詩一首曰："愁見鶯啼柳絮飛，上陽宮女斷腸時。君恩不禁東流水，葉上題詩寄與誰。"後來顧況的和詩傳到了玄宗的耳中，皇帝覺得自己留這麼多宮女確實不合適，於是特地放出一批，讓她們可以回到家中，自由婚嫁。

第二個故事說一百年後的唐宣宗時，有一位叫盧渥的士人進長安趕考，他在經過御溝的時候偶然看見水面漂來一片紅葉，命令僕人撿來看時，只見葉片題有一首絕句："水流何太急，深宮盡日閒。殷勤謝紅葉，好去到人間。"盧渥很喜歡這首詩，便收藏在自己的書箱中。後來唐宣宗放出多餘的宮女，賜給文武百官，盧渥也娶到其中一位，新娘在幫盧渥整理書箱時，偶然看到紅葉，發現居然是自己當年無聊時所作，不由感慨萬千。

在這兩個故事中，宮女自身無法出宮，便將幽怨寄於紅葉，只希望它能幫助自己將心情傳給外界，並不奢望能夠得到回覆，這裏紅葉起到了類似"漂流瓶"的作用。而這"漂流瓶"居然真的為她們找到了另一半，可謂是一段奇緣了。在另外一些故事中，御溝既流入宮內又流出宮外的特性，則得到了充分的利用。比如五代孟啓的筆記《本事詩》中也記錄了顧況的故事，不過在這個版本裏，顧況得到紅葉題詩之後不但寫了和詩，而且還跑到御溝的上游，把和詩放入水裏，流入宮中。而禁掖的宮女居然得到了顧況的回覆，提筆寫了一首和詩，再次放入御溝中，後來這首和詩居然又被顧況得到了。這一來一回間，環繞皇宮的御溝水，赫然成了顧況和宮女交流感情的郵筒，成就了一樁美好愛情。

唐宋關於紅葉題詩的故事一共有五六個版本，經過現代學者的考證，在細節上多有不可靠之處，只能當作傳說。不過對唐代人來說，這些傳說卻有其合理之處：嚴格的宮禁，將皇宮內外分成兩個完全隔絕的世界，而出入皇宮的御溝水，卻在這分明的等級秩序中留下了一絲供人遐想的空間，不論是宮裏人還是宮外人，都憑著這一絲的空間，保留著自己生存與奮鬥的希望。

參考資料

溫亞斌：《隋唐長安城“八水五渠”的水系系統》，西安建築科技大學 2005 年碩士論文。

西安市地方誌編纂委員會編：《西安市誌》第 2 卷，陝西師範大學出版社 2000 年版。

史念海：《環繞長安的河流及有關的渠道》，《中國歷史地理論叢》1996 年第 1 期。

中國社會科學院考古研究所、日本獨立行政法人文化財研究所奈良文化財研究所聯合考古隊：《西安市唐長安城大明宮太液池遺址》，《考古》2005 年第 7 期。

富貴不來年少去

唐朝男子的中年危機*

　　馮唐寫作《如何避免成為一個油膩的中年猥瑣男》時四十六歲,虛歲四十七,馬上就要到孔子所謂"知天命"的年齡,算是標準的"中年男人"了。白居易也在四十七歲的時候仔細思考了自己的人生之路,作了一首《浩歌行》:

> 天長地久無終畢,昨夜今朝又明日。
>
> 鬢髮蒼浪牙齒疏,不覺身年四十七。
>
> 前去五十有幾年,把鏡照面心茫然。
>
> 既無長繩繫白日,又無大藥駐朱顏。
>
> 朱顏日漸不如故,青史功名在何處?
>
> 欲留年少待富貴,富貴不來年少去。

　　馮唐在文章中感嘆自己"一夜之間,活著活著就老了",

---

* 原題《唐朝男子的中年危機:不擔心油膩,為脫髮、落齒、事業所困》,2017年 11 月 4 日首發於澎湃新聞・私家歷史。

白居易說"昨夜今朝又明日，不覺身年四十七"，兩人雖然所用文體不同，但步入中年以後對青春的眷戀與對未來的無措之感，大約是相似的。只是相對於馮唐"活得不油膩"的理想，白居易更在意的是"青史功名在何處"，懸鵠越高，在現實面前的挫折感也就越強。

今天的中年人，生在醫學昌明、吃穿不愁的時代，所憂之處在於因多吃少動而變得"油膩"。而在唐代，生活條件大不如今，人過中年以後，食欲降低，身體衰敗，"油膩"跟他們根本沾不上邊。那麼，千年前的唐朝人面臨著哪些"中年危機"呢？

頭童齒豁眼昏花：身體危機

◇◇◇

人們警醒自己已經步入中年，最早的契機總是來自對身體變化的體認。中國古代醫學認為，人的生命力與精力主要來自"腎氣"，而牙齒和頭髮的盛衰，則是腎氣強弱的直觀體現。《黃帝內經》中說男子八歲時腎氣最為充盈，因此"髮長齒更"；二十四歲腎氣平均，故此牙齒堅固，智齒長成；但到了四十歲以後，腎氣逐漸衰弱，便會“髮墮齒槁”，就此步入衰弱。因為有這樣的觀念，唐人發現自己的頭髮開始變得花白稀疏、牙齒鬆動掉落時，總是非常沮喪的。

瀟灑豁達如李白，也免不了鬢邊生白的一天。為了讓自己看起來沒有那麼老，他找了一個空閒的下午，對著明鏡，用鑷子將白髮一根根拔去，卻發現拔去白髮之後，頭髮也所剩無幾了。他寫詩向朋友元林宗訴苦，說自己“長吁望青雲，鑷白坐相看。秋顏入曉鏡，壯髮凋危冠”，中年之悲躍然紙上。

對身體變化極端敏感的白居易也常常為自己的頭髮長吁短嘆，他在四十六歲時寫了一首《因沐感髮寄朗上人》，說自己在沐浴時發現頭髮的情況很不妙：“漸少不滿把，漸短不盈尺。況茲短少中，日夜落復白。”萬念俱灰之下，白居易甚至想直接落髮為僧，遁入空門。這樣的想法，倒與如今中年人為避免脫髮之苦，刻意以光頭示人的做法如出一轍。

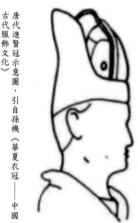

白居易一生的好友元稹，同樣深受脫髮的困擾。他三十歲當上監察御史，意氣風發，當時白居易鬢邊初生白髮，寄詩過來訴苦，元稹還安慰他說"畢竟百年同是夢，長年何異少何為"，認為中年與少年一樣，都可以努力前程。但是不久之後，元稹因為得罪了朝中宦官被貶到南方，流落荊蜀十年之久，除了在身體上步入中年之外，心境也有了很大的變化。四十歲那年，元稹在四川通州為官，兄長給他寄來一頂白色的頭巾，元稹試戴之後，竟然發現頭巾已經無法紮住頭髮，於是作詩感嘆："病瘴年深渾禿盡，那能勝置角頭巾。暗梳蓬髮羞臨鏡，私戴蓮花恥見人。"不但不願意外出見人，連在家中攬鏡自照的勇氣也失去了，全然沒有了三十歲時不懼老境、意氣風發的模樣。

　　唐代男子多留長髮，官員佩戴冠冕時常常要用頭巾將長髮包起，再將冠冕罩在上面，因此與其說冠冕是戴在頭上，不如說大部分是戴在頭髮上，唐代文官常用的進賢冠尤其如此。所以，如果頭髮稀疏，無法用頭巾包起，那麼冠冕在頭上就會搖搖欲墜、滑稽可笑。

　　白居易晚年時就曾感嘆自己"佩委腰無力，冠欹髮不勝"，他的朋友劉禹錫也說自己"身瘦帶頻減，髮稀冠自偏"。詩聖杜甫在中年時遭逢安史之亂，在對國家危難的擔憂下，本來就稀少的頭髮更是"白頭搔更短，渾欲不勝簪"。到了乾元元年，四十七歲的杜甫再度回到長安時，已經是"羞將短髮還吹帽，笑倩旁人為正冠"了。同樣在中年之時就深受禿頂困擾的還有韓愈。元和元年，年僅三十八歲的韓愈因為得罪了當權的大臣，被貶為陽山縣令，又轉為江陵法曹掾，遭受巨大打擊讓他壯志消磨，身體狀況也每況愈下，"冠欹感髮禿，語誤驚齒墮"，提前換上了中年心境。

不過對於韓愈來說，比起脫髮，更值得擔心的是牙齒的掉落。韓愈三十五歲時就開始落齒，他在寫給朋友崔群的信裏，說自己"近者尤衰憊，左車第二牙，無故動搖脫去；目視昏花，尋常間便不分人顏色；兩鬢半白，頭髮五分亦白其一，鬚亦有一莖兩莖白者"，對自己中年的衰弱充滿了擔心。一年之後，落齒的勢頭變得更為猛烈，韓愈為此寫了一首《落齒詩》，說"去年落一牙，今年落一齒。俄然落六七，落勢殊未已"，並根據"人言齒之落，壽命理難恃"的說法，認為自己已經命不久長。幸好不久之後韓愈及時止住了落齒的趨勢，不過在此後生命中，他再也不能吃堅硬的食物了。十年以後，他寫詩給自己年輕的弟子劉師服，詩中說"羨君齒牙牢且潔，大肉硬餅如刀截"，自己則是"匙抄爛飯穩送之，合口軟嚼如牛呞"，文字中充滿了中年男子對年輕身體的羨慕之情。人過中年之後，常常是頭髮與牙齒同時步入衰朽。白居易在寫於四十歲的《自覺》詩中說："前歲二毛生，今年一齒落。形骸日損耗，心事同蕭索。"所謂"二毛"，指頭髮分出了黑白兩色，而"齒落"則是和韓愈一樣，掉落了臼齒。

在白髮、脫髮與落齒之外，唐代中年男子另一個共同的身體危機是眼病。白居易在四十一歲時，就已經"病眼昏似夜，衰鬢颯如秋"了。到了四十四歲時，被貶江州的白居易給同樣被貶江陵的元稹寫了一封信（後世稱為《與元九書》），信中除了闡明自己"文章合為時而著，歌詩合為事而作"的著名文學主張之外，還述說了自己日益糟糕的身體狀況，不但"未老而齒髮早衰白"，而且"瞥瞥然如飛蠅垂珠在眸子中也，動以萬數"，眼花又進一步加劇了。對於一個文人來說，眼睛不能視物，既影響讀書，又影響寫作，可以說是致命的打擊，難怪白居易在初得眼疾之後大為沮喪，自覺此後"除卻須衣食，平生百事休"，文人生涯就要結束了。白居易的好友劉禹錫也時常受到眼疾的困擾，他在一首寫給眼醫的詩中，說自己"兩目今先暗，中年似老翁"，眼睛的不便，會體現在生活的方方面面，讓人很容易感覺到自己的衰老無能。

生不成名身已老：心理危機
◇◇◇

身體的衰頹固然令人驚心，心理上的消沉則更為沉重。那些曾在年少時懷抱非凡夢想的人，步入中年後經受了生活的殘酷打擊，便會開始懷疑自己的能力和價值。

杜甫曾"七齡思即壯，開口詠鳳凰。九齡書大字，有作成一囊"，因才華橫溢而備受長輩稱許，自己也非常驕傲，只願意與高適、李白這樣的天才結交，在酒酣耳熱之後，環顧周圍，只覺得"俗物都茫茫"，沒有人能比得上自己。但是當他來到長安，滿懷信心想要依靠自己的才華"致君堯舜上"的時候，卻接連碰壁，轉眼間已經年屆四十，卻仍然毫無功名。此時的杜甫雖然剛到中年，卻將自己稱為"杜陵野老"，被他視作"俗物"的人，如今"赤縣官曹擁材傑，軟裘快馬當冰雪"，而杜甫卻仍然處在"長安苦寒誰獨悲，杜陵野老骨欲折"的狀態，只能轉而內省，懷疑自己是否只是一個"疏頑臨事拙"的遲鈍愚蠢之人。八年以後，曾經短暫進入朝廷中央，旋即再度遭貶的杜甫，終於決定暫時拋下求官的夢想，首先找一個能夠幫助自己和家人脫離饑貧的工作。他放棄了華州司功參軍的職務，帶領一家南下，在經過甘肅的同谷時，已經到了拾橡子餬口的境地。這樣的處境，讓杜甫再次懷疑起了自己的能力，除了感嘆"男兒生不成名身已老，三年饑走荒山道。長安卿相多少年，富貴應須致身早"之外，他還寫詩自嘲"有客有客字子美，白頭亂髮垂過耳。歲拾橡栗隨狙公，天寒日暮山谷裏"，在詩中，杜甫簡直已經變成一個浪跡山林的野人了。

　　韓愈年少時科場得志，二十四歲就中了狀元，文章也受到時人的追捧，但是在這短暫的輝煌之後，他的仕途便一直不

元代書法家鮮于樞書寫的《進學解》（局部）

順。到了元和三年，四十歲的韓愈仍在做國子博士，絲毫看不到提拔跡象。他根據自己的經歷，寫下了名篇《進學解》，通過學生之口嘲笑自己"先生口不絕吟於六藝之文，手不停披於百家之編。記事者必提其要，纂言者必鈎其玄。貪多務得，細大不捐。焚膏油以繼晷，恆兀兀以窮年"，付出了無數的精力和努力，最終卻"公不見信於人，私不見助於友。跋前躓後，動輒得咎"，不但沒有依靠學問致身通顯，反而落得"冬暖而兒號寒，年豐而妻啼飢。頭童齒豁，竟死何裨"。面對這樣的狀態，韓愈也只能自我反思，將當年文章天才的光環逐漸褪去，說自己"學雖勤而不繇其統，言雖多而不要其中，文雖奇而不濟於用，行雖修而不顯於眾"，能免遭朝廷嫌棄，拿到一份俸祿，就已經謝天謝地，也就不追求更高的地位了。

貞元十九年，二十四歲的元稹與三十二歲的白居易同時考上了書判拔萃科，又同時做了秘書省的校書郎，兩人都是少年得志，才華橫溢，前途無量。但是不久以後，兩人的仕途分別遭到了重大打擊。元和十年，四十四歲的白居易因為得罪權貴被政敵攻擊，外放為江州司馬。白居易本已在中央立穩了腳跟，忽然遭遇這樣的貶謫，心情落至谷底。到達江州以後，他寫了一首《謫居》詩說："面瘦頭斑四十四，遠謫江州為郡吏。逢時棄置縱不才，未老衰羸為何事。"他將遭遇貶謫的原因歸結為自己的"不才"，同時又深深為自己身體的衰弱而擔憂。在這樣的低落心境中，白居易改變了年輕時關心時局、熱衷政事的性格，認為"我心忘世久，世亦不我干"，開始潛心著述。而早在五年之前，元稹因為做御史時過於正直，得罪了太多同僚，被貶謫到江陵，後來又去了四川通州。四年以後，他在一封寄給白居易的詩中形容自己當時的境遇是"五千誠遠道，四十已中年。暗魄多相夢，衰容每自憐"，心情也已低落到了極點。

幸運的是，他們熬過了中年的低谷之後，大多都迎來了命運的轉機。杜甫依靠朋友嚴武在成都定居，還營建了自己的草堂；韓愈因為文才被皇帝關注，重回中央任職，不久就做上了皇帝的秘書；元稹寫下"衰容每自憐"之後一年不到，便和白居易一同被調回了中央，先後做上了中書舍人，還一路晉升，最終當上了宰相。當他們時來運轉之後，再回頭看看中年困頓時的抑鬱之情，一定會覺得輕鬆而釋然了吧。

遇事知裁剪，操心識捲舒：應對之法

◇◇◇

以上所舉的幾位，都是唐代士人群體中才智最為出眾的人物，然而即使是他們，到了中年之後，依然會為了身體的衰頹和事業的困阻而意志消沉，甚至自我懷疑，可見中年危機在人群中是多麼普遍。那麼，在面對中年危機時，唐朝人又有什麼好的應對之法呢？

在上文提到的白居易所作《自覺》詩中，白居易在嘆息自己"形骸日損耗"之後講到了一位與自己同年出生的崔舍人："同歲崔舍人，容光方灼灼。始知年與貌，衰盛隨憂樂。畏老老轉迫，憂病病彌縛。不畏復不憂，是除老病藥。"白居易認為，面對中年的來臨，恐懼退縮只能讓心情越來越壞，我們應該安然接受身體與心理的轉變，以樂觀的態度，迎接新的生活，"不畏復不憂"，自能安然渡過危機。在此後的人生中，白居易也時常踐行著這樣的生活方式，不論多麼艱難，都努力為自己找到排解的理由，比如文章開頭寫到的《浩歌行》，白居易在感嘆自己"富貴不來年少去"之後，又說"古來如此非獨我，未死有酒且高歌。顏回短命伯夷餓，我今所得亦已多"。既然生老病死是人生常事，青年早逝的英才也並不少見，能不受飢寒地活到中年，已經是非常幸運的事了，又有什麼好過度憂愁的呢？正是有了這樣的樂觀心態，白居易硬是以衰弱多病之身活到了七十五歲高齡，那位與他同歲、"容光方灼灼"的崔舍人崔群，反而還比白居易少活了十五年。

除了保持樂觀的心情，尋找一個讓自己全心投入並能從中獲得價值感的事業，也是應對中年危機的好方法。韓愈在四十五歲尚為國子博士，還不斷遭到攻擊和排擠，他雖然鬱悶，但並不絕望，因為還有一份重要的事業等著他去完成。當世之人追求的是功名利祿，而韓愈追求的則是"文書自傳道，不仗史筆垂"，他立志"生兮耕吾疆，死也埋吾陂"，而所謂"吾疆"與"吾陂"，就是他欲以之匡正天下士風的載道之古文。正是有了這份堅持，韓愈才可以銳意於儒道復興和文章改革，成為"文起八代之衰，道濟天下之溺"的一代文宗。

最後，懂得有所捨棄，遇事不要太過斤斤計較，也是唐人對中年人提出的重要建議。晚唐詩人杜牧在度過了"十年一覺揚州夢"的年少輕狂之後，也曾身陷中年危機，他感嘆中年之後諸事蕪雜，"只言旋老轉無事，欲到中年事更多"。在四十歲時，更由中央官員被外放至偏遠的黃州當刺史。憤懣之餘，杜牧寫了一首《自遣》詩，為自己中年以後的生活訂立了幾條規則：第一條是 "聞流寧嘆吒"，聽到駭人聽聞的流言不要立即相信驚嘆，是要小心求證其真偽；第二條是 "待俗不親疏"，面對所有人都要公平對待，不要有親疏差序；第三條是 "遇事知裁剪"，碰到蕪雜繁忙的事務要根據輕重緩急，有所取捨；第四條是 "操心識捲舒"，不要對任何事都費神關照，而是要保留精力，勞逸結合。歸結起來，這四條都有一個共同的原理，那就是對一切都看淡一些，多一點放鬆，少一點糾結。

　　這樣的建議雖然出自千年之前，但對今天的中年人來說，大概也同樣有效。

強中更有強中手

唐朝選舉中的鄙視鏈

按地錄取的鄉貢

◇◇◇

　　晚唐筆記《劇談錄》中記載了這樣一個故事：知名才子李賀來到長安城考進士，當時名士元稹聽聞他才高八斗，想要親自登門拜見，派人向李賀送上名帖，沒想到李賀看了名帖後冷冷地說了一句："明經擢第，何事來看李賀？"當場回絕了元稹。其後元稹對李賀懷恨在心，向朝廷舉報說李賀的父親名字中有一個"晉"字，因此需要避諱，不能考進士，致使李賀終身無法考取功名。

　　根據現代學者的考證，這個故事的內容與李賀、元稹的生平都對不上，應該只是小說家言，但其中卻透露了一點真實的信息：明經、進士雖然都是唐代科舉中常見的科目，但地位卻有級差，明經登第的人是會被進士登第的人鄙視的。

　　這樣的級差是怎麼形成的？讓我們從唐代選舉制度的分類談起。

　　唐代的入仕途徑，除了軍功、門蔭之外，最主要的就是

李長吉

長吉將死時，忽見一緋衣人，駕赤虬，持一版，書若太古篆或霹靂石文者，云當召長吉。長吉了不能讀，欻下榻叩頭，言阿㜷老且病，賀不願去。緋衣人笑曰：帝成白玉樓，立召君為記。天上差樂，不苦也。長吉獨泣，邊人盡見之。少之，長吉氣絕。常所居窗中，勃勃有煙氣，聞行車嘒管之聲。其母急止人哭，待之如炊五斗黍許時，長吉竟死。

選舉，而我們熟悉的科舉則是選舉中人數最多、影響最大的一部分。唐代的科舉承襲自隋朝，分為秀才、進士、明經、明法、明書和明算六科。這六科中，秀才科在唐高宗執政之初就已停止；明法、明書和明算三科，主要是選拔格式律令、文字書法、數理計算方面的專門人才，中第者可選擇的官位很少，品階也不高，在唐代文獻中鮮有記載；而出路最好、最受重視的，就只有明經和進士兩科，我們一般說到唐朝科舉，主要也是指這兩科。

明經科和進士科的考試通常每年都會定期舉行，稱為"歲貢"。不過考試不是報個名就能參加的，而是要經過嚴格的選拔。參加考試的人主要有兩類：一類是中央和地方公辦學館的學生，一類是地方上自己報名的鄉貢生。公辦學館的學生通常接受過學校的正規教育，能夠保證一定的水平，但即便如此，他們還是要通過國子監組織的考試之後才能報名科舉。而地方上的鄉貢生來源則五花八門，既有家學淵源的官宦子弟，也有天資聰穎的寒門學子，他們人數眾多，自然不能全部湧進長安城去考試，所以唐代《選舉令》規定，每年有資格去長安參加進士考試的人都是有限額的，其名額按照考生所在的州縣分配，最大的州每年可以有三十個進士考生、五十個明經考生的名額，而偏遠的小州每年就只能分配到七到十名進士、明經的考生名額。

為了爭奪這些名額，有志科舉的考生需要先到所在縣參加初試，再到所在州參加復試，全部通過了才能得到州府的推舉，進入長安參加全國科舉。他們被看成是地方進貢給國家的人才，稱為"鄉貢"。《劇談錄》的故事中，李賀就是通過了河南府的復試，才赴長安趕考的。從難度上說，取得鄉貢資格，大約相當於在高考中獲得全省前一百到兩百名的成績，自然值得驕傲。

同是獲得赴長安參加科舉的資格，考生的來源不同，其地位已經開始出現等級差別。在開元以前，通過國子監考試獲得科舉資格的人比較受人尊重，"進士不由兩監（長安和洛陽的國子監）者，深以為恥"；到了開元以後，州府貢舉的地位逐漸提高，考生地位的高低又取決於應考地點的區別。如果你通過的是長安所在的京兆府的考試，並且取得了前十名的成績，那麼恭喜你，你的一隻腳已經踏進了明經、進士的大門，因為京兆府的前十名裏通常有七八位能最終獲得功名，否則當年主考就會遭到質疑；相對而言稍差一點的是靠近京城的同州、華州，不過如果能在這些地方獲得州試第一名，也幾乎就拿到了明經、進士的保票；但如果你不幸在當時屬偏遠地區的福建、嶺南州縣獲得應試資格，那麼考中的概率就會變得微乎其微。比如韓愈曾經給與自己同年當上進士的歐陽詹作《歐陽生哀辭》，其中說到"閩越之人舉進士由詹始"，也就是說從唐朝始開進士科的武德五年到歐陽詹獲得進士的貞元八年，整整一百七十年裏，福建居然連一個進士都沒有出過。後來五代學者王定保在《唐摭言》中，又考證出一位歐陽詹之前的福建進士，終於將一百七十年來福建的進士數量提高到了兩個，但與京兆府相比，依然是天壤之別。

有了這樣的地區差別，唐代中期以後的考生，常常將從京兆獲取資格稱為"榮美"，將從同州、華州獲取資格稱為"利市"，而偏遠地區來的考生則會受到歧視。本來考生必須在戶籍所在的州縣參加考試，但為了能夠獲得更好的機會，他們開始想方設法跑到京兆、同州、華州，甚至"不遠千里而來"，成為科舉移民。

三十老明經，五十少進士

◇◇◇

在通過州府的考試之後，考生們終於可以來到長安，參加全國的最終科舉了。大部分想要出人頭地的考生都是奔著明經科和進士科來的，這兩者考試的具體內容又有所不同。

明經科側重考察經學修養，考試內容是帖經、經問大義和時務策，一共三場：其中帖經就是經文填空，每一本經書出十題，答對六題算通過；經問大義主要考對經義的理解，一共十題，其實就是要背熟各種經文的權威注疏；而時務策一共三題，主要是發表對時政問題的見解。

進士科則側重詩文寫作能力，考試內容在唐初只是策文寫作，高宗後期定型為帖經、試雜文和對策，也是三場：其中帖經和對策的內容與明經類似，不過經文的考試範圍主要在《禮記》《左傳》等"大經"中選取，只要答對四題就算及格，而對策則要寫五篇，負擔比明經科要重。至於雜文，則是寫作兩篇命題作文，在唐代初期文體不固定，中後期則固定為一詩一賦，完全憑文辭確定成績。

除了參加考試之外，應進士科的考生們一到長安，立即得四處打點，把自己平時的習作送給權威人士看，爭取留下好印象，稱為"行卷"。因為唐代進士考試是不糊名的，考官判卷時能看到考生姓名，如果能在考試之前就獲得一個好名聲，給考官留下好印象，顯然會對最終成績起到積極影響。

雖然拿到鄉貢的名額很不容易，但是由於唐代疆域遼闊，州縣繁多，按照地區貢舉人數限制來推算，每年由學校和地方推舉到長安參加科舉的,總共也有兩三千人之多,這兩三千人已經在地方和學校的考試中淘汰了無數同學,算得上"學霸"了,但最後也只有一百五十人左右能獲取功名,錄取率還不到十分之一。有幸在這一輪考試中脫穎而出的考生,終於獲得了明經或進士的頭銜,算是走上了成功的人生路。

然而,正如文章開頭所說,考上明經和考上進士,其尊貴程度有很大差距。其中的原因,一方面是因為兩者考試方式的差別:明經科的考題主要是背誦經文和注疏,只要記憶好,肯下苦功,通過還是比較容易的,很多人甚至能在不通經義的情況死記硬背過關,所以曾有批評說明經科"以帖誦為功,罕窮旨趣";而進士科的雜文考試,考驗的主要是想像力和對語言的運用能力,這需要一定的天賦,也更有創造性,因此更受推崇。另一方面則是因為兩者競爭強度的差別,應試明經科與應試進士科的考生比例大約是二比一,但最終錄取的比例則是五比一,可見考上明經要比考上進士簡單不少。杜佑在寫《通典》時將這個比例稍

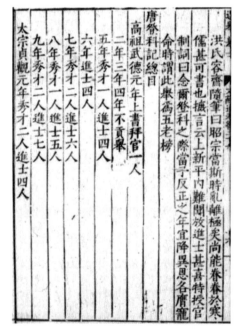

元代馬端臨《文獻通考》中保留的唐代登科記總目

作誇張，說"其進士，大抵千人得第者百一二；明經倍之，得第者十一二"。唐代有句俗話說"三十老明經，五十少進士"，是說三十歲明經登第已經算老了，而五十歲進士登第還算年輕。

由此可見，明經雖是精英，但進士卻是精英中的精英，他們不但社會評價更高，而且有更光明的仕宦前景，因此被唐人稱為"白衣公卿"。對比之下，明經在人們心中的地位相對就要低一些了。中唐時有位文士叫李珏，雖然文才很好，但是為了保險僅去應試明經，後來他所在的州府刺史看了李珏的文章，大為讚賞，對他說"明經碌碌，非子發跡之路"，勸他一定要去考進士。晚唐時有一對表兄弟，一位叫崔彥昭，一位叫王凝，兩人一同參加進士科考試，結果王凝首先中第，崔彥昭則連續失敗，王凝得到進士之後很得意，戲弄崔彥昭說"君卻好應明經科舉也"，就因為這句話，表兄弟就此反目成仇，王凝被崔彥昭記恨了一輩子。

進士雖然地位足夠高，考試足夠難，但仍算是取士的常規路徑。在許多自視甚高的人看來，每年有二十幾個人與自己並肩中舉，還是沒有辦法體現出自己的獨特之處，他們還想要挑戰規格更高、錄取人數更少的選拔路徑，以證明自己的實力。唐人所編《河岳英靈集》載，著名邊塞詩人高適就"恥預常科"，拒絕參加明經、進士考試，希望獲得更高級的出仕平台。

折磨過韓愈的吏部科目選

◇◇◇

唐德宗貞元十一年正月二十七日，上元節假期才過不久，二十七歲的韓愈給當朝宰相寫了一封信，信中誇耀自己"所讀皆聖人之書"，"所著皆約六經之旨而成文"，是個不世出的優秀人才，希望宰相能將自己推薦給皇帝。

在信中，韓愈將自己的能力無限誇大，對自己的現狀則描繪得異常可憐，"遑遑乎四海無所歸，恤恤乎飢不得食，寒不得衣，濱於死而益固，得其所者爭笑之"，即無家可歸，飢寒交迫，受到同僚恥笑，如果宰相還無動於衷，他就只能"棄其舊而新是圖，求老農老圃而為師"，回家種地去了。乍看之下，韓愈就像是一位為了科舉滯留長安，馬上要花光積蓄的窮書生，但實際上，在書信開頭韓愈就自報了身份——這樣窮困潦倒、處境悲慘的人，居然是一位堂堂的科舉進士。

前面已經說過，在唐朝，進士被稱為"白衣公卿"。不過請注意，白衣公卿仍

明代呂維祺《聖賢像贊》中的韓愈立像

先儒韓子　宋呂祖謙贊
倡始斯文　不膠於物
富澤周孔　觚排老釋
言以道行　世行為一

然是"白衣",既不是真正的官員,也沒有一分錢俸祿。在唐代,獲得進士身份,稱為"進士出身",只是獲得一個成為官員的資格而已,要正式成為備選官員,還需要經過一次考試,叫作"關試"。不同於科舉常科,關試的考試機構是吏部,內容是寫兩道"判詞",測試的主要是具體公文寫作的能力。通過關試以後,才有資格將檔案送到吏部,成為候補幹部,稱為"守選"。

所謂守選,意思是等候吏部選一個官職派發給你。唐代初年,百廢待興,官職多而官員少,考上進士馬上就有官做;但過了一段時間之後,官員人數增加,逐漸填補了所有空缺,這樣一來,每年新中第的人,必須要等到某個官職上的現任官員離任,才有機會遞補上去。更加重要的是,唐代人做官的途徑並不只有科舉,還有門蔭、軍功、使勞、奏薦等許多途徑,這便造成了人多官少的局面。到了開元時,竟然有守選二十年而未得官位的情況。安史之亂後,朝廷失去了河西、隴右的控制權,河北地區的地方人事權又被方鎮節度使牢牢掌握,致使吏部控制的總體官位比天寶年間減少了三分之一,而有資格入仕的人並沒有減少。按照杜佑《通典》的說法,當時官位數量和等官做的人數懸殊,"大率約八九人爭官一員",這個時候,守選的時間就會無限延長。在中唐,像韓愈這樣的進士出身者守選期一般是三年,在這三年期間,守選者空有一個聽上去很厲害的進士頭銜,卻沒有任何職務,也拿不到半毛錢俸祿,如果是富貴之家尚且可以承受,像韓愈這樣有一大家族需要養的人,這三年就會異常艱苦而漫長,更何況三年到了以後,吏部也不一定會安排什麼好的官職。

考上進士後，如果不願意苦等三年守選，一般還有兩條捷徑可以走：一條是參加吏部舉辦的“科目選”，一條是參加皇帝舉辦的“制舉”。這兩條路都是為了挑選那些特別優秀的人才，讓他們能夠快速進入朝廷中樞而設立的，待他們考中以後，可以免去守選的步驟，直接授官。其中，制舉是當皇帝對特殊人才有需求的時候才舉辦，並非常規科舉；而吏部的科目選則是開元十九年之後每年舉辦。韓愈在科舉中第之後，就開始不斷嘗試科目選考試。科目選中的科目有開元禮、學究一經、三禮、三史、明習律令等，而其中地位最高、前途最光明的有三種：博學宏詞科、書判拔萃科和平判入等科。三科考試內容各有不同：其中博學宏詞科和進士科類似，給定題目寫三篇作文，詩、賦、論各一篇，以文采決定等級；書判拔萃科和平判入等科考的則是應用文寫作，考官設定一個案件，請考生斷案並撰寫審判書，以審判書的文采和書法的優美程度判定等級。進士們中第之後，往往都會去參加這些考試，取得好成績以後，才能真正確保仕途有一個好的開始。唐代文士中仕途比較順的，往往都通過了科目選的考試，如白居易曾舉書判拔萃科，元稹曾舉平判入等科，韓愈的朋友柳宗元則考中過博學宏詞科等等。

在這三科之中，又以博學宏詞科前途最為光明，這也是韓愈選擇的科目，他曾經給友人寫信說明自己選擇此科的原因：“聞吏部有以博學宏辭選者，人尤謂之才，且得美仕。” 就是說博學宏詞科中舉的人，會被大家公認為才子，而且能夠找到好的工作。作為選拔頂尖人才的考試，博學宏詞科每年最多錄取三到四人，比進士科更難。韓愈對自己寫的文章比較有自信，覺得去考試一定能登第，結果連續三次失敗，他在給宰相的信裏說自己"三選於吏部卒無成"，說的就是這段經歷。

最終，韓愈因為中舉無望，只能去方鎮幕府中做一名幕僚掙錢養家，很久之後才回到朝中做官，也只是做到"四門博士"這樣一個前途不怎麼樣的官職。與韓愈形成鮮明對比的是柳宗元，他貞元九年中進士，三年後博學宏詞科登第，接著便一路坦途，直到因永貞革新被貶。韓愈在為柳宗元寫墓誌銘的時候說柳宗元當時"以博學宏詞授集賢殿正字，俊傑廉悍，議論證據今古，出入經史百子，踔厲風發，率常屈其座人，名聲大振，一時皆慕與之交"，當真是意氣風發。在寫這一段的同時，恐怕韓愈也難免會將柳宗元的得意，與自己當年連應博學宏詞科不中，"得其所者爭笑之"的情形做對比吧。

"最為高科"的制舉

◇◇◇

和吏部科目選相比，通過制舉上任的官員等級更為高貴。所謂"制"，是天子之言的意思，制舉即指皇帝頒佈一道聖旨，要求選拔（舉）官員。吏部科目選的主考官通常是吏部尚書、侍郎，而制舉的主考官則是當今天子 —— 考上制舉，就成了貨真價實的"天子門生"，地位自然加倍尊崇。按照晚唐文人范攄在《雲溪友議》中的說法，當時"貴族競應制科，用為男子榮進，莫若茲乎"，說的正是唐代這一最高級的選舉項目。根據宋朝人王應麟的統計，唐代三百多位宰相中，制舉登第的有七十二人，制舉真可謂是宰相的搖籃。

皇帝通過制詔特招人才的做法始於漢代。漢文帝二年十一月，天上連續發生了兩次日食，皇帝認為是上天給自己的警戒，特別下詔"舉賢良方正能直言極諫者，以匡朕之不逮"，尋找正直的人才，提醒自己為政方面的過錯。漢武帝即位後，又故技重施，廣招賢良，著名儒士董仲舒寫"天人三策"，提出"罷黜百家，獨尊儒術"的理論，就是在制舉考試中上交給漢武帝的。

唐代制舉，也沿襲了漢代的傳統，在大多數情況下都考策論，題目一般是皇帝關心的時政問題，考生圍繞這個問題各抒己見，提出相應對策。至於問題的領域，則要看當時政治的需要。由於制科並非常規選舉，而是"隨事設科"，其科目名也五花八門，除了漢朝就有的賢良方正科之外，和文才有關的有辭藻宏麗科、文藻宏麗科、文辭清麗科、文詞秀逸科等，與學術修養有關的有經學優深科、博學通儒科、博學通藝科、洞曉玄經科等，和武略有關的有運籌決勝科、智謀將帥科、軍謀越眾科、武足安邊科等，與道德品行有關的有樂道安貧科、志烈秋霜科、孝弟力田聞於鄉閭科等，與政治才能有關的有才膺管樂科、才堪經邦科、才識兼茂明於體用科、清廉守節政術可稱堪縣令科等。

不過也有一些科目的設置比較奇怪，比如高蹈丘園科、高蹈不仕科、隱居丘園不求聞達科之類。從科目的名稱來看，是褒獎那些隱居山林、不願為官的高潔之士；從設置科目的目的來看，則是想招攬這些不願為官的人來做官。這就產生了一個悖論：如果想要達到隱居丘園不求聞達科的入選條件，必須做到"不求聞達"；但只要有人報名了這次制舉，就說明他是想"求聞達"的。這種科目的設置，擺明了不是為了請人做官，只是表明皇帝重視高蹈之士的態度而已。

前面說到的科目選，必須是進士出身才能報考；而制舉則將招考範圍擴大到了全國，不管是平民還是官員，文人還是武將，只要有人舉薦，就能前來報考。由於制定科名比較隨意，選士的範圍也比較寬廣，在一定程度上消解了常科中唯文才經學是舉的弊端，能招納到不少"偏科"的實用性人才。之前提到"恥預常科"的高適，就考取了"有道科"，後來立功無數，做到封疆大吏，史稱"有唐以來，詩人之達者，唯適而已"。

如果有幸高分考上了制科，今後的人生之路就會異常順利。首先，你不需要和進士們一樣守選，直接就能得到京城郊縣的縣尉、皇帝身邊的校書郎這樣的美官；如果不出意外，在第二任官時，就能做到皇帝敕授的監察御史之類要職，得到大把立功表現的機會；如果好好表現，在二十年內做到朝廷中央的五品官也不是什麼難事。比如玄宗朝前期的名相張說，在永昌元年考上制舉，僅僅十四年後的長安三年，就已經做上了正五品的鳳閣舍人，二十二年後的景雲二年即榮登相位，走上人生巔峰，這時他年僅四十四歲。

所以，對唐代文士來說，得到進士固然值得高興，考上制舉才是選舉中的最高榮耀。高適在考上有道科後，曾得意地給先前的朋友寫詩，說自己此前落魄之時，朋友常常"哂我輕常調"，嘲笑他不願參加科舉的行為，高適自己也是"寒賞蹉跎竟不成，年過四十尚躬耕"，生活異常艱苦。如今制舉登第，高適的境況有了戲劇性的反轉，"犁牛釣竿不復見，縣人邑吏來相邀"，得到了州縣長官的極力巴結。於是他得意地奔赴朝廷，並反過來嘲笑之前的朋友，說自己今後一路高升，恐怕沒有機會與他們再見面了。

就這樣，從明經、進士、科目選到制舉，形成了一條由低到高的鄙視鏈，不服輸的銳意進取之士，常常會沿著這條鄙視鏈，像遊戲通關似的由低到高一步步考上去。前面提到因為明經出身遭人鄙視的元稹，就是最好的例子。

元稹天資聰穎，十五歲就科舉登第，但因考中的明經科不如進士科，直到五年後方才解褐入仕。心有不甘的元稹再次努力嘗試，在二十五歲那年考中了吏部科目選中的平判入等科，得到了秘書省校書郎的美職。平判入等科雖然不錯，但等級比不上好友白居易的書判拔萃科，更比不上柳宗元的博學宏詞科，所以元稹雖然得到了好官，心中依然有所不滿，繼續向制科挑戰，終於在二十八歲那年和白居易一同考上了制科中的才識兼茂明於體用科，服喪三年後得到了監察御史的美差。此後元稹雖然曾因得罪宦官被外貶八年之久，但因為選舉上的漂亮履歷，回朝不久之後就做上了皇帝的秘書——中書舍人，並在四十四歲如願當上宰相，雖然中間有不少波折，但距離制舉登科，也只有十六年的時間。

元稹連續參加選舉的例子，向我們充分展示了唐代選舉制度中不同選目之間的嚴格等級劃分，也向我們揭示了"天外有天，人外有人"的道理。對於一般人來說，考中鄙視鏈底端的明經科，就已經成為國家的精英，值得吹噓一輩子了，但到了滿是精英的新圈子裏，還是不免遭遇白眼。即使像元稹這樣最終通過自己的努力考上制舉，成為一國宰相的人，其明經出身依然被看作無法洗脱的污點。對於個人來說，這的確令人沮喪，但對於一個國家來說，正是這一環環的鄙視鏈，連接著一層層的過濾網，天下英才被網羅其中，不斷篩汰，只有精英中的精英才能留到最後，參與制定朝廷政策最關鍵的部分，確保國家走在正確軌道上。這是唐代選舉制度優越性的體現，也是唐代國力強盛的重要原因。

參考資料

吳宗國：《唐代科舉制度研究》，遼寧大學出版社 1992 年版。

傅璇琮：《唐代科舉與文學》，陝西人民出版社 2007 年版。

王勳成：《唐代銓選與文學》，北京：中華書局 2001 年版。

陳鐵民：《唐代守選制的形成與發展研究》，《文史》2011 年第 2 輯。

雛鳳清於老鳳聲

被製造的"神童"*

　　從古至今，孩子們身上總是承載著父母這樣那樣的希望，總是在成人的觀察和指導中成長。父母都有望子成龍的夢想，但是成長並不是一朝一夕之功，子女漫長的人生道路中，只要有一步行差踏錯，之前的辛苦培養就可能會毀於一旦。在這種情況下，父母又會對孩子寄予另一種期望，期望孩子天資聰穎，不需要後天培養就能成才。這樣的父母，總是會使用各種方法，試圖讓孩子顯露"天才"。"掘地三尺"之下，固然有個別孩子彰顯天資，最終成才，但大多數孩子本該快樂的童年被忽略，而只得到一個"有天賦"的幻想。

家學與早教："神童"起跑綫

◇◇◇

　　對天才兒童的崇拜和嚮往，並不是今日中國的獨特現象，古代亦如此。早在先秦時期，就有甘羅十二歲當宰相、子奇

---

*　原題《"神童"背後多神話》，2017 年 6 月 1 日首發於澎湃新聞‧私家歷史。

像唐人一樣生活

十八歲治阿縣的傳說。到了漢朝以後，史籍傳載中"神童"的事跡越來越多，我們熟悉的歷史人物，許多都是在童年時期就已經聲名遠播。比如漢武帝時著名的經濟學家桑弘羊，十三歲就因為善於心算被引入宮中；兩漢之際著名的文學家和史學家、《漢書》的作者班固，九歲就擅長撰寫各類文章；漢末著名的儒學家鄭玄，八九歲就能"下算乘除"；"二十四孝"故事中為父溫席的黃香，十二歲就"博學經典，究精道術"……這些人在當時都被看作"神童"的典型。

從現代人的眼中看來，孩子即使不參加早教班，一般六七歲也要上小學接受語文、數學的教育，古人那樣八歲會算數，九歲會作文實在是再平常不過的事，但是古代的教育周期卻不是這樣。按照《周禮》《大戴禮記》等儒家經典的規定，古代孩童一般八歲"齔年"左右開始掉牙齒，這是"有識知"的標誌，這時才可以開始接受識字、書法、方位、時序、禮節等基礎教育。因為《論語》裏孔子自稱"十有五而志於學"，因此孩童通常要滿十五歲才開始正式學習儒家經典。至於上面所說"神童"們擅長的乘除算數和文章寫作等技能，本來就不屬通常規定的教學內容。在大多數人都是八歲識字，十五歲讀經的情況下，那些八九歲就能寫作、算乘除的孩子，自然在一般孩子中間鶴立雞群，成為人們艷羨的對象。

古人和今人一樣，都喜歡特異非常之事，如果一個孩子擁有了"神童"之名，他的事跡就更容易被好事者傳播。而漢代選官的最重要原則是"鄉舉里選"，一個人在鄉里輿論中的聲望越大，就越容易得到長官的注意和推舉。在這樣的制度下，以"神童"之名廣為人知的孩子自然會受到更多關注，在入仕過程中佔得先機。

漢代時，學校教育已經形成了一定規模，朝廷中央和地方郡縣大多設有官學，更低層的鄉里則有書館、經館等私立學堂，但是這些學校的入學年齡，大多還是嚴格遵守"八歲小學，十五歲大學"的古訓。這種情況下，有條件的父母為了讓孩子獲得"神童"的名號，大都會在八歲的入學年齡之前，在家中對孩子進行學前教育。

東漢中期的大儒王充雖然出身於一個商人家庭，但從六歲開始就在家中學習書法，等到他八歲進入"書館"接受正式的書法教育時，同學中的大多數人都因為字寫得醜遭過老師的鞭打，已經學習了兩年書法的王充卻從未受過批評。又比如漢魏之際的名將鍾會，身為曹魏時的三公——著名書法家鍾繇的兒子，從小就受到了良好的家庭教育，他自述小時候在母親的督促下"四歲授《孝經》，七歲誦《論語》，八歲誦《詩》，十歲誦《尚書》，十一誦《易》，十二誦《春秋左氏傳》《國語》，十三誦《周禮》《禮記》，十四誦成侯《易記》，十五使入太學，問四方奇文異訓"。在其他孩子還沒有識字的時候，鍾會就已經開始誦讀《詩經》；在其他孩子剛開始進入太學，接觸儒家經典的時候，鍾會就已經遍讀五經。在起跑綫上就已遙遙領先，之後的仕途自然也是一帆風順。

隨著士族家庭對兒童早教的重視，"神童"們憑著在博取名聲方面的天然優勢，在漢魏兩晉的政治中越來越活躍，甚至改變了當時的選舉理念。漢末知名文士秦宓曾經向軍閥劉焉上

髫年稱早慧曾作秘書郎抄計
傾司馬害持撣于房寄春多
贊畫剡間題鷹揚不學陶
朱隱蔣魂悲故鄉

劇埜廬主

書，認為當時人才察舉選官時已經有了"多英雋而遺舊齒"的傾向。到了晉朝，這種傾向愈演愈烈，本來年紀較大的長者應該是德高望重，受人尊敬，到了這時反而常常遭到年輕人的鄙視。西晉著名文人潘岳剛剛年過三十，就因為鬢邊長出了幾縷白髮，便寫了一篇《秋興賦》感嘆自己已經走到了人生的秋天；同屬西晉的文人左思曾經寫作一篇《白髮賦》，認為當時的朝廷流行"弱冠來仕，童髫獻謨。甘羅乘軫，子奇剖符"的選官政策，年輕人佔據了朝廷的主要位置，中老年人只能不斷拔去白髮，讓自己顯得年輕一些，才能免遭被時代拋棄的境遇。

文化資本的再生產：父母包裝

◇◇◇

在這樣的傾向下，士族人家為了給子弟創造一個更好的前途，都會盡自己所能讓子女向"神童"的方向發展，而這樣的需求，又催生了一批以善於鑒別"神童"聞名的意見領袖。比如三國時的王修，史稱其"識高柔於弱冠，異王基於幼童，終皆遠至，世稱其知人"，晉朝時的桓彝則"拔才取士，或出於無聞，或得之孩抱，時人方之許、郭"，都是通過準確鑒別"神童"獲得了知人之名。對急於成名的士族子弟來說，得到名士的良好評價，無疑更能吸引選官者對自己的關注；而對王修、桓彝這樣的名士來說，正確品鑒幼童，也可為自己帶來可觀的聲望。就這樣，幼童和名士在崇尚"神童"的風氣中互相合作，形成了雙贏共生的局面。與此同時，關於"神童"的種種故事和傳說，也成了人們日常討論的話題。劉宋時著名的筆記《世說新語》中就有"夙慧"一門，專門收錄早慧兒童事跡；到了梁朝，更有文人編纂了十卷本的《幼童傳》，將古今"神童"的故事收集成厚厚一本，為後來望子成龍的父母提供子女教育的範本。

正如上文所說，父母急於讓自己的子女取得"神童"的名聲，主要目的是讓他們早日得到當權者的注意，在察舉徵召中獲得先機，因此"神童"展現出來的才能，大都是當時社會中要求精英士人掌握的能力。從漢代到西晉，士人最為重視的就是經學修養和道德品行，因此那時的"神童"大多表現為對儒經熟讀通解，對親人恪盡孝道；到了兩晉南朝，清談和文學能力成了士人社會中新的精英評價標準，此時"神童"的主要表現就又變成了應對機警、文辭敏捷。

其中，又以文辭敏捷的"神童"最為常見。根據筆者統計，在兩晉南朝的歷史典籍中，關於歷史人物幼年即能作文的記載超過了六十處，而且記載的主人公展示文章才華的年齡呈現出不斷提早的態勢。上文中說過班固九歲會寫文章，已經是漢代早慧的典型，但到了晉代以後，八歲"入小學"之前就已經能夠賦詩作文的"神童"大有人在：比如西晉著名文人"二陸"之一的陸雲，"六歲能屬文"；經歷宋齊梁三代的著名文人、"江郎才盡"的主人公江淹，"六歲能屬詩"，南齊時代著名文人集團"竟陵八友"中的范雲、任昉都是"八歲能屬文"；梁代的第二代皇帝簡文帝蕭綱"六歲便屬文"，到了七歲便對寫詩產生了強烈的愛好，自稱"有詩癖"；他的弟弟梁元帝蕭繹也是不遑多讓，自稱"六歲解為詩"。與他們相比，九歲才會寫文章的班固只能是瞠乎其後了。

兩晉南朝"文學神童"的大量出現，並不是由於當時孩童大腦中的文學模塊忽然得到了進化，而是因為在兩晉南朝，能夠寫詩寫文的士人通常會受到更多的尊敬，因此父母會更加

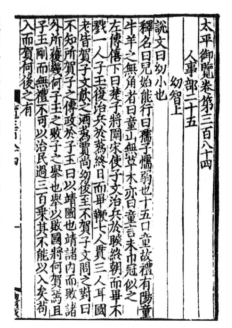

用心地發掘和培養孩子的文學才能。根據梁朝文學批評家鍾嶸在其詩學名著《詩品》中的說法，在當時社會中的尚文之風的影響下，高門士族的子弟紛紛"終朝點綴，分夜呻吟"，而幼小的孩童則是"裁能勝衣，甫就小學，必甘心而馳騖焉"。其實只要看看如今中國城市家庭對孩子英語能力不遺餘力的培養下"英語神童"的大量湧現，就很容易理解晉朝以後"文學神童"爆炸式增長的局面。

假其談價，虛其聲譽：名人站台的秘密

◇◇◇

上文已經說過，將孩子培養成"神童"，主要目的是要利用"神童"的名聲，讓孩子在未來的學習仕宦之途中佔據更有利的位置。如果孩子掌握了高超的經學知識或文學技巧，卻始終隱藏在家中不為外人所知的話，顯然也不可能得到"神童"帶來的種種好處。因此，要想讓孩子獲得"神童"的名聲，實際能力的培養固然重要，但更關鍵的是如何將這種能力展示出

去，讓更多人知道。讓那些九歲以下的孩子們自行尋找自我展示的資源和平台顯然有些強人所難，因此宣揚"神童"之名的重任，自然落在了"神童"的親人們手中。在古代史籍關於"神童"的記載中，幾乎都能找到親人們四處宣傳包裝的忙碌身影。

梁朝著名文人、《文選》的主要編撰人劉孝綽就是一個典型的例子。他是宋齊之際著名文人劉繪的兒子，劉繪則是南齊時聲望最大的文學集團"竟陵八友"中眾多成員的共同朋友。藉助這樣的便利條件，劉孝綽從小就被父親帶到自己的朋友圈裏展現文才。《南史·劉孝綽傳》說他"年未志學"之時，"父黨沈約、任昉、范雲等聞其名，命駕造焉"。沈約、任昉、范雲都屬"竟陵八友"，是當時最有影響力的文學家，能得到他們的登門拜訪，就好像現在的文學少年得到莫言、余華的直接稱讚一樣，聲譽自然能一步登天。而這些文壇領袖之所以能放下身段拜訪這位小朋友，顯然與他們"父黨"的身份有關。

除了沈約、任昉、范雲這些"父黨"之外，幫助劉孝綽宣傳才名的還有他的舅舅王融。這位王融也是"竟陵八友"之一，在當時以文章聞名，他所作的名篇《三月三日曲水詩序》在齊武帝朝轟動一時，甚至連北朝文人都爭相傳抄。據《劉孝綽傳》說，王融常常讓未滿十歲的劉孝綽坐在自己的車上，帶著他四處拜訪親朋好友，見人就將自己的這位外甥稱作"神童"，還特地對朋友們說"天下文章若無我，當歸阿士（劉孝綽小名）"，將劉孝綽的文才吹噓為僅在自己之下。在舅舅和父親朋友不遺餘力的稱讚下，劉孝綽從小就暴得大名，在剛踏入仕途時，就入選了當時士族子弟艷羨的"著作佐郎"之職。

當然，像劉孝綽這樣生活在社會名流圈子裏的情況只是特例，大多數士人要想讓子弟得到"神童"的名號，就必須努力發動身邊可以找到的資源。比如《陳書·陸從典傳》說陳朝文人陸從典在十三歲時寫了一篇《柳賦》，父親陸瓊雖然沒有那麼多有權勢的親戚朋友，但是他"時為東宮管記，宮僚並一時俊偉"，同事中不乏高名才俊，於是陸瓊就將《柳賦》拿給同事們傳閱，結果那些同事們"咸奇其異才"，一起幫助陸瓊將陸從典"神童"的名號宣傳了出去。

如果"神童"的父母既找不到有影響力的親戚朋友，也找不到可以幫忙宣傳的同事熟人，就只能採取最後一個辦法——動用財力打動當時的有影響力的名人，請其幫助提攜。比如梁朝的文人到溉、到洽兄弟，雖然年紀輕輕就文采斐然，但少年喪父，又出身寒門，找不到太多社會資源幫他們宣傳，還好他們的母親魏氏有一點資產，於是找到了當時的文壇領袖任昉，"悉越中之資，為二兒推奉昉"，結果

《世說新語》中專門記載早慧兒童事跡的「夙惠」門

凤惠第十二

賓客詣陳太丘宿，太丘使元方、季方炊。客與太丘論議，二人進火，俱委而竊聽。炊忘著箄，飯落釜中。太丘問炊何不餾，元方、季方長跪曰：大人與客語，乃俱竊聽，炊忘著箄，飯今成糜。太丘曰：爾頗有所識不？對曰：彷彿志之。二子俱說，更相易奪，言無遺失。太丘曰：如此……

……在前其悟捷如此。

刺史唯東亭一人常在前，覺數十步，諸人莫之解。石頭等既疲倦，俄而乘輿回，諸人皆似從官，唯東亭亦亦……

時彥同遊者，連鑣俱進，石頭趨迎……

任昉果然領情，"恆提攜溉、洽二人，廣為聲價"，最後將他們推上了朝廷中央的官位。

物速成則疾亡："神童"之思

◇◇◇

從上面的幾個例子中我們可以看出，"神童"名號的樹立與否，不僅取決於孩童本身的能力，更取決於能否找到有影響力的展示、宣傳平台，這在很大程度上需要依賴"神童"父母所擁有的社會資源和人際關係。即使一位孩童真的在某方面有過人的天賦，如果父母無法找到在社會上有影響力、有發言權的人幫助宣傳，那麼其他人還是很難知道有這樣一位"神童"的存在；相反，如果父母的宣傳運作得力，那麼即使資質平平的孩子，也有機會獲得"神童"的稱號。

就拿"文學神童"來說，"神童"們所創作的文章本來未必有多麼精彩，但是在文章寫成之後，父母可以通過自己或者他人之手不斷修改，最終到達讓人驚嘆的水平。南北朝後期學者顏之推在《顏氏家訓·名實》中舉過一個例子，說北魏有一位文士"讀書不過二三百卷，天才鈍拙"，但是家產豐厚，經常"以酒犢珍玩交諸名士"，請人為自己代筆寫文章，再讓名士們對這些文章"遞共吹噓"，最後居然也獲得了文學天才的名號。朝廷甚至把他當作了國家"文華之士"的代表，派往南朝參與外交活動。後來，北魏的東萊王韓晉明在一次宴會中限定韻腳，請這位文士當場作詩，這位文士沒有提前準備，倉促之間也無法請人代筆，這才露了馬腳。顏之推對此事發表議論："治點子弟文章，以為聲價，大弊事也。一則不可常繼，終露其情；二則學者有憑，益不精勵。"他認為，幫子弟修改文章以博得"神童"之名，雖然在短期內會有收效，但卻不是長久之計：一來子弟的能力擺在那兒，總有一天會露出馬腳；二來小小年紀被稱為"神童"，會讓孩子自恃資質而失去努力的動力，最終無法進步。

顏之推的分析很值得我們注意。事實上，大部分"神童"之所以為人驚異，僅僅是因為他們的能力超越了同齡人，如果將這些"神童"的成就放在成年人的世界裏，也就是一般水平而已。因此，如果"神童"滿足於自己的"神童"稱號而止步不前的話，隨著年齡的增長，他們為人所驚異的資本就會逐漸消退，最終難免和王安石筆下的方仲永那樣"泯然眾人"。更有甚者，"神童"的稱號往往會給年輕氣盛的少年們帶來恃才傲物的惡習，這會讓他們日後的道路更加艱難。比如之前提到的"神童"劉孝綽，雖然少年成名，仕途的起步也很順，但是他"仗氣負才，多所陵忽，有不合意，極言詆訾"，做官後不久就因為高傲自大得罪了一大批同僚，一度被彈劾免官，最終只做到王府參軍的官職，並沒有兌現自己的天賦。寫作《梁書》的史臣姚察就此評價他說"孝綽不拘言行，自躓身名，徒鬱抑當年，非不遇也"，認為他才大官微的結局完全是咎由自取。

有鑒於"神童"的這些弊端，也有不少有識之士反對過早對孩子進行包裝和宣傳。比如三國名臣王昶在教訓子姪的《誡子書》中曾經評價當時崇尚"神童"的風氣說："夫物速成則疾亡，晚就則善終。朝華之草，夕而零落；松柏之茂，隆寒不衰。是以大雅君子惡速成，戒闕黨也。"為了讓子弟們記住這句話，他將自己的幾位子姪分別取名王沉、王默、王渾、王深，告誡他們要沉下氣來，一步步磨礪自己的品行和修養，不要急於求成。最後這幾位後輩中，王渾當上了晉朝的司徒，位極人臣；王沉和王默都任職朝廷中樞，做到了尚書；王深也官至冀州刺史。這些人雖然沒有得到"神童"的名號，但一樣走出了卓越的人生之路。

世界上固然有天資聰穎之人，但是大部分所謂"神童"之所以"神"，都只是因為比別人更早接受教育和訓練，讓他們在某些領域表現得比同齡人更加熟練，又在父母的安排下不斷表演，使人們產生了"天才"的錯覺而已。與其讓孩子在這種"神童"的錯覺中成長，並在長大後接受自己最終淪為眾人的殘酷事實，還不如讓孩子像王昶的幾位子姪一樣，循序漸進地不斷學習和修煉，在時刻的進步中感受自己的真正能力和價值。這樣的教育方法雖然不如培養"神童"那樣立竿見影，但卻更適合一個人漫長的成長旅途。

參考資料

胡大雷：《中古時期家族對兒童的"文學"教育》，《梧州學院學報》
　2008 年第 1 期。

王子今：《漢代兒童生活》，三秦出版社 2012 年版。

猿熟馬馴方脫殼

弼馬溫小史 [*]

"弼馬溫"與"辟馬瘟"

◇◇◇

看過《西遊記》中"大鬧天宮"一段的讀者,一定對"弼馬溫"這個詞印象深刻。在小說中,美猴王在菩提老祖那裏學了真本領,打遍龍宮地府,四處惹是生非,驚動了天庭。玉帝本著息事寧人的態度,以"弼馬溫"的官職為誘餌,將其招安。美猴王本以為自己進入了高級幹部編制,可以一展宏圖,卻沒想到這"弼馬溫"只是專門管理天宮的馬匹的閒職,於是心生怨恨,棄官回到花果山,第一次與天庭決裂。

翻開中國古代史書,掌管宮廷馬匹的一向叫"太僕",並沒有"弼馬溫"的說法,那麼這個官名是從哪裏來的呢?晚明文人謝肇淛在筆記《五雜俎》中提到一個說法:"置狙於馬廄,令馬不疫。《西遊記》謂天帝封孫行者為弼馬溫,蓋戲詞也。"

---

* 原題《心猿意馬:為什麼讓美猴王當"弼馬溫"》,2016 年 2 月 13 日首發於澎湃新聞 · 私家歷史。

筆記中的"狙"即指猴子。錢鍾書先生解釋這一段話說："蓋《西遊記》第四回美猴王官封弼馬溫，即本俗說猴能辟馬瘟，生發出一段奇談也。"照這個說法，玉帝大約是欺負美猴王不了解天庭官職系統，根據"辟馬瘟"三字的諧音現場胡謅了一個空頭官職，不花任何成本就把美猴王控制了起來。美猴王知道自己被如此戲耍，會惱羞成怒也是可以理解的。

古代，猴子的別名叫作"馬留"，這個稱呼至今保留在兩廣一帶的方言中。《西遊記》的作者顯然也知道這一點，在百回本《西遊記》中，美猴王手下的"花果山四健將"中就有猴子名叫"馬流二元帥"。從讀音上來說，"馬留"一詞是"猱"字的上古讀音變體，而"猱"正是"猴"的另一種名稱。從詞義上來說，古人選擇"馬留"二字表示"猱"的讀音，正與猴子預防馬病的功能有關。在目前通行的百回本《西遊記》面世後不久，李時珍寫出了藥學巨著《本草綱目》，書中在解釋猴

成都曾家包漢墓畫像石中的馬廄圖

子的各種異名時曾經提到，有胡人將猴子稱為"馬留"，就是因為"養馬者廐中畜之，能辟馬病"的緣故。日本民俗學家南方熊楠認為，猴群中的猴子有互相捉蝨子食用的習慣，將猴子蓄養在馬廐中，可能就是利用這一習慣，讓猴子捕食馬匹身上的寄生蟲，減少感染疾病的概率。

中國歷史上的猴馬關係

◇◇◇

用猴子防止馬疫的傳統從何時開始？錢鍾書先生認為這種說法最早的文字記載可追溯到北齊賈思勰的著名農書《齊民要術》。《齊民要術》中有一部分專門介紹養馬的竅門，其中引用當時一本記載各類辟邪厭勝之法的著作《術》中的說法，曰："常繫獼猴於馬坊，令馬不畏，辟惡消百病也。"古人認為瘟疫多是天地間"邪氣"所致，因此治療瘟疫常常和"辟邪""辟惡"聯繫在一起。晉朝干寶所撰《搜神記》中記載了一個神異的故事，說晉朝有一位名叫趙固的將軍，他的戰馬忽然因為"腹脹"而死，將軍找到了當時著名的術士郭璞。郭璞命人到叢林中，捕捉了一隻"似猴而非"的生物，放在馬的鼻子前吸氣，過了一會兒，已經氣絕的戰馬便噴鼻而起，恢復了生機。這個故事也明顯表現出了"猴防馬疫"的思想，不同的是猴子只能預防邪氣侵入馬匹，而這"似猴而非"的生物卻能將已經侵入馬匹的邪氣吸出，達到起死回生的效果。

如果我們拋開文字的局限，放眼當代日益豐碩的考古成果，就會發現，"猴辟馬瘟"的傳統比我們想像中更為久遠。

歷史學家邢義田先生曾經花了十五年時間，專門收集內亞地區以"猴與馬"為主題的繪畫與造像，他發現，早在東漢時期，我國的河南、四川、內蒙古、甘肅等地的出土文物中就已經出現過很多猴馬共存的畫面，在不少圖像中，猴子就直接蹲在馬廄外拴馬的木樁上。也就是說，用猴子當"弼馬溫"的做法，在《西遊記》成書的一千五百年之前就已經在中國非常流行了。

"猴辟馬瘟"的民俗不但常見於中國，還廣佈印度、伊朗、泰國、日本等其他亞洲國家，並產生了諸多變體。在這些變體中，猴子不僅僅可以避免馬的瘟疫，也可以保護其他動物免受疾病折磨。在泰國，人們習慣在象舍前飼養猴子，認為上躥下跳的猴子可以吸引邪神的視綫，讓它們無法集中精力侵害自己的大象；在日本熊野地區，農戶常常在牛圈前懸掛猴爪，試圖將災害拒之門外；在前面說到的農書《齊民要術》中，也提到過養猴於羊圈中，利用"此獸辟惡"的屬性治療"羊膁鼻口頰生瘡"的方法。可見從世界範圍來看，猴子和馬並沒有什麼特殊的親密關係。

雖說如此，相比於其他文明，在漢文化圈的文字和圖像記載中，猴子服務馬匹的機會遠遠高於其他動物。這一方面是由於對漢文化圈中上層人士來說馬匹的重要性遠超其他家畜，另一方面也是由漢語的特性決定的。在日常生活和對話中，中國人總是喜歡討個好口彩，這種口彩通常是利用漢語的諧音實現的。在漢語中，"猴子"的"猴"字和"侯爵"的"侯"字同音，人們常常利用猴子騎馬的造型表達"馬上封（逢）侯（猴）"或"馬上有侯（猴）"的意思。從漢代開始，"馬上有猴（侯）"

和"馬上射雀(爵)"之類的形象就非常流行,人們將這些圖像製作成擺件,雕鑄為飾品,甚至刻鏤於墓室的牆壁上,抒發著自己對建功立業的熾熱渴望。

不僅如此,漢代的馬戲演員還將"馬上有猴"的場景通過雜技現場表演了出來,稱為"猿騎"。據晉代史書《鄴中記》記載,五胡十六國時後趙皇帝石虎的宮廷中,曾有"衣伎兒作獼猴之形走馬上。或在脅,或在馬頭,或在馬尾,馬走如故"的猿騎表演。當時後趙實際控制的區域主要在北方,並不盛產猴子,因此想出了用人模仿猴子的方法。在其他地區,則會使用真正的猴子進行表演。直到如今,"猴子騎馬"仍然是馬戲團的保留項目之一。

"心猿意馬"與全真道內丹術

◇◇◇

"馬上封侯"的吉祥表達,使猴子和馬共同出現的概率大大增加,久而久之,猴子便由功能繁多的"辟惡"之獸變成了專管馬匹的"弼馬溫",這也決定了後來美猴王的命運。然而,《西遊記》的作者讓美猴王做養馬的官,用意還不僅於此。

熟悉《西遊記》文本的讀者都知道,《西遊記》雖然是以玄奘法師西行取經的佛教故事為背景,但它的回目中常常會出現一些道教色彩的詞彙,比如第四十一回叫"心猿遭火敗 木母被魔擒",第八十二回叫"姹女求陽 元神護道"等等,其中"木母""姹女""元神"都是道教術語。根據南開大學陳洪教授的研究,我們現在看到的百回本《西遊記》,在最終成型之前曾經過一位道教人士的修改，這位修改者在小說中加入了許多全真道內丹修煉的元素，並改寫了小說的回目。回目中的道教術語都指代著小說中的人物，如"心猿""金公"指孫悟空，"意馬"指白龍馬，"木母"指豬八戒，"姹女"則指女妖，等等。

在全真道的理論中，修煉內丹時，心中的種種雜念會化作"心猿""意馬"四處奔走，如無法妥善收束，便不能修煉成功。"全真七子"之一的馬鈺曾經作歌詠唱收束心神的過程，其中有一首說道：

> 妙玄易解，心意難善。窮究如何長便。牢捉牢擒，爭奈馬猿跳健。十二時中返倒，鬥唆人、生情起念。當發願，便至死來來，與他征戰。饒你十分顛傻，卻怎禁，堅志專專鍛煉。達悟知空，自是內觀不見。才方生育天地，藥爐中、日月運轉。常清靜，聖功生，神明出現。

其中既有"馬猿跳健"，又有"達悟知空"，簡直就是為孫悟空這個人物所寫的。如果按照這個理解繼續思考，《西遊記》"大鬧天宮"一段中天庭採用種種辦法對付美猴王，正象徵著種種收束"心猿"的手段。小說的第七回講到齊天大聖將天庭打得七零八落，文後有幾首讚詩，其中一首說：

> 猿猴道體配人心，心即猿猴意思深。
> 大聖齊天非假論，官封弼馬是知音。
> 馬猿合作心和意，緊縛牢拴莫外尋。

萬相歸真從一理，如來同契住雙林。

從其中"馬猿合作心和意，緊縛牢拴莫外尋"兩句中我們可以看出小說中安排孫悟空做弼馬溫，除了以"避馬瘟"的諧音調侃美猴王之外，還暗含著讓作為"心猿"的美猴王輔弼"意馬"重歸溫順的意思。而美猴王拋棄弼馬溫的官職離開天庭，正意味著單憑心神無法控制奔馳的意念，最終導致修行失敗的結果。

有趣的是，"心猿"和"意馬"的表述，也出現在佛教修行法門中，就連玄奘法師本人也使用過類似的詞語。在敘述玄奘生平的《大慈恩寺三藏法師傳》中記載了玄奘法師寫給唐高宗的一封奏表，奏表中玄奘請求高宗同意讓自己離開喧鬧的長安，去嵩山少林寺專心修行。表中說：

> 玄奘少來頗得專精教義，唯於四禪九定，未暇安心。今願託慮禪門，澄心定水，制情猿之逸躁，繫意馬之奔馳，若不斂跡山中，不可成就。……乞亮此愚誠，特垂聽許。使得絕囂塵於眾俗，卷影跡於人間，陪麋鹿之群，隨鳧鶴之侶，棲身片石之上，庇影一樹之陰，守察心猿，觀法實相。令四魔九結之賊，無所穿窬；五忍十行之心，相從引發。

當玄奘法師寫到"制情猿之逸躁，繫意馬之奔馳""守察心猿，觀法實相"等句子時，一定不會想到，在數百年後，小

全真道祖師王重陽的《風馬令》中，也有用「猢猻」調弄「意馬」的段落（正統道藏本王重陽《重陽全真集》卷十二）

說中的自己會擁有一個掌管馬匹的猴子徒弟。

參考資料

南方熊楠著，欒殿武譯：《縱談十二生肖》，北京：中華書局 2006 年版。

邢義田：《猴與馬造型母題：一個草原與中原藝術交流的古代見證》，《台灣大學美術史研究集刊》第 26 輯。

陳洪：《"弼馬溫" 再考辨》，《文學遺產》2014 年第 5 期。

王子今：《"猿騎" 考——藉助漢代畫像磚的探索》，《文物》2014 年第 5 期。

後　記

　　說起唐代，我們會想到什麼？

　　也許會想到廣闊的疆土，想到長安洛陽的繁華；想到李白與杜甫，想到文學藝術的昌明；想到武后與楊妃，想到叱咤政壇的女性；想到藩鎮、宦官和黨爭，想到政治權謀的爾虞我詐……

　　這些都是唐代吸引人的地方，卻並非唐代的完整面貌。歷史常常會將唐代書寫成一齣華麗的戲劇，演員們精心準備，粉墨登場，將最宏大、最具戲劇性、最吸引眼球的劇情和場景展現給觀眾。這些演義與傳奇般的歷史故事，足以使觀眾們目不暇接，對歷史產生濃厚興趣。但在另一方面，歷史舞台上的人物和故事離現實太過遙遠，讓人們忘記了將心比心地體會古人的心情，忘記了古人和今人一樣也有七情六欲、柴米油鹽——而這些看似繁雜瑣碎的內容，恰恰是生活的主要組成部分。

　　現如今，歷史學界越來越少關注帝王將相發跡變泰的事跡，而將更多注意力轉移到對古代社會生活變遷的研究上。在視角的轉移中，筆記類書、詩歌散文、碑銘墓誌、敦煌卷子、文物圖畫等許多過去關注很少或者接觸困難的文獻資料被重新挖掘出來，成為了解唐人社會生活的重要拼圖。幾十年裏，幾代學者用他們的心血和智慧，將這些零散的拼圖逐漸接合到一起，為我們勾勒出一幅幅唐人生活的完整畫卷，可惜這些成果並沒有被充分地介紹到學界以外。這本小書的寫作目的，就是引導讀者諸君隨著前輩學者的腳步，像拍攝舞台花絮的攝影師一樣，仔細探查一番"大唐盛世"的幕後故事。

當放下獵奇的心態，真正感受唐人的日常時，我們會發現，唐人雖然與我們相隔千年，但他們的生活，與如今的人們並沒有那麼大的區別。天熱的時候，唐人也會上山避暑；天冷的時候，唐人也會補水保濕；婚禮的時候，唐人也會發紅包，喝交杯酒；放假的時候，唐人也會說走就走，出門旅遊。在當下，我們常常會就許多複雜的社會問題進行激烈辯論：如何解決官員腐敗，如何處理私自復仇，如何評價動物保護，如何面對性別差異……事實上，針對其中的很多問題，唐人都已經進行過細緻的思考和探討，他們對這些問題的認識，絲毫不比我們淺薄，他們選擇的解決之道，有些放到今天也依然適用。在另一些領域裏，唐人面對的具體問題也許和我們有很大不同，但他們解決問題所採取的態度與做出選擇所依據的倫理，卻和我們並無二致。書名中的"像唐人一樣生活"，就是想說明，對當代人來說，唐人的生活，與其說是一齣奇象迭出的戲劇，不如說是一面洞徹三世的鏡子，映照出我們自己的面貌，也映照出我們之所以成為我們的緣由。

當我們說起過去，總喜歡強調它與當下的不同。晚清以後，中國經歷了"數千年未有之變局"，向傳統告別，大步邁向現代社會，啟蒙者們將過去的一切總結為"封建習俗"，加以批判；近十幾年來，國力日漸強盛，我們開始努力塑造文化自信，又傾向於將過去的一切都歸納成"文化傳統"，大力宣揚。不管是"封建習俗"也好，"文化傳統"也罷，都好像是游離在當下之外的、需要我們去批評或接受的身外之物。然而事實是，這些看似遙遠的"封建習俗"或"文化傳統"，一直以不同的形式、不同的面貌留存到了當下，留存在我們身上。過去從來不會與當下隔絕，這正是過去的意義所在，也是傳統的力量之源。

2015 年夏天，侯孝賢的電影《刺客聶隱娘》上映，引起不小的熱潮。當時擔任澎湃新聞"私家歷史"欄目編輯的本科同學彭珊珊女士命我寫一篇關於唐代刺客的小文章，發表之後反響不錯，於是便斷斷續續又寫了一些和唐代歷史有關的隨筆。這些隨筆大多是以當時的一些熱點事件或問題為緣起，向讀者介紹唐人在面對類似處境和問題時的應對之策。兩三年下來，居然已小有規模，也受到了不少師長學友的指導和鼓勵。到了 2017 年夏天，任職於生活·讀書·新知三聯書店的碩士同學刁俊婭女士鼓勵我將已有的文章結集起來。之後，我又奮起餘勇，陸陸續續補寫了一倍的篇幅，終於形成本書的規模。特別感謝胡曉明教授、陳引馳教授與查屏球教授三位恩師，在百忙之中賜語鼓勵，尤其是查屏球老師的賜序，提供了更宏觀的文化關照，使小書增色不少，也使我更有勇氣讓它面世。

這次，這本小書能在香港面世，多承香港三聯書店王穎責編的多方策劃與安排，在原書的基礎上修訂了個別錯誤，還配上了相關的圖片，相信能讓讀者更加具體直觀地感受書中述及的唐代風貌。此外，尤其感謝香港中文大學葉德平老師慷慨賜序，並特別在序文中補充了關於唐代與文化狀況的整體解說，讓我們從中了解到唐代文化呈現出如今豐富多彩面貌的緣由所在。

這本書從開始寫作到最終出版，我的身份也從博士生變成了教師。雖然過去之我已不是現在之我，但正是過去師長的諄諄教誨，與過去結下的同學之誼，方才成就了本書當下的面貌。傳統與當代的關係也是如此。不論時代怎樣變化，傳統的世界觀和思維方式都會一直跟隨我們，也正因為如此，唐人的生活看似陳舊過時，卻能像濟慈筆下那尊"不會衰老，永遠秀麗"的希臘古瓷，或者王延壽筆下那座"規矩制度，巋然獨存"的魯殿靈光一樣，穿越歷史長河，不斷引起後代人的共鳴。

徐儷成

2019 年 1 月 16 日初稿

2022 年 4 月 2 日修訂

責任編輯　　王　穎
書籍設計　　a_kun
書籍排版　　楊　錄

書　　名　　像唐人一樣生活（插圖本）
作　　者　　徐儷成
出　　版　　三聯書店（香港）有限公司
　　　　　　香港北角英皇道 499 號北角工業大廈 20 樓
　　　　　　Joint Publishing (H.K.) Co., Ltd.
　　　　　　20/F., North Point Industrial Building,
　　　　　　499 King's Road, North Point, Hong Kong
香港發行　　香港聯合書刊物流有限公司
　　　　　　香港新界荃灣德士古道 220-248 號 16 樓
印　　刷　　陽光（彩美）印刷有限公司
　　　　　　香港柴灣祥利街 7 號 11 樓 B15 室
版　　次　　2022 年 5 月香港第一版第一次印刷
規　　格　　大 32 開（140 × 210 mm）320 面
國際書號　　ISBN 978-962-04-4828-7
　　　　　　© 2022 Joint Publishing (H.K.) Co., Ltd.
　　　　　　Published & Printed in Hong Kong

本書由生活・讀書・新知三聯書店授權繁體字版出版發行。